Joe Ellis
Joe Henderson

LAUFEN ohne Risiko

Wie Sie typische Verletzungen vermeiden, behandeln und heilen

BLV

Die Deutsche Bibliothek – CIP-Einheitsaufnahme

Ellis, Joe:
Laufen ohne Risiko : wie Sie typische Verletzungen vermeiden, behandeln und heilen / Joe Ellis ; Joe Henderson. [Übers. aus dem Amerikan.: Gabriele Graf]. – München ; Wien ; Zürich : BLV, 1995
Einheitssacht.: Running injury free <dt.>
ISBN 3-405-14835-9
NE: Henderson, Joe:

BLV Verlagsgesellschaft mbH
München Wien Zürich
80797 München

Illustrationen: Susan Rosenberger
Übersetzung: Gabriele Graf
Umschlaggestaltung: Sander & Krause Werbeagentur, München
Umschlagfoto: Bongarts Sportfotografie GmbH

Herstellung: Rosemarie Schmid
DTP: Satz & Layout Fruth GmbH, München
Druck und Bindung: Ludwig Auer GmbH, Donauwörth

Gedruckt auf chlorfrei gebleichtem Papier

Printed in Germany · ISBN 3-405-14835-9

Anmerkung

Dieses Buch ist nur als Ratgeber und nicht als medizinisches Nachschlagewerk gedacht. Die hier enthaltenen Informationen sollen Ihnen helfen, kompetente Entscheidungen bezüglich Ihrer Gesundheit zu treffen. Das Buch kann keine ärztlich verordnete Behandlung ersetzen. Wenn Sie gesundheitliche Beschwerden haben, sollten Sie unbedingt den Rat eines Arztes einholen.

Inhalt

Dieses Buch ist meiner Frau Deborah
und meinen Kindern, Tiffany und Nicholas gewidmet,
die mir eine stete Quelle der Inspiration
und Motivation sind

Joe Ellis

Danksagungen

Dieses Buch ist ein Gemeinschaftswerk: Wenngleich nur die Namen zweier Autoren auf dem Umschlag erscheinen, verhalfen doch viele Mannschaftskameraden diesem Projekt über die Ziellinie.

Wir danken unseren Redakteuren bei Rodale Press – Debora Tkac, Sharon Faelten und Sara Henry. Sie waren unsere Trainer, die uns je nach Bedarf aufmunterten oder antrieben. Ferner bedanken wir uns bei den Redakteuren der *Runner's World*, Amby Burfoot, Bob Wischnia und Cristina Negron, deren Hilfe beim Verfassen von Artikeln für die Bewältigung dieses umfangreichen Projekts unabdingbar war.

Joe Ellis drückt auch seinen Berufskollegen aufrichtigen Dank aus. Zu ihnen gehören Patricia S. Yavorsky, eine außergewöhnliche Krankengymnastin; H. Peter Goehrig, Direktor für progressive Sporttherapie der Firma Asics; Marty Lillis vom Lillis Konzern; Dr. Jeff Bronson, orthopädischer Chirurg; sowie Dr. Paul Scherer, der ihn in die Gestaltung wissenschaftlicher Abhandlungen einführte.

Joe Henderson bedankt sich bei Steve Subotnick, Facharzt für Fußheilkunde; Dr. Steven Roy; und dem verstorbenen Dr. George Sheehan, sowie bei den Ärzten und Fußexperten, die ihn in Sportmedizin unterwiesen und seine eigenen Füße kurierten.

Schließlich möchten wir uns beide bei unseren Familien und Mitarbeitern bedanken, die zu jeder Tages- und Nachtzeit die Anrufe von Läufern mit Verletzungen und Trainingsfragen freundlich ertragen.

Einführung

In der Urzeit des modernen Laufens, so etwa vor zwanzig Jahren, lief ich wie die meisten meiner Sportfreunde in jenen Tagen – nämlich unklug. Wir liefen zu große Distanzen und zu viele Rennen ohne unterstützendes oder gepolstertes Schuhwerk, ohne Ausgleichssport oder andere Arten der Trainingsergänzung.

Wir liefen, bis wir nicht mehr konnten. Dann liefen wir noch ein bißchen und gaben erst auf, wenn uns unsere Füße und Beine einfach nicht mehr trugen. 1972 hatte mich das Laufen in eine verletzungsbedingte Sackgasse geführt. Schließlich suchte ich mit meinem Fersenproblem einen Arzt auf.

Wie die meisten Ärzte dieser Zeit hatten ihn Ausbildung und Berufserfahrung nicht auf die Behandlung grundsätzlich gesunder Menschen vorbereitet, die sich weigerten, die Aktivität aufzugeben, die ihnen Schmerzen bereitete. Die meisten Ärzte empfahlen, mit dem Laufen aufzuhören, bis die Schmerzen nachließen. Diesen Rat gab mir auch mein Arzt.

Doch Ruhigstellung ist bei einer Verletzung höchstens die halbe Lösung. In bestimmten Phasen mancher Verletzungen mag Ruhe wichtig sein, doch dauerhafte Erleichterung bringt sie selten, da nur die Symptome, aber nicht die Ursachen behandelt werden.

Die meisten Laufverletzungen sind auf Überbeanspruchung, also auf die kumulative Belastung der Aktivität selbst, zurückzuführen. Ein traumatischer Unfall ist seltener die Ursache. Wir verletzen uns meist, weil wir weiter, schneller oder öfter laufen als unser Körper dies verkraften kann.

Zu meinem Glück setzte sich ein Facharzt für Fußleiden mit mir in Verbindung, um einen Artikel für die Zeitschrift *Runner's World*, deren Redaktionsmitglied ich zu jener Zeit war, zu besprechen. Er wollte neue Methoden zur Behandlung von Laufverletzungen diskutieren, – und ich wollte natürlich über meine Verletzung sprechen.

Zumindest bei Läufern war die Fußheilkunde damals eine wenig bekannte Fachrichtung. Wenn wir diesen Berufszweig überhaupt kannten, dann brachten wir ihn mit Hühneraugen und eingewachsenen Zehennägeln in Verbindung.

Mein erster Fußspezialist untersuchte meine Bewegungen, verschrieb dann korrigierende Übungen für verspannte Beinmuskeln, Schuheinlagen zum Ausgleich von Fußschäden sowie Schuhe, die meinem Fußtyp entsprachen. Dieser Arzt versuchte nie, mich vom Laufen abzubringen. Er sagte vielmehr, ich solle in dem Maß laufen, wie meine Schmerzen es zuließen.

Selbst nach der Behandlung schränkten die Schmerzen mein Laufen beträchtlich ein. Ich hatte die Verletzung einfach zu lange nicht behandeln lassen. Aus diesem Grund mußte ein Fersensporn, der ständig an der Achillessehne rieb, operativ entfernt werden. Nachdem diese Reizquelle beseitigt war, konnten die anderen Behandlungsvorschläge greifen. Dank Dehnübungen, Einlagen und geeignetem Schuhwerk habe ich auch jetzt, zwanzig Jahre später, noch Freude am Laufen.

Fußspezialisten führten die Revolution in der Sportmedizin an. Doch mittlerweile haben sie Gesellschaft bekommen. Ihre Entschlossenheit, die Gründe für Verletzungen auszumerzen anstatt lediglich Symptome zu behandeln, und ihre Konzentration auf langfristige Prävention anstatt auf kurzzeitige Heilmittel haben in viele andere Fachbereiche Eingang gefunden.

Der hauptsächliche Verfasser dieses Buches, Dr. Joe Ellis, war einer jener Fußspezialisten, die eine neue Ära in der Sportmedizin einleiteten. Als Dr. Ellis 1976 sein Studium der Fußheilkunde in Kalifornien abschloß, gehörte er zur ersten Generation von Sportmedizinern. Etwa zur gleichen Zeit schloß er sich auch der großen Welle von Läufern an, die anfangs die Straßen und dann die Sprechzimmer überfluteten.

Dr. Ellis verbindet nun Beruf und Hobby in seiner Praxis für Fußheilkunde in La Jolla, Kalifornien. Er hat mit zahllosen Läufern gearbeitet und kennt unzählige Geschichten, von denen einige in diesem Buch zu finden sind. Daneben bietet die Lektüre dem Leser kompetente, aufmunternde Ratschläge, die ihm helfen, noch lange Freude am Laufen zu haben.

Joe Henderson

Kapitel 1

Warum sich Läufer verletzen

Ich werde oft gefragt, wodurch sich Weltklasseläufer von anderen Läufern unterscheiden. Meine spontane Antwort lautet: »durch Verletzungsfreiheit«.

Nur wenige Läufer verkraften Hochleistungstraining über viele Jahre hinweg. Zahlreiche Läufer haben das Talent, zu den besten zu gehören, werden aber durch Verletzungen in der Entfaltung ihres Potentials gehindert oder zum vorzeitigen Aufgeben gezwungen.

Verletzungen gehören leider zum Leben eines Läufers. Wenngleich dieser Sport sich bestens eignet, um das Herz-Kreislaufsystem zu trainieren, stellt das Laufen doch für Muskeln und Skelett eine enorme Belastung dar. Füße und Beine von Läufern müssen mehr Erschütterungen ertragen als sie aushalten können. Aus diesem Grund macht sie eine Vielfalt von Beschwerden, die von leichten Schmerzen und Zerrungen zu gerissenen Achillessehnen und verletzten Knien reichen, zu den häufigsten Patienten der Sportmediziner.

Die Umfragen, die die Zeitschrift *Runner's World* seit den 70er Jahren durchführt, haben ergeben, daß jedes Jahr etwa die Hälfte ihrer Leser das Trainingsprogramm auf Grund von Verletzungen unterbrechen muß. Ich war an einer Befragung von 10.754 Läufern beteiligt, die ergab, daß sich 75 % der Läufer und 80 % der Läuferinnen mindestens eine Verletzung zuzogen, die so ernst war, daß sie ihr Laufprogramm zumindest zeitweise einstellen mußten. Mehr als die Hälfte der Betroffenen suchte einen Arzt auf.*

Die Gefahren der Überbeanspruchung

Der Hauptgrund für Verletzungen ist Überbeanspruchung. Die Betroffenen laufen zu viel, zu schnell, zu bald oder zu oft. Wir bezeichnen diese Überbeanspruchung als »Trainingsfehler«. Dies ist ein höflicher Ausdruck dafür, daß der Körper mit den an ihn gestellten Anforderungen nicht mehr fertig wird.

**Im ganzen Buch bezieht sich die Verwendung der ersten Person »ich« auf Joe Ellis.*

Nichtsdestoweniger neigen Läufer häufig dazu, ihr Training zu übertreiben. Bob Babbitt von der Zeitschrift *The Competitor* fragte einmal die Finalisten des Long Beach Marathon, was sie bei der Vorbereitung auf den nächsten Ausdauerwettbewerb anders machen wollten. Die einstimmige Antwort lautete »mehr trainieren«.

Läufer vergessen, daß der Körper nur ein bestimmtes Maß an Beanspruchung verkraften kann, und daß Ruhe und Erholung ebenso wichtig für die Verbesserung der Ergebnisse sind wie hartes Training. Der Hauptgrund für die hohe Verletzungsrate bei Läufern liegt in Überbeanspruchung und Nichtbeachtung der Signale, die der ruhebedürftige Körper aussendet.

Das sind die schlechten Nachrichten über Laufverletzungen. Doch es gibt auch gute:

- Die meisten Verletzungen werden durch Trainingsfehler verursacht, die ohne komplizierte oder teure medizinische Behandlung verhindert oder korrigiert werden können.
- Andere Probleme, wie Fehlstellungen, können mit geeignetem Schuhwerk und Einlagen ausgeglichen werden.
- Nur wenige Laufverletzungen sind so ernst, daß sie das Alltagsleben beeinträchtigen oder die Ausübung des Laufsports unmöglich machen.

Läufer, die Verletzungen vermeiden, indem sie ihrem Körper Gehör schenken und das Trainingsprogramm auf ihre körperlichen Möglichkeiten abstimmen, haben zweifellos die besten Chancen, ihr Potential auszuschöpfen. Wenn Sie die Erschöpfungssignale des Körpers beachten und angemessen reagieren, werden Sie schneller und länger laufen als all diejenigen, die ununterbrochen ihr Letztes geben.

Wer Sie sind und wie Sie laufen

Der sicherste Weg, um Verletzungen ein Schnippchen zu schlagen, ist, sie erst gar nicht zu bekommen. Das klingt vielleicht selbstverständlich, doch es ist leichter gesagt als getan. Die meisten Läufer sind sich des Problems überhaupt nicht bewußt, bis die Verletzung eintritt.

Hier kann der Test für Verletzungsrisiken am Ende dieses Kapitels hilfreich sein. Er hilft Ihnen einzuschätzen, zu welchen Verletzungen Sie besonders neigen. Auf Grund Ihrer körperlichen Gegebenheiten und Laufgewohnheiten erfahren Sie, wie Sie potentielle Verletzungsquellen vermeiden können. Für den Test brauchen Sie lediglich einen Traktographen, den Sie für weniger als 20,– DM in einem Schreibwarengeschäft kaufen können. Für einige Fragen benötigen Sie die Hilfe eines Freundes. Der einzige Test, den Sie nicht selbst durchführen können, ist die Bestimmung des Körperfetts. Dies kann in einer Klinik, während einer Gesundheitsmesse oder beim Hausarzt geschehen. Im folgenden erfahren Sie, wie Sie die einfachen Selbstuntersuchungen für den Test durchführen.

Laufverletzungen: Das dreckige Dutzend

Ein Großteil dieses Kapitels beschäftigt sich mit den Gründen für Laufverletzungen. Die folgende Tabelle zeigt Ihnen, wo Läufer sich verletzen. Die eingangs erwähnte Befragung von 10.754 Läufern ergab die folgenden häufigsten Verletzungsstellen, denen ich den Namen »dreckiges Dutzend« gegeben habe. Die angegebenen Zahlen beziehen sich auf den Prozentsatz von Läufern, die angaben, an dieser bestimmten Verletzung zu leiden. 70 % der Läufer waren Männer, 30 % Frauen. Die Umfrage wurde zusammen mit Dr. James R. White, einem Bewegungsphysiologen an der Universität von Kalifornien in San Diego durchgeführt. Zum Untersuchungsteam gehörten ferner Sporttrainer, Sportmediziner und Weltklasseläufer.
In den Kapiteln 10 mit 21 sage ich Ihnen, wie diese Verletzungen behandelt und – in vielen Fällen – vermieden werden können.

Die 12 häufigsten Verletzungslokalisationen für Läufer

Art der Verletzung	Auftreten (%)	
	Männer	Frauen
Knie	23,0	21,3
Achillessehne / Wade	16,2	4,3
Mittelfuß	10,5	9,5
Zehennägel / Blasen	9,3	1,7
Hüfte / Leiste	8,5	14,7
Plantarfaszie / Ferse	8,2	4,0
Verstauchter Knöchel	6,5	13,3
Schienbeinbeschwerden	6,0	20,0
Nervenverletzungen	2,3	1,3
Quadriceps	2,2	0,9
Kniesehne	1,8	5,1
Rücken	1,8	2,0

1. Sind Sie männlichen oder weiblichen Geschlechts?

Leider macht das Geschlecht beim Laufen einen Unterschied – und Frauen sind im Nachteil. Frauen haben im Durchschnitt breitere Hüften als Männer. Aus diesem Grund trifft der Fuß einer Frau in einem breiteren Winkel auf dem Boden auf als der eines Mannes. Dies fördert eine übermäßige Pronation, eine Einwärtsdrehung des Fußes, die die Gefahr verschiedener Verletzungen birgt.

Außerdem ist das weibliche Gewebe elastischer als das männliche. Dadurch neigen Frauen eher zu Band- und Gelenkschäden.

Statistiken belegen, daß Frauen sich auch häufiger Belastungsfrakturen zuziehen als Männer. Die weiblichen Knochen sind meist kleiner und deshalb weniger geeignet, um die Erschütterungen beim Laufen zu absorbieren.

Um diese geschlechtsspezifischen Risiken zu vermindern, können Frauen bestimmte Übungen zur Stärkung der Beinmuskulatur und Förderung der Beweglichkeit durchführen.

Spezifische Übungen finden sich in Kapitel 23. Es ist von höchster Wichtigkeit, daß Frauen Schuhe verwenden, die ihren biomechanischen Bedürfnissen gerecht werden (siehe Kapitel 4 und 5).

2. Wie hoch liegt der Prozentsatz Ihres Körperfettes?

Je mehr Sie wiegen, um so größer sind die Erschütterung und Belastung, denen Ihr Körper bei jedem Schritt ausgesetzt ist. Je größer Ihr Übergewicht ist, desto wahrscheinlicher ist es, daß diese Erschütterungen und Belastungen in Laufverletzungen resultieren.

Wenn Sie übergewichtig sind, entwickeln Sie möglicherweise eine breitere Beinstellung, so daß Ihre Füße in einem größeren Abstand auf dem Boden auftreten als bei normalgewichtigen Personen. Diese breitere Beinstellung belastet die Medialsehnen – also die Sehnen an der Beininnenseite – und verursacht übermäßige Pronation (exzessive Einwärtsdrehung). Übergewichtige Läufer neigen auch zu Verletzungen, die auf die Erschütterung des Laufens zurückzuführen sind, sowie zu Beschwerden, die aus mangelnder Fußstabilität entstehen, wie etwa Muskelzerrungen und Tendinitis.

Das beste Maß für das Idealgewicht sind weder Waage noch Gewichtstabellen. Der Prozentsatz des Körperfettes ist hier viel zuverlässiger. Das Körperfett kann auf verschiedene Arten bestimmt werden. Die Unterwassermethode ist zwar vermutlich das genaueste, doch auch das komplizierteste und teuerste Verfahren.

Eine verläßliche Alternative ist das Messen der Hautfalten mit Hilfe von Greifzirkeln. Auch die bioelektrische Impedanzanalyse (BIA) ist eine günstige Methode, wenngleich einige Fachleute behaupten, daß die BIA das Körperfett schlanker Menschen – einschließlich der meisten Läufer – überschätzt. Beide Tests können für etwa 80,– DM von einem Sportphysiologen, Kardiologen, Internisten oder anderem Fachpersonal durchgeführt werden.

Das durchschnittliche Körperfett liegt bei 12 % bei Läufern und 18 % bei Läuferinnen. Ein Anteil von mehr als 15 % bei Männern und 20 % bei Frauen ergibt im Test für Verletzungsrisiken negative Punkte.

Um die Gefahr gewichtsbedingter Verletzungen zu mindern, sollten Sie Ihr Laufprogramm langsam angehen. Ein Wechsel zwischen Laufen und Gehen bei gleichzeitiger Verringerung der Zufuhr fetter und zuckerhaltiger Nahrungsmittel wird Ihnen helfen, unerwünschte und unnötige Pfunde zu verlieren.

3. Ist eines Ihrer Beine kürzer als das andere?

Wenngleich kein Körper genau symmetrisch ist, kann ein deutlicher Unterschied in der Beinlänge einem Läufer Schwierigkeiten bereiten. Hierbei differenziert man zwischen strukturellen und funktionellen Unterschieden.

Bei einer strukturellen Diskrepanz besteht ein tatsächlicher, meßbarer Unterschied in der Länge der Knochen. Bei funktionellen Diskrepanzen sind die Knochen zwar gleich lang, doch haben biomechanische Probleme dazu geführt, daß ein Bein nach Aussehen und Funktion kürzer ist als das andere. Dies kann etwa bei einem Menschen mit geneigtem Becken der Fall sein. Wenn der Unterschied zwischen rechtem und linkem Bein 0,6 cm übersteigt, führt dies in der Regel zu Beckenschmerzen im lateralen Hüftbereich (an der Außenseite des längeren Beins) oder zu Kreuzschmerzen. Solche Beschwerden entstehen, wenn der Oberkörper versucht, ein Ungleichgewicht im Unterkörper durch Drehen oder Beugen auszugleichen.

Wie wissen Sie, ob Ihre Beine unterschiedlich lang sind? Werfen Sie einen Blick auf Ihre Laufschuhe: Die Schuhsohle am längeren Bein nutzt sich schneller ab als die am kürzeren. Sie können sich auch vor den Spiegel stellen und die Hände auf die Hüften legen. Wenn eine Hand höher zu liegen scheint, ist dieses Bein vermutlich länger als das andere.

Eine Einlage im Schuh des kürzeren Beins behebt solch ein Problem. Versuchen Sie es anfangs mit einer 0,3 cm hohen Einlage. Falls dies nicht reicht, können Sie eine größere Höhe wählen.

4. Wie hoch ist Ihr Fußgewölbe?

Im allgemeinen bestimmt das Fußgewölbe das Laufverhalten Ihrer Füße und Beine. Plattfüße, also solche mit geringem oder ohne Gewölbe, können ebenso Probleme bereiten wie Füße mit übermäßig hohem Gewölbe.

Mit dem sogenannten »Naßtest« können Sie Ihr Fußgewölbe bestimmen. Steigen Sie von der Dusche auf eine braune Papiertüte. Legen Sie Ihr ganzes Körpergewicht auf den Fuß, den Sie untersuchen wollen.

Treten Sie nun zur Seite und untersuchen Sie Ihren Fußabdruck. Wenn Sie den Umriß des Fußes ganz oder fast vollständig sehen können, haben Sie einen Plattfuß. Eine Ameise hat keine

Chance unter solch einem Fuß zu entkommen.
Ein Fuß mit hohem Gewölbe ergibt ein völlig anderes Bild. Ferse und Ballen hinterlassen den stärksten Abdruck, während von der Außenseite des Fußes nur eine schmale Linie abgebildet wird.
Manchmal verschwindet diese Linie vollständig. Dies zeigt, daß der Druck einzig und allein auf Ferse und Fußballen lastet, und daß das gesamte Gewölbe weit über der Unterlage liegt. Ein festes, hohes Gewölbe ist sehr starr und gibt beim Laufen kaum nach.
Ein Läufer mit normalem Gewölbe sieht einen Abdruck von Ferse, halbem Gewölbe und Fußballen. Beim Laufen und Gehen gibt das Gewölbe etwas nach und ermöglicht eine normale Pronation oder Einwärtsdrehung.

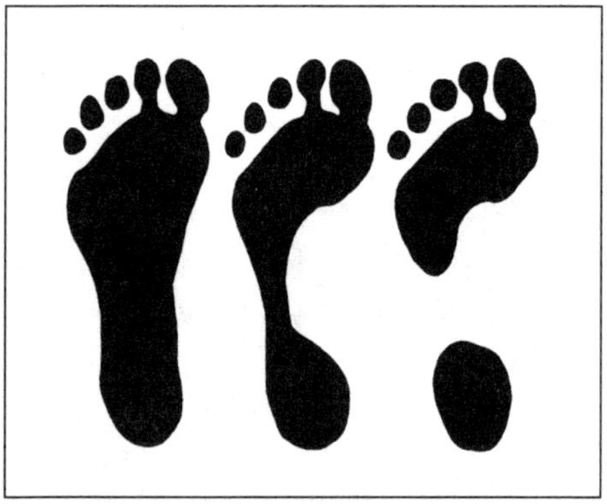

Naßtest

Prüfen Sie Ihren Fußtyp, indem Sie vom Wasser auf eine trockene Unterlage oder ein Stück saugfähiges Papier (wie eine braune Papiertüte) steigen. Der linke Abdruck stellt einen Plattfuß, der mittlere einen normalen Fuß und der rechte einen Fuß mit hohem Gewölbe dar.

Sowohl Plattfüße als auch Füße mit hohem Gewölbe neigen zu Verletzungen. Doch geeignetes Schuhwerk und Einlagen, auf die ich in Kapitel 4 und 5 näher eingehen werde, bieten einen gewissen Ausgleich.

5. Neigen Sie zu übermäßiger Pronation?

Pronation ist normal – es handelt sich hierbei um die Einwärtsbewegung, nachdem der Außenabsatz des Schuhes auf dem Boden auftrifft. Etwas Pronation (vier bis sechs Grad) ist gut. Mehr oder weniger Pronation hingegen machen Sie zu einem Kandidaten für Laufverletzungen.
Mit dem Naßtest zur Bestimmung des Fußgewölbes können Sie auch Pronationsprobleme diagnostizieren. Je flacher Ihr Fußgewölbe, desto wichtiger ist die Stützfunktion des Schuhs. Auch der Zustand der Fersenverstärkung Ihrer Laufschuhe ist von großer Bedeutung.
Bitten Sie einen Freund, Sie beim Stehen oder Laufen zu beobachten. Wenn die Ferse nach innen kippt, leiden Sie vermutlich mindestens an leichter Überpronation. Wenn Ihre Schuhe nach dem Ausziehen verbogen wirken und die Absätze sich nach innen neigen, haben Sie eine mäßige Überpronation. Wenn die Fersenverstärkung nach innen abkippt, ist dies ein Zeichen für starke Überpronation.
Bei Menschen mit Unterpronation kippt die Fersenverstärkung meist nach außen. Je stärker diese einseitige Ab-

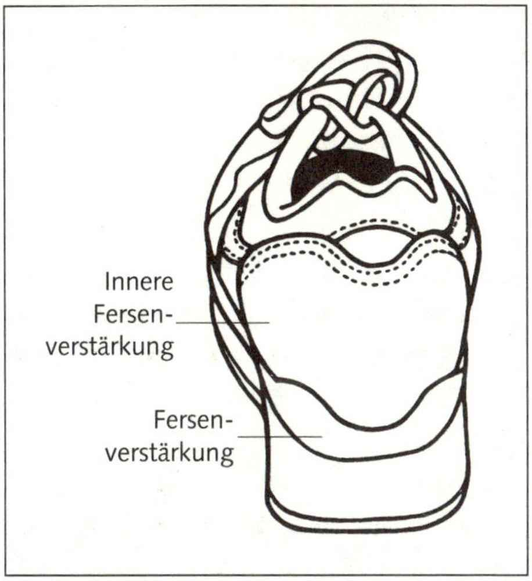

Ein Zeichen für Überpronation

nutzung zu sehen ist, um so ausgeprägter ist die Unterpronation. Diesem Problem kann man mit den richtigen Schuhen begegnen.

6. Wie breit ist Ihr Q-Winkel?

Der Q-Winkel ist der Winkel des Schnittpunktes zwischen Tibia (Schienbein) und Quadricepsmuskel. Zur Bestimmung des Q-Winkels benötigen Sie einen Traktographen.

Benützen Sie den Traktographen wie unten beschrieben, um den Winkel am Schnittpunkt zweier imaginärer Linien zu bestimmen. Die eine Linie teilt Schenkel und Kniescheibe, und die andere verläuft von der Kniescheibe durch den Schienbeinhöcker, also den Knochenvorsprung direkt unterhalb des Knies in der Nähe der Schienbeinoberkante. Der normale Winkel liegt für Männer zwischen 8 und 10 Grad und für Frauen bei 15 Grad.

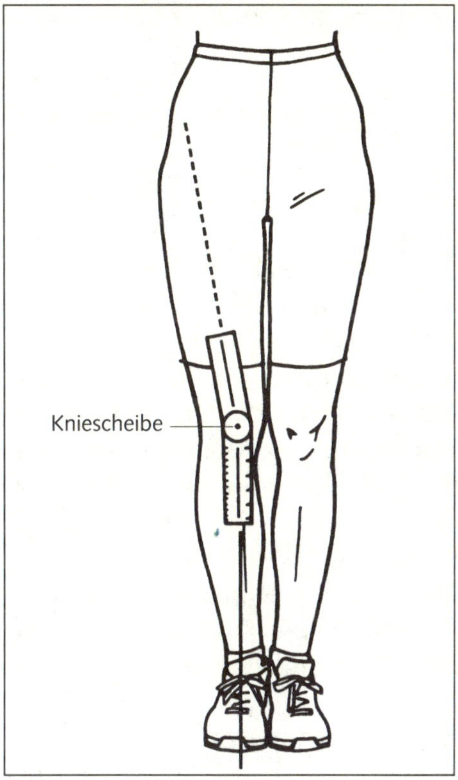

Q-Winkel

Für diesen Test braucht man einen Traktographen, ein einfaches Gerät zum Messen von Winkeln. Nehmen Sie eine Stellung mit geschlossenen Füßen ein und legen Sie den Traktographen auf die Kniescheibe. Richten Sie einen Schenkel auf den Knochenvorsprung am oberen Beckenrand aus und den anderen auf das obere Schienbein. (Um die Ausrichtung zu erleichtern, können Sie einen Meterstab mit dem oberen Schenkel des Traktographen verbinden).

Überpronation kann einen starken Q-Winkel noch verschlimmern. Schuhe mit guter Bewegungskontrolle können die Überpronation verhindern, den Q-Winkel verringern und die Gefahr von Knieverletzungen senken.

Wenn Ihr Q-Winkel besonders ausgeprägt ist, benötigen Sie unter Umständen Einlagen. Die Kräftigung des Quadriceps (Einzelheiten in Kapitel 17) kann Knieschmerzen auf Grund eines übermäßigen Q-Winkels verringern.

7. Haben Sie krumme Beine?

Krumme Beine bereiten sowohl bei Überpronation als auch bei Unterpronation Probleme. Bei Überpronation, dem Problem der meisten Läufer mit krummen Beinen, führt die Beinkrümmung zu übermäßiger Fußbewegung. Unterpronation resultiert häufig in Knöchelinstabilität.

Die Beine der meisten Menschen weisen eine leichte Krümmung auf. Um Ihre Beinkrümmung zu bestimmen, nehmen Sie eine geschlossene Fußstellung ein und notieren den Abstand zwischen den Knien. Wenn die Knie sich fast berühren, sind Ihre Beine nur gering gekrümmt. Wenn Sie aussehen, als ob Sie gerade von einem Pferd gestiegen seien, dann haben Sie ein Problem.

Da man die Beinkrümmung kaum beeinflussen kann, ist die Auswahl der richtigen Laufschuhe von großer Bedeutung. Da die meisten Läufer mit krummen Beinen zu Überpronation neigen, sollten sie sich für sehr stabile Schuhe entscheiden. (Siehe Kapitel 5).

8. Sind Ihre Waden flexibel?

Beweglichkeit ist einer der wichtigsten Faktoren für die Vorhersage und Prävention von Laufverletzungen. Gute Flexibilität erlaubt Ihren Gelenken und Muskeln beim Laufen den notwendigen Bewegungsspielraum.

Wenn Ihre Muskeln jedoch verspannt und die Gelenke steif sind, kann der Körper abnormale biomechanische Kräfte, wie Überpronation, nicht ausgleichen. Laufen führt leider zu muskulärem Ungleichgewicht und erhöht die Inflexibilität der Muskeln, die auf der Rückseite der Beine verlaufen.

Die Wadenmuskulatur (Gastrocnemius und Soleus) ist an der Achillessehne befestigt. Sie hebt die Ferse und senkt den Fuß beim Laufen nach unten. Wenn die Wadenmuskeln verkürzt sind, wird die Ferse des Fußes, der das Körpergewicht stützt, vorzeitig vom Boden gehoben. Dies reizt wiederum die Achillessehne und kann zu einer Entzündung führen. Solch eine Verletzung ist fast immer das unmittelbare Ergebnis inflexibler Wadenmuskeln.

Eine mangelnde Flexibilität der Wadenmuskeln kann auch zu Schienbeinbeschwerden führen. Hierbei handelt es sich um verschiedene Beschwerden im Unterschenkel. Auch Schmerzen der Plantarfaszie (unter dem Gewölbe oder an der Ferse) können durch verspannte Wadenmuskeln verursacht werden. (Wenn ein Muskel verspannt ist, zieht er mit übermäßiger Kraft an seinen Befestigungspunkten.)

Prüfen Sie die Flexibilität Ihrer Wadenmuskeln, indem Sie die Arme unter dem Knie verschränken und Ihren Fuß so weit wie möglich zum Knie ziehen. Ein Freund sollte dann mit Hilfe eines Traktographen den Winkel zwischen

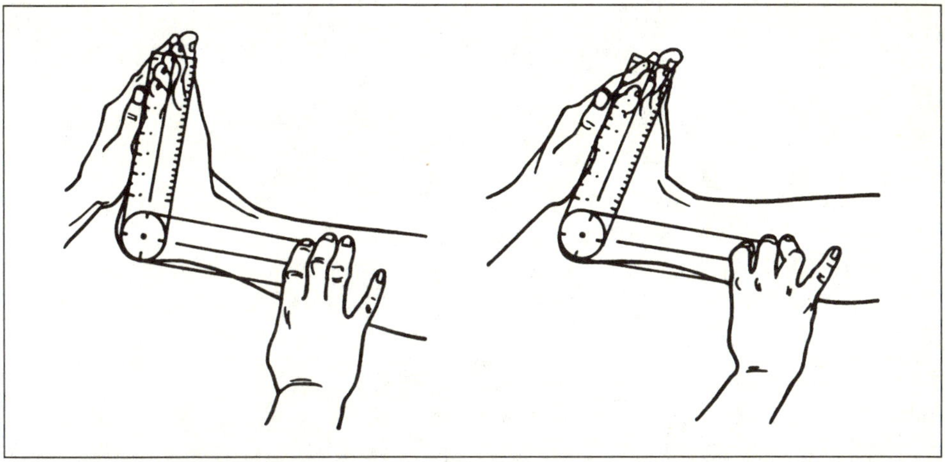

Flexibilität der Wadenmuskulatur

Prüfen Sie die Flexibilität Ihrer Wadenmuskeln, indem Sie sich auf den Rücken legen und die Arme unter dem Knie verschränken. Ein Freund sollte dann Ihren Fuß in seine normale, entspannte Lage bringen. Ziehen Sie den Fuß so weit wie möglich zum Knie und bestimmen Sie den Winkel mit Hilfe eines Traktographen.

Fuß und Bein wie oben beschrieben messen. Sie sollten Ihren Fuß mindestens 15 Grad aus der Senkrechtstellung beugen können. Diese Flexibilität gewährt Ihnen einen normalen Bewegungsspielraum.

Wenn Ihr Neigungswinkel unter 15 Grad liegt, sollten Sie sofort Dehnübungen zur Verlängerung der Wadenmuskulatur in Angriff nehmen. (Siehe Dehnübungen in Kapitel 23).

9. Sind Ihre Kniesehnen flexibel?

Die Muskeln und Sehnen an der Hinterseite von Knie und Oberschenkel müssen lang genug sein, um den Knien und Hüften den notwendigen Bewegungsspielraum zu gewähren. Hüftschmerzen und Knie- oder Oberschenkelverletzungen werden oft durch inflexible Kniesehnen verursacht.

Sie können Ihre Kniesehnen prüfen, indem Sie sich auf den Rücken legen und ein Bein so weit wie möglich nach oben heben, während Sie das andere Bein festhalten. Sie sollten mindestens einen Winkel von 90 Grad bilden können. Falls dies nicht möglich ist, sind Dehnübungen dringend nötig. Wenn Ihre Wadenmuskulatur verkürzt ist, sind vermutlich auch die Kniesehnen nicht genügend flexibel. (Dehnübungen finden Sie in Kapitel 23.)

10. Testen Sie Ihr Iliotibialband

Zu den häufigsten Knieverletzungen gehört eine Entzündung des Iliotibialbandes (ITB) an der Ansatzstelle am Schienbein direkt unter der Kniescheibe. Dieses Problem hat meistens zwei Gründe: übermäßige Pronation und ein verkürztes ITB.

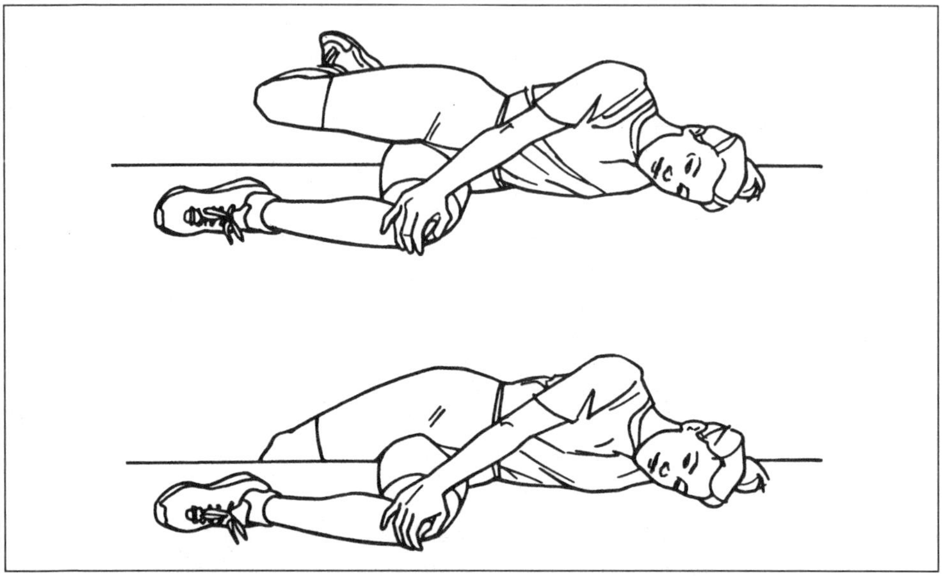

ITB Test

Um die Flexibilität Ihres Iliotibialbandes zu prüfen, legen Sie sich seitlich mit angezogenen Knien auf einen Tischrand. Lassen Sie das obere Bein hinter sich nach unten sinken. Das Bein sollte mindestens bis zur Tischfläche fallen.

Wenn das Band verkürzt ist, reibt es am lateralen femoralen Kondylus (einem Gelenkhöcker an der Außenseite des Knies) und entzündet sich. Mit dem ITB oder Ober-Test können Sie die Flexibilität des ITB selbst prüfen (siehe oben).

Wenn Ihr ITB verkürzt ist, gibt es eine einfache Lösung – dehnen Sie es! (Siehe Kapitel 18.) Außerdem sollten Sie Ihre Überpronation durch geeignetes Schuhwerk, Einlagen oder beides minimieren. Einzelheiten finden Sie in den Kapiteln 4 und 5.

11. Wie lange laufen Sie schon?

Viele Studien zeigen, daß die meisten Laufverletzungen auf Trainingsfehler zurückzuführen sind. Denken Sie an den Fluch des verletzten Läufers: zu viel, zu schnell, zu bald oder zu oft.

Menschen, die mit dem Laufen anfangen, haben ein höheres Verletzungsrisiko als Geübte. Muskeln, Gelenke, Sehnen, Bänder und Knochen von Anfängern haben sich noch nicht an die Belastungen des Laufsports gewöhnt. Die ersten vier Monate sind höchst kritisch. Anfänger leiden häufig an Schienbeinbeschwerden. Belastungsfrakturen können entstehen, wenn die schnelle Entwicklung der Beinmuskeln die Knochen überlastet.

Wenn Sie mit dem Laufen anfangen, sollten Sie langsam mit einem Wechsel zwischen langsamem Joggen und Gehen beginnen. Dies gilt auch für Läufer, die ihr Trainingsprogramm im

Winter drastisch einschränken. Viele Verletzungen treten im März und April auf, wenn Läufer sich vorschnell in ein volles Training stürzen. (Nach einer Faustregel sollte man die Distanz pro Woche um höchstens 10 % steigern.)

12. Wie viele Kilometer laufen Sie pro Woche?

Wenn Sie mindestens drei Monate lang regelmäßig eine bestimmte Distanz gelaufen sind, können Sie das Verletzungsrisiko mit Hilfe Ihrer wöchentlichen Kilometerzahl abschätzen. Die Regel ist einfach: Je weiter Sie laufen, um so größer ist die Verletzungsgefahr.

Dr. Kenneth Cooper, Präsident und Gründer des Cooper Aerobics Center in Dallas und Verfasser eines Bestsellers über Aerobicübungen, stellte auf Grund ausführlicher Untersuchungen fest, daß 18 bis 22 Kilometer pro Woche optimal sind. Dr. Cooper ist der Meinung, daß 3 bis 4,5 Kilometer pro Tag, drei- bis fünfmal die Woche körperliche Fitness bei einem Minimum an Verletzungsgefahr sicherstellen.

Viele Sportfreunde glauben, daß mehr besser ist. Sie denken, wenn 18 bis 22 Kilometer pro Woche gut für die Gesundheit sind, dann müßten doppelt so viele Kilometer doppelt so gesund sein. Doch Dr. Cooper hat festgestellt, daß die Konditionsverbesserung bei mehr als 22 Kilometern sinkt und die Verletzungsgefahr steigt.

Freilich überschreiten auch viele Läufer diese Zahlen, ohne sich zu verletzen. Aber wenn Sie verletzungsgefährdet sind oder mit Hilfe unseres Tests feststellen, daß Sie zu einer Risikogruppe gehören, kann eine Verringerung der Wochenkilometer Ihnen helfen, potentiellen Verletzungen aus dem Weg zu gehen.

13. Wollen Sie Ihre Leistungen zu schnell verbessern?

Wie schon erwähnt sollten Sie die Kilometerzahl pro Woche um nicht mehr als 10 % steigern. Wenn Sie also letzte Woche 37 Kilometer gelaufen sind, sollten Sie diese Woche höchstens 3,7 Kilometer mehr laufen.

Diese 10 % sind die Mehrbelastung, die Ihr Körper verkraften kann, ohne daß die Verletzungsgefahr steigt. Wenn Sie dieses Maß überschreiten, gehen Sie ein hohes Risiko ein.

14. Lassen Sie Ihrem Körper genügend Zeit, um sich vollständig zu erholen?

Nach einer mehr als zweiwöchigen Verletzungspause müssen Sie langsam und vorsichtig wieder mit dem Laufen beginnen. Die meisten Läufer legen sich nach einer solchen Unterbrechung tüchtig ins Zeug. Man sollte jedoch nicht vergessen, daß die ersten Wochen nach einer Pause für die Prävention zukünftiger Verletzungen wesentlich sind.

Leider geht man aus einer Verletzung nicht gestärkt hervor, sondern ist anfälliger für weitere Probleme. Um zu verhindern, daß die Verletzung wieder auftritt, muß man das Comeback vorsichtig gestalten. Wenn die Verletzung drei Monate oder weniger zurückliegt, sollte man mit 50 % oder weniger Trainingsbelastung einsteigen. (Siehe Kapitel 22 für weitere Einzelheiten.)

15. Wann laufen Sie?

Die Statistik zeigt, daß Menschen, die nachmittags oder abends laufen, weniger verletzungsgefährdet sind als solche, die morgens trainieren. Muskeln, Sehnen und Bänder sind morgens noch steif und verkraften Belastungen weniger gut als nach einer Aufwärmphase im Rahmen der üblichen Tagesaktivitäten. Auch Muskelzerrungen und Tendinitis treten häufiger bei Morgenläufen auf.

Einen Vorteil hat der Lauf zu Tagesbeginn dennoch: Die Statistik zeigt, daß Morgenläufer ihr Programm eher durchhalten, als Menschen, die nachmittags oder abends trainieren.

16. Versuchen Sie Ihr Tempo zu steigern?

Geschwindigkeitstraining und Zeitläufe sind eine hervorragende Möglichkeit, um Wettbewerbsleistungen zu verbessern. Doch sie erhöhen auch die Verletzungsgefahr erheblich. Das Risiko ist während der anfänglichen Beschleunigungsphase sowie bei Erreichen der Höchstgeschwindigkeit am größten.

Wenn Sie in einem vernünftigen Maß an schnelle Läufe gewöhnt sind, wird Ihr Körper in der Regel mit dieser Belastung fertig. Doch sollten Sie sich vor der Beschleunigungsphase immer gut aufwärmen und Ihrem Körper nach dem Spurt Gelegenheit zum Abkühlen geben. Planen Sie Ihr Spurtprogramm so, daß das Trainingstempo der Wettbewerbsgeschwindigkeit entspricht.

17. Nehmen Sie an Rennen teil?

Bei Läufern, die an Rennen teilnehmen, erhöht sich die Verletzungsgefahr um 10 %. Je öfter Sie an Wettbewerben teilnehmen, um so größer ist Ihr Risiko.

Um diese Gefahr zu minimieren, sollten Sie nur an Rennen teilnehmen, wenn Sie sicher sind, daß Sie durch Ihr Training angemessen auf die Länge der Rennstrecke und das geplante Lauftempo vorbereitet sind. Akzeptieren Sie die Tatsache, daß man an manchen Tagen einfach nicht fit ist, oder daß eine bestimmte Wetterlage das Lauftempo bremst. Seien Sie sich Ihrer Grenzen bewußt und passen Sie Ihre Geschwindigkeit an die Gegebenheiten an.

Test für Verletzungsrisiken

Kreuzen Sie bei den unten aufgelisteten Fragen die angemessene Antwort an und addieren Sie die Punktzahl. Die numerierten Abschnitte im Text geben Ihnen genauere Informationen zu den einzelnen Fragen und helfen bei der Auswertung Ihrer Antworten.

1. Geschlecht ________

männlich 0
weiblich 1

2. Körperfett in Prozent ________

Männer:

weniger als 15 % 0
15–20 % 1
21–25 % 2
26 % und mehr 3

Frauen

weniger als 20 % 0
20–25 % 1
26–30 % 2
31 % und mehr 3

3. Unterschied in der Beinlänge ________

0,3 cm oder weniger 0
0,3 bis 0,48 cm 1
0,48 bis 0,6 cm 2
0,6 bis 0,9 cm 3
mehr als 0,9 cm 4

4. Wie hoch ist Ihr Gewölbe? ________

vollkommen platt 4
etwas platt 2
normal gewölbt 0
etwas hoch (wenig nachgiebig) 1
sehr hoch (wenig nachgiebig) 4

5. Wie ausgeprägt ist Ihre Pronation? ________

starke Überpronation 5
mäßige Überpronation......................3
leichte Überpronation 1
normale Pronation 0
leichte Unterpronation 1
mäßige Unterpronation......................2
starke Unterpronation........................5

6. Wie hoch ist Ihr Q-Winkel? ________

Männer:
weniger als 11 Grad..........................0
11 bis 15 Grad.................................2
16 bis 20 Grad.................................4
21 Grad und mehr 5

Frauen:
weniger als 16 Grad..........................0
16 bis 19 Grad.................................2
20 bis 23 Grad.................................4
24 Grad und mehr 5

7. Sind Ihre Beine gekrümmt? ________

normal bis leicht 0
mäßig 1
stark 3

8. Flexibilität der Wadenmuskulatur ________

mehr als 15 Grad 0
11 bis 15 Grad..................................2
6 bis 10 Grad....................................3
0 bis 5 Grad......................................4
weniger als 0 Grad............................5

9. Flexibilität der Kniesehnen ________

mehr als 90 Grad 0
85 bis 90 Grad 2
75 bis 84 Grad 3
60 bis 74 Grad 4
weniger als 60 Grad 5

10. Flexibilität des Iliotibialbandes ________

einigermaßen flexibel 0
stark verkürzt 3

11. Wie lange laufen Sie schon? ________

vier Monate oder mehr 0
zwei bis vier Monate 1
ein Monat oder weniger 3

12. Wie viele Kilometer laufen Sie pro Woche? ________

22 km oder weniger 0
23 bis 37 km 2
38 bis 67 km 6
68 km und mehr 10

13. Erhöhen Sie Ihre Kilometerzahl? ________

um weniger als 10 % pro Woche 0
um 10 bis 15 % pro Woche 4
um mehr als 15 % pro Woche..........10

14. Haben Sie eine Verletzung hinter sich? ________

keine Verletzung in jüngster Zeit 0
2 bis 3 Wochen Pause........................2
3 Wochen Pause und mehr 4

15. Wann laufen Sie gewöhnlich? ________

mittags, nachmittags, abends.............0
morgens 1

16. Versuchen Sie Ihr Tempo zu steigern? ________

keine Temposteigerung 0
regelmäßige Spurts 2
Spurttraining erst seit kurzem............ 4
stark gesteigertes Spurttraining 8

17. Wie oft nehmen Sie an Rennen teil? ________

nie 0
zweimal pro Jahr oder weniger 2
drei- bis sechsmal pro Jahr 4
siebenmal pro Jahr und öfter............. 6

GESAMTPUNKTZAHL ________

Auswertung Ihrer Punktzahl

10–15 Gratuliere! Es ist unwahrscheinlich, daß Sie sich verletzen.

16–26 Ihr Verletzungsrisiko liegt etwas über dem Durchschnitt. Wenn Sie einem oder zwei Bereichen, in denen Sie schlecht abgeschnitten haben, etwas mehr Aufmerksamkeit schenken, können Sie Ihr Risiko senken.

27–37 Ihr Verletzungsrisiko liegt bei 50:50. Arbeiten Sie etwas an den Bereichen, in denen Sie schlechte Ergebnisse erzielt haben, damit aus der Gefahr nicht Realität wird.

38–49 Wenn Sie nicht bereits verletzt sind, werden Sie sich vermutlich bald eine Verletzung zuziehen. Sie wissen, was Sie falsch machen und sollten Ihre Fehler schleunigst korrigieren. Vergewissern Sie sich, daß Sie alle guten Sportmediziner in Ihrer Gegend kennen.

50+ Vor Ihnen liegt eine Menge Arbeit. Hoffentlich haben Sie Ihren Krankenkassenbeitrag bezahlt.

Kapitel 2

Das Erkennen und Verstehen von Beschwerden

Wie alle Athleten sind auch Läufer Schmerzen gewöhnt. Sie unterscheiden sogar oft zwischen »guten Schmerzen« und »schlechten Schmerzen«. Manche Schmerzen betrachten sie einfach als die natürliche Folge körperlicher Anstrengung. Medizinisch gesehen gibt es keine guten Schmerzen. Einige Schmerzen sind nur weniger schlimm als andere. Doch sind alle Schmerzen Warnsignale wie rote Ampeln und müssen erkannt und beachtet werden. Schmerz bedeutet, daß irgendwo in Ihrem Körper Schmerzfasern stimuliert werden. Unterschiede gibt es im Ausmaß der Stimulation und der individuellen Reaktion. Die jeweilige Schmerzreaktion ist von vielen Faktoren abhängig; dazu gehören Dicke der Nerven, ihre Verteilung und Lage bezüglich des verletzten Gebietes, sowie die Schutzhülle, die die Nerven umgibt. Um Ihrem Körper die Deutung der Nachrichten des Nervensystems noch weiter zu erschweren, stellt das Gehirn Chemikalien, wie etwa Endorphine, her, die Nachrichten unterbrechen oder verzerren.

Das wurde mir bei der Behandlung eines Athleten klar, als ich noch Student der Fußheilkunde in Kalifornien war. Mark hatte gerade den strapaziösen Dipsea Lauf hinter sich gebracht, ein Rennen, bei dem die Läufer den Mount Tamalpais nördlich von San Francisco bewältigen müssen.

Mark kam mit Schmerzen an der Außenseite seines Beines in die Klinik. Wie viele Läufer hatte er nach dem Auftreten der Schmerzen eine Woche abgewartet und den Termin dann auch nur auf Drängen seiner Frau vereinbart. Er erzählte mir, daß die Schmerzen nach etwa 5 km aufgetreten seien. Da seine Frau und Freunde aber an der Ziellinie auf ihn warteten, hatte er das Rennen nicht abgebrochen, um sie nicht zu enttäuschen. Röntgenaufnahmen ergaben, daß er sich das Wadenbein gebrochen hatte. Dieses Beispiel zeigt, in welchem Ausmaß das Gehirn Schmerzen kontrollieren kann. Normalerweise löst ein Wadenbeinbruch starke, unerträgliche Schmerzen aus und stellt nicht nur eine Belästigung dar, wie das während Marks Lauf der Fall gewesen war.

Solche Berichte von Frakturen, Zerrungen und Verstauchungen, die Läufer jedoch nicht davon abhalten, ihr Rennen zu beenden, sind häufig. Ich denke da an die berühmten Röntgenaufnahmen von einem Läufer unmittelbar nach dem Boston Marathon, die eine verschobene Schienbeinfraktur zeigten. Bei diesem Bruch handelte es sich nicht nur um einen kleinen Riß, sondern um einen beträchtlichen Sprung in der Tibia. Der Läufer gab zu, »so etwa an der 9-km-Marke einen leichten Knacks« verspürt zu haben. Dennoch lief er mit dem gebrochenen Bein noch 30 Kilometer weiter und beendete dieses anstrengende Rennen.

Ich erinnere mich auch noch an die erstaunliche Geschichte eines anderen Läufers, der während des Trainings für den Boston Marathon eine Schußverletzung am Kopf erlitt. Erst als er diesen Lauf beendet hatte, bemerkte er, daß ihn eine Kugel gestreift hatte.

Andere Läufer leugnen jeglichen Schmerz. Viele Sportler, die in meine Praxis kommen, sprechen von »Unbehagen« und nicht von Schmerz. Wenn ich sie auf den exakten Schmerzpunkt festnageln will, sagen sie: »Oh, ich habe keine Schmerzen. Es ist nur ein bißchen unangenehm.« Ich habe Patienten erlebt, die eine Fraktur als »unbehagliches Gefühl« beschrieben.

Schmerz kann auch durch verschiedene Körpermechanismen verschleiert werden. Ein gutes Beispiel ist einer meiner Patienten, dem ein Pferd auf das Bein gefallen war. Der Unfall passierte an einem Samstag, und er suchte umgehend die Notaufnahme des Krankenhauses auf, da er im Knie heftige Schmerzen verspürte. Eine gründliche Untersuchung des Knies ergab lediglich eine leichte Prellung.

Erst zwei Tage später bemerkte der Mann einen pochenden Schmerz im Unterschenkel. Röntgenaufnahmen des Beines zeigten zwei Frakturen am Knöchel. Zu diesem Zeitpunkt schmerzte zwar das Knie nicht mehr, doch konnte er auf Grund des Knöchelbruches kaum mehr gehen.

Was war passiert? Der Knieschmerz überlagerte die anderen Beschwerden in einem solchen Ausmaß, daß er nicht einmal bemerkte, daß das Bein verletzt und sogar gebrochen war.

Schenken Sie Schmerzen Beachtung

Unbehagen oder Schmerz ist immer ein untrügliches Zeichen, daß etwas im argen liegt. Sie sollten einem schmerzenden Zehennagel ebenso Beachtung schenken wie Beschwerden in Muskeln, Sehnen oder Gelenken. Wenn Sie weiterlaufen, verschlimmert sich das Problem nur. Auch ein anscheinend unbedeutender heißer Fleck an der Fußsohle kann schlimme Folgen haben.

Denken Sie an die Geschichte von Doug, der bei der Hälfte eines 10-km-Laufes bemerkte, daß sich an der Ferse eine Blase bildete. Er ignorierte sie und lief das Rennen zu Ende. Als ich Doug zwei Tage später sah, ähnelte seine Ferse einem Stück rohen Fleisch. Entzündete rote Streifen verliefen an seinem Bein. Doug war allergisch gegen viele Antibiotika, und die Infektion war

gegenüber den Medikamenten, die er vertrug, resistent.
Er konnte vier Wochen nicht laufen, bis die Beschwerden endlich abgeklungen waren. Waren die zusätzlichen 5 km die Arztrechnungen, die Schmerzen und die einmonatige Trainingspause – ganz zu schweigen vom möglichen Verlust eines Körpergliedes – wert?
Rückblickend mußte Doug diese Frage mit nein beantworten.
Jeder Schmerz will Ihnen etwas Wichtiges sagen. Viel zu häufig suchen mich Patienten mit langjährigen Verletzungen auf. Einige von ihnen sind jahrelang gegen den Schmerz angelaufen. Wenn sie dann endlich zu mir kommen, ist viel Zeit und Mühe notwendig, um die Verletzung auszuheilen. In manchen Fällen ist der Schaden auch irreparabel. Meistens hätte eine frühzeitige Behandlung das Problem schnell behoben, und den Läufern wäre viel Leid erspart geblieben.
Schwere Verletzungen auf Grund von Überbeanspruchung entwickeln sich nicht über Nacht. Solche Probleme sind auf wiederholte, übermäßige Belastung und Trauma an Knochen, Gelenken, Muskeln und Sehnen – und sogar Nerven – zurückzuführen. Der Körper versucht sich den Belastungen immer anzupassen und sie auszugleichen. Verstärkt man den Druck auf eine Stelle, die sich in einer Anpassungsphase befindet, dann kann sich schnell eine ernsthafte Verletzung entwickeln. Wenn man an einer Verletzung oder langwierigen Entzündung leidet, bildet sich Narbengewebe. Dieses Gewebe ist nicht elastisch, verklebt mit seiner Umgebung und ist meist schwächer als das ursprüngliche gesunde Gewebe. Dadurch ist das Umgebungsgewebe wesentlich empfänglicher für chronische Verletzungen. Wenn Sie also gegen Schmerzen anlaufen, fordern Sie ernstere, häufigere und langwierige Beschwerden heraus.
Schmerz sagt Ihnen, daß Sie die Grenze vernünftigen Trainings überschritten haben, und daß sich die übermäßige Belastung gegen Sie selbst wendet. Laufen Sie niemals gegen Schmerz an. Dies gilt auch für Radfahren, Schwimmen, Dehn- oder Hantelübungen. Schmerz ist kein natürlicher Bestandteil körperlicher Ertüchtigung. Weltklassetrainer und Athleten, Sportmediziner und Bewegungsphysiologen haben längst bewiesen, daß man sich keinen großen Schmerzen unterziehen muß, um Kraft und Ausdauer zu trainieren.
Schmerz ist ein Zeichen, daß der Körper eine Belastung nicht verkraften kann und um Ruhe bittet. Beachten Sie solche Warnsignale.

Hören Sie auf Ihren Körper, wenn er Halt sagt!

Stechende Schmerzen sind immer ein untrüglicher Hinweis auf Probleme. Ob sie nun beim Laufen oder nach dem Laufen auftreten, bedeuten sie doch mit Sicherheit, daß etwas im argen liegt.
Sie müssen mit der Aktivität sofort aufhören und die Verletzung umgehend untersuchen lassen: Sie können sich

Verletzungsgeräusche

Schmerz ist nicht der einzige Hinweis auf eine Verletzung. Viele Läufer hören ihre Verletzung, bevor sie sie spüren. Ein »Knacksen«, »Krachen«, »Knallen« sowie ein mahlendes Geräusch können auf eine Verletzung hindeuten, bevor die betroffene Stelle zu schmerzen beginnt. Ein Riß der Achillessehne manifestiert sich häufig auf diese Art.
Dave, ein Marathonläufer mit einer Zeit unter 2:30, spielte Basketball, als er ein Knacksen im Unterschenkel hörte und zu Boden fiel. Er litt kaum unter Schmerzen oder Schwellungen, aber hatte nur noch eingeschränkte Kontrolle über seinen Fuß. Nachdem einem anderem Basketballspieler fünf Jahre zuvor das gleiche passiert war, wußte Dave sofort, was los war: die Achillessehne war völlig gerissen.
Sie denken vielleicht, daß eine solche Verletzung sehr schmerzhaft sein muß; doch sind Geräusch und Funktionsverlust oft die ersten Hinweise – und das gilt nicht nur für einen Achillessehnenabriß.
Ein anderer meiner Patienten verspürte beim Laufen ein leichtes »Schnappen« in der Wade. Erschrocken drehte er sich um, weil er glaubte, daß ihn eine Biene gestochen oder ein Kind mit dem Luftdruckgewehr getroffen hatte. Tatsächlich war die Plantaris, die Wadensehne, gerissen. Er beendete seinen Lauf ohne große Schmerzen und stellte dann fest, daß sich die Rückseite seines Beins blau verfärbt hatte.
Knöchelverstauchungen, die laute Knacks- oder Knallgeräusche machen, deuten häufig auf Bänder- oder Sehnenrisse hin. Der Grad der Verletzung

eine Belastungsfraktur, eine Muskelverletzung, einen Sehnenabriß oder irgendeine andere Verletzung zugezogen haben. Ihr Körper hat kaum einen besseren Mechanismus als stechenden Schmerz, um dem Gehirn den Befehl »Halt« zu erteilen. Dies ist eine große rote Ampel, hinter der ein Verkehrspolizist sitzt.

Wenn Sie gegen stechenden Schmerz anlaufen, kann ich Ihnen gesundheitliche Beschwerden garantieren. Ein stechendes Schmerzgefühl sagt Ihnen, daß Sie lange Zeit nicht mehr laufen werden, zahllose Untersuchungen, eventuell einen Gipsverband oder einen operativen Eingriff riskieren, wenn Sie nicht sofort Vernunft annehmen. Hören Sie sofort auf, es sei denn, Sie laufen gerade vor einem Räuber davon oder olympisches Gold ist zum Greifen nahe.

Ich kenne einen Mann, der einen Marathon lief, als er einen stechenden Schmerz im Bein verspürte. Da er das Rennen zu diesem Zeitpunkt anführte, lief er weiter. Ungefähr bei Kilometer läßt sich nicht vom Ausmaß der Schwellung ablesen. Dan, ein Fußballspieler, suchte mich auf, nachdem er auf dem Fußballfeld über ein Sprinklerloch gestolpert war. Sein Knöchel war stark geschwollen, und wir rechneten schon mit Gips oder Operation. Doch Röntgenaufnahmen und Kernspintomographie ergaben keinen Riß oder Bruch am Knöchel. Bereits nach drei Wochen konnte er wieder Fußball spielen.

Andererseits kenne ich auch Fälle, in denen Knöchelverstauchungen ein deutlich hörbares Geräusch machten, doch nur wenig Schmerz oder Schwellung verursachten. Oft dachten die betroffenen Läufer, daß ihre Verletzung unbedeutend sei und mußten später feststellen, daß die lateralen Bänder völlig gerissen waren und einen operativen Eingriff erforderten.

Ein andauerndes mahlendes Geräusch im Gelenk weist selbst bei Schmerzfreiheit auf eine Verletzung hin, die der Behandlung bedarf. Dies gilt besonders für Großzehen, Knöchel und Knie. Im allgemeinen bedeutet solch ein Geräusch, daß das Gelenk nicht normal gleitet, und das Knorpelgewebe, das sonst zwischen den Knochen liegt und eine reibungslose Gelenkfunktion erlaubt, abgenutzt ist.

Wenn der Knorpel abgenutzt ist, reiben die Knochen aneinander und führen schließlich zu einem Gelenkschaden. Wenn man ein solches Mahl- oder Knirschgeräusch frühzeitig untersucht, kann man den Verlust von Knorpelgewebe minimieren und dauerhaften Schaden abwenden.

33 wurden die Schmerzen so schlimm, daß er abbrechen mußte.

Es stellte sich heraus, daß er an einem Compartment Syndrom litt, das fast die gesamte Blutzufuhr in Unterschenkel und Fuß abschneidet. Die Verletzung war so gravierend, daß die Blutversorgung des Fußes operativ wiederhergestellt werden mußte.

Hätte er beim ersten stechenden Schmerz aufgehört, wäre vermutlich kein ernstlicher Schaden entstanden. Dieser Läufer war etwa sechs Monate außer Gefecht – und das nur, weil er einen stechenden Schmerz nicht beachtet hatte.

Wie wissen Sie, ob ein Schmerz so schlimm ist, daß Sie Ihre Aktivität einstellen müssen? Allgemein läßt sich folgendes sagen: Wenn Sie lediglich ein gewisses Unbehagen verspüren, können Sie weiterlaufen und den Vorfall in Ihrem Trainingstagebuch vermerken. Doch wenn das Gefühl unangenehm ist oder zu einer Schrittveränderung führt, sieht die Sache ganz anders aus.

Auch Schmerzen vor und nach dem Laufen sind bedeutsam

Sie leiden möglicherweise an einer Verletzung, wenngleich Sie während des Laufens keine oder nur geringe Schmerzen verspüren. Muskelschmerzen *vor* dem Laufen, die während der Aufwärmphase verschwinden und nach dem Abkühlen wieder auftreten, sind ein deutlicher Hinweis auf ein Problem.

Verletzungen im Bindegewebe (vor allem an Muskeln aber auch an Sehnen und Bändern) verursachen vor und nach dem Laufen immer größeren Schmerz und Beeinträchtigung als während der Bewegung selbst. Dies liegt daran, daß das Bindegewebe im kalten Zustand wenig elastisch ist. Während des Aufwärmens dehnt es sich aus, wird weniger verletzungsanfällig und sendet weniger Schmerzsignale aus.

Wenn man dieses Gewebe dann eine Weile belastet und wieder ausgeruht hat, kühlt es ab und zieht sich zusammen. Durch die Entstehung von Milchsäure und anderen Nebenprodukten der Muskelarbeit werden Unbehagen und Schmerz noch zusätzlich verstärkt.

Das Symptom mag harmlos sein und sich in Muskelverspannung oder leichter Unpäßlichkeit auf Grund von Milchsäureanreicherung ausdrücken. Viele Läufer schenken diesen Erscheinungen keine Beachtung und gehen damit ein gesundheitliches Risiko ein. Mit dem Schmerz will Ihnen Ihr Körper sagen, daß Sie ihn einer höheren Belastung ausgesetzt haben als er verkraften kann.

Nehmen wir einmal an, Sie haben gerade einen 5 km langen Trainingslauf hinter sich gebracht. Wenn Sie aus dem Auto steigen, verkrampft sich ihr Wadenmuskel und schmerzt auch am nächsten Tag noch.

Dies ist ein deutliches Signal, daß Sie Ihr Pensum einschränken sollten. Verringern Sie die Entfernung um mindestens 30 Prozent, bis Sie keine Schmerzen mehr verspüren. Versuchen Sie nicht, ein strenges Trainingsprogramm durchzuhalten, wenn Sie körperlich nicht auf der Höhe sind.

Ein anscheinend harmloser Schmerz in der Wadenmuskulatur kann zu einem Riß in der Achillessehne führen, wenn Sie die Belastung fortsetzen. Gehen Sie Ihr Training langsamer an, ansonsten kann dieser leichte Schmerz zu einer ernsten Verletzung werden, deren Ausheilung Wochen oder Monate dauert.

Deb, Bewegungsphysiologin und Sportlehrerin an einer weiterführenden Schule in meiner Nachbarschaft, ist ein gutes Beispiel. Deb unterrichtete zwei Marathonkurse, während sie sich selbst auf den Marathon vorbereitete. Sie lief mit ihren Kursteilnehmern und trainierte manchmal noch allein. Sie bekam solche Schmerzen in der Leistengegend, daß sie kaum noch gehen konnte. Wenn man sie über den Campus gehen sah, konnte man meinen, sie benötigte

Krücken. Sie schlurfte und hinkte, klagte und jammerte. Aus einer sitzenden Position kam sie fast nicht mehr hoch.

Beim Laufen gingen Debs Schmerzen vorüber. Da sie verhältnismäßig schmerzfrei laufen konnte, dachte Deb, daß alles in Ordnung sei und sie lediglich unter Muskelbeschwerden leide. Sie setzte ihr Training fort und nahm am Marathon teil.

Als Deb endlich einen Arzt aufsuchte (natürlich erst nach dem Rennen), stellte sich heraus, daß sie seit drei Monaten eine Beckenfraktur hatte. Das Ergebnis: Sie durfte vier Monate nicht mehr laufen und litt mehr als ein Jahr lang an Schmerzen in der verletzten Gegend.

Was sagt uns das? Nur weil die verletzte Gegend nach dem Aufwärmen weniger Beschwerden verursacht hat, heißt dies nicht, daß alles in Ordnung ist. Hier zeigt sich einmal mehr, daß der Läufer sich während der körperlichen Betätigung über den Grad der Schmerzen täuschen läßt.

Jeder Schmerz bedeutet etwas. Notieren Sie alle Ihre Schmerzen in einem Trainingstagebuch und achten Sie auf Gründe, Dauer und Heilmittel.

Beschwerden, mit denen man leben kann

Nun, da ich Sie mit all den schlimmen Verletzungen, die man sich zuziehen kann, wenn man Schmerzen nicht beachtet, ins Bockshorn gejagt habe, wollen wir uns den Beschwerden zuwenden, die man tatsächlich ignorieren darf. Schließlich kann man nicht immer zum Arzt rennen, wenn man sich etwas komisch fühlt. Wenn Sie sich jedes Mal, wenn Sie einen leichten Schmerz verspüren, ausruhen wollten, würden Sie mehr Zeit mit Büchern über das Laufen als beim Sport selbst zubringen.

Beim Versuch Ihre Leistung zu steigern, verspüren Sie manchmal Schmerzen, die sich anfangs als Muskelkater

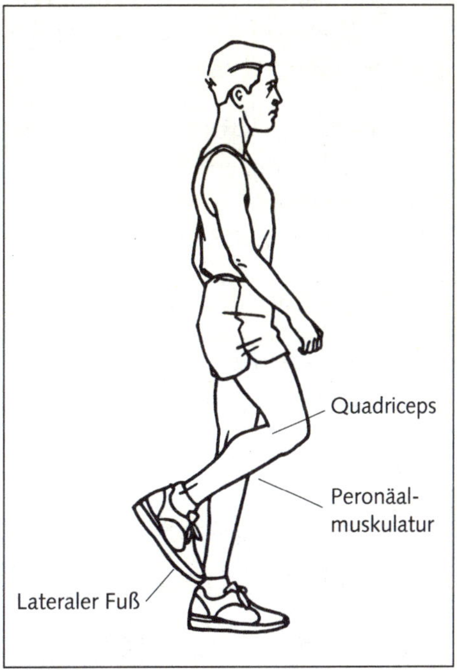

Wo Muskelkater auftritt

Hartes Training und Rennen führen oft zu Muskelkater, der sich meist in der Quadricepsmuskulatur des Oberschenkels, den Peronäalmuskeln des Unterschenkels und der lateralen (Außen-) Seite des Fußes manifestiert. Diese Schmerzen verschwinden meist nach wenigen Tagen der Ruhe oder des leichten Trainings.

Eine Checkliste für Schmerzen

Wenn Sie Schmerzen verspüren, seien sie auch noch so geringfügig, sollten Sie feststellen, was sie bedeuten. Beantworten Sie die folgenden Fragen über Schmerzen. Wann immer Sie mit ja antworten, bietet Ihnen die Lösungsseite Hilfe. Die Schmerzen sind etwa in der Reihenfolge ihres Schweregrades von leicht bis sehr schlimm aufgeführt.

1. Setzte der Schmerz nach einem besonders anstrengenden Lauf (wie einem Rennen) ein, und dauerte er weniger als drei Tage?
2. War der Schmerz auf eine plötzliche Trainingssteigerung (etwa von langsam zu schnell), einem Wechsel im Belag oder Gelände (Ebene oder Hügel), einem Wechsel der Schuhe (vom Trainings- zum Rennmodell) zurückzuführen?
3. Wird der Schmerz durch eine bestimmte Art des Laufens (wie etwa Sprints) ausgelöst, während andere Laufarten (wie langsamer Dauerlauf) keine solchen Beschwerden verursachen?
4. Verspüren Sie den Schmerz vor dem Laufen, und läßt er während der Aufwärmphase nach?
5. Stellte sich der Schmerz erst während der Abkühlphase nach dem Verletzungslauf ein?
6. Nimmt der Schmerz während des Laufens zu?
7. Verändert der Schmerz Ihren Laufstil? (Schonen Sie z.B. ein Bein?)
8. Setzte der Schmerz beim Laufen plötzlich ein?
9. Trat der Schmerz wieder an der Stelle einer alten Verletzung auf?
10. Haben Sie die Schmerzquelle »gehört«?

nach einem besonders langen oder außergewöhnlich schnellen Lauf manifestieren. Anstatt diesen Muskelkater zu ignorieren oder dagegen anzukämpfen, sollten Sie ihn als Aufforderung betrachten, etwas kürzer zu treten, bis die Beschwerden nachlassen. Hartes Training ist für eine

Was der Schmerz bedeutet:

1. Es handelt sich vermutlich, um einen normalen Muskelkater nach Belastung, der lediglich eine Verringerung des Trainings oder Ruhe erfordert.
2. Lassen Sie die Finger von diesem Experiment, bis der Schmerz nachläßt. Den nächsten Versuch sollten sie langsamer und vorsichtiger starten.
3. Sie sollten anstrengendere Läufe vermeiden. Gleichzeitig müssen Sie jedoch Ihre Sensibilität in diesem Bereich vermindern. Suchen Sie einen Experten auf und befragen Sie ihn zum Thema Schuhe, Einlagen und andere Behandlungsmethoden.
4. Tun Sie diese Beschwerden nicht als geringfügig ab, nur weil Sie Ihr Laufen nicht beeinträchtigen. Sie weisen auf ein ungelöstes Problem hin, das leicht eskalieren könnte.
5. Sehen Sie ein, daß der aktive Körper über viele Möglichkeiten verfügt, Schmerzen zu verhüllen, bis die betreffende Aktivität abgeschlossen ist. Sie spüren diese Beschwerden vielleicht erst beim nächsten Training wieder.
6. Schenken Sie diesem Symptom mehr Aufmerksamkeit als solchen, die wieder nachlassen oder konstant bleiben. Zunehmende Schmerzen bedeuten, daß Sie die Situation mit jedem Schritt noch verschlimmern.
7. Schenken Sie auch geringfügigen Veränderungen Beachtung. Sie weisen auf die Ernsthaftigkeit einer Verletzung hin und könnten Sekundärverletzungen in anderen Bereichen auslösen, die plötzlich ungewohnten Belastungen ausgesetzt sind.
8. Hören Sie sofort auf! Beschwerden, die so traumatisch sind, daß sie den körpereigenen Mechanismus zur Schmerzunterdrückung aufheben, müssen ernst genommen werden.
9. Sie müssen mit der Tatsache leben, daß diese Gegend vermutlich vernarbt ist, und Sie auf Dauer zu solchen Verletzungen neigen.
10. Achten Sie auf mahlende, krachende, knackende und knallende Geräusche. Sie sind ein Hinweis auf möglicherweise dauerhafte Schäden an Sehnen, Bändern, Knorpeln oder Knochen.

Leistungsverbesserung unabdingbar; doch auch der Erholungspause zwischen den Trainingsphasen kommt eine wichtige Bedeutung zu. Ohne solche Ruhephasen können sich zeitweilige Schmerzen in richtige Verletzungen auswachsen. (Ich definiere »normalen« Schmerz als leichtes Unbehagen, das nach ein paar Tagen wieder vergeht; länger anhaltende Schmerzen bezeichne ich als Verletzung.)

Nach einem besonders anstrengenden oder schnellen Lauf ist ein Muskelkater in bestimmten Muskelgruppen nichts Ungewöhnliches. Meist tritt dieser in einer von drei Gegenden auf: in den Quadricepsmuskeln im vorderen Oberschenkel, den peronäalen Muskeln und Sehnen an der lateralen (Außen-)Seite des Unterschenkels und im Fuß. Es gibt bestimmte Gründe, warum gerade diese Bereiche schmerzen.

Quadricepsmuskulatur: Als Gruppe sind die Quadricepsmuskeln ein Gespann von Arbeitstieren. Sie bilden die größte Muskelgruppe im Körper und werden bei der Fortbewegung am meisten in Anspruch genommen. Trotz ihrer beachtlichen Größe können auch diese Muskeln überlastet werden.

Beim San Diego Marathon liegt die Ziellinie in einem riesigen Stadion, in dem die Football-Mannschaft Chargers und die Baseball-Mannschaft Padres ihre Spiele haben. Die Organisatoren des Rennens legten alle T-Shirts und Souvenirs in den oberen Reihen des Stadions aus. Nach dem Rennen mußten die Marathonläufer zahllose Stufen hinaufsteigen, um die T-Shirts zu erhalten, die allen Finalisten zustanden. Nach einem 40-km-Rennen war dies ein harter Aufstieg. Doch das eigentliche Problem lag im Abstieg.

Beim Absteigen legten die Läufer eine enorme Last auf ihre ohnehin schon geschundenen Quadricepsmuskeln. Ich frage mich, was manche Beobachter wohl dachten, als sie sahen, wie sonst gesunde Menschen die Treppen hinuntergeführt oder gar getragen wurden.

Zeit – und wenig oder kein zusätzliches Training – heilt diese Beschwerden recht schnell. Innerhalb weniger Tage gingen – und liefen – diese Leute wieder ganz normal.

Peronäalmuskulatur: Die Peronäalmuskeln und -sehnen verlaufen an der lateralen (Außen-)Seite des Unterschenkels, setzen am Fuß an und stellen sicher, daß der Fuß fest am Boden bleibt. Somit trägt diese Muskelgruppe zur Stabilisierung des Fußes bei. Sobald der Fuß auf dem Boden auftrifft, kontrahiert sich die *Peronäalmuskulatur,* so daß der Fuß proniert (nach innen rollt) und flach auf dem Boden bleibt. Diese Muskeln verhindern, daß sich der Fuß nach außen dreht, und Sie sich den Knöchel verstauchen.

Je schneller oder länger Sie laufen, desto mehr müssen diese Muskeln arbeiten. Aus diesem Grund haben Sie nach Rennen in diesem Bereich häufig einen Muskelkater. Auch hier schaffen wenig oder kein Training schnell Abhilfe.

Füße: Die meisten Läufer treffen zuerst mit der Außenseite des Fußes auf dem Boden auf. Im Stehen sehen Sie, daß die Entfernung zwischen den Füßen auf dem Boden schmäler ist als die Breite Ihrer Hüften. Man nennt diese Entfernung Standbreite. Aus diesem Grund treffen Bein und Fuß in einem Winkel auf dem Boden auf. Dies bedeutet, daß die ursprüngliche Belastung auf der Außenseite des Fußes liegt. Tritt diese Belastung über einen längeren Zeitraum wiederholt auf, kann es zu Prellung und Schmerz entlang der Fußaußenseite kommen. Dies ist besonders dann der Fall, wenn die Strecke verlängert oder das Tempo erhöht wird.

Abrupte Wechsel im Belag können die Fähigkeit des Körpers, Schläge auszugleichen, überlasten. Dies zeigt das Beispiel eines Läufers, der nur auf Gras und weichem Untergrund trainierte. Er sagte mir, daß er auf diesen Böden laufe, um Verletzungen und vor allem Belastungsfrakturen zu vermeiden. Als er dann an einem Halbmarathon teilnahm, der ausschließlich auf Asphalt und Beton verlief, litt er nach dem Rennen unter solchen Schmerzen am Fußrand, daß ich eine Belastungsfraktur vermutete.

Glücklicherweise war dies nicht der Fall. Doch mir wurde wieder einmal klar, daß man die Fuß- und Beinmuskulatur auf die Schlagbelastung eines 20-km-Laufes vorbereiten muß.

Wodurch Muskelschmerzen ausgelöst werden können

Kurzzeitiger Muskelkater ist eine normale Erscheinung im Leben der meisten Läufer, wenn sie die Strecken verlängern oder das Tempo erhöhen. Sie müssen dies von Zeit zu Zeit auf sich nehmen, um ihre Leistungen zu verbessern. Doch sollten sie seine Botschaft keinesfalls mißachten.

Ich kenne eine Sportlehrerin namens Diane, die mir gegenüber klagte: »Ganz gleich ob ich ein 5-km-Rennen oder einen Marathon laufe, meine Laufgeschwindigkeit liegt immer bei fünf Minuten pro Kilometer.« Ich fragte sie, wie schnell sie beim Training laufe. »Etwa fünf Minuten pro Kilometer«, antwortete sie, was mich nicht überraschte.

Als Diane Sprints trainierte, um schneller zu werden, machte sie den Fehler, die Strecke unverändert hoch zu lassen. Bald stellte sich die erste Verletzung ein, nämlich Schmerzen an der Fußaußenseite. Sie lockerte ihr Training, bis die Beschwerden nachließen und begann dann mit einer kürzeren Strecke und leichten Sprints. Die Verletzung verschwand für immer, und ihre Renngeschwindigkeit stieg.

Dieser Fall zeigt, daß eine Kombination aus Sprints und langen Strecken belastend ist. Niemals sollten die beiden Aspekte gleichzeitig erhöht werden. Im Gegenteil – wenn man einen Teil erhöht, sollte man den anderen, zumindest zeitweise, verringern. Auch bei Muskelkater sollte man übermäßig lange Strecken und Sprints vermeiden. Warten Sie einen oder zwei Tage ab, ansonsten ziehen Sie sich leicht eine Verletzung zu.

Kapitel 3

Es beginnt in den Füßen

Warum verletzen sich so viele Läufer? Die Antwort beginnt mit dem Schritt. Der Fuß ist oft die eigentliche Ursache für eine Laufverletzung. Selbst Probleme in Knie, Hüfte oder Kreuz sind häufig auf ein Fußproblem zurückzuführen.

Beim Gehen hat man immer einen Fuß auf dem Boden. Beim Laufen ist das anders. Laufen kann man als eine Reihe von »Bruchlandungen« verstehen. Der gesamte Körper verläßt den Boden und landet dann abrupt wieder auf der Erde. Wenn man sich beim Laufen abstößt, schraubt man sich auch nach oben, und der führende Fuß trifft mit einer Kraft auf dem Boden auf, die fünfmal oder mehr dem eigenen Körpergewicht entspricht. Dies bedeutet bei einem Läufer mit 75 kg, daß bei jedem Schritt eine Belastung von 375 kg wirksam wird. Wenn man diese Zahl mit Hunderten von Schritten pro Kilometer multipliziert, erkennt man, welch pausenlos wiederholter Belastung ein Läufer ausgesetzt ist.

Doch die Fuß- und Beinmuskulatur fängt nicht nur enorme Kräfte ab, sondern hat auch noch die Aufgabe, die Füße auf dem Boden zu stabilisieren.

Um zu verstehen, warum sich Läufer verletzen, benötigt man einen gewissen Einblick in Anatomie und Biomechanik: Man muß sich über das Zusammenspiel von Fuß und Bein im klaren sein, um potentielle Problemzonen zu erkennen und Abhilfe zu schaffen.

Anatomie eines Fußes

David, einer meiner Kommilitonen, hatte während des Vietnam-Krieges im medizinischen Armeekorps gedient. Während unseres ersten Semesters Anatomie dachte er an einen Soldaten, den er wegen einer Fußverletzung behandelt hatte.

»Machen Sie sich keine Sorgen«, hatte er dem Soldaten gesagt. »Sie können von Glück sagen, daß es nur der Fuß ist.«

Als David hörte, daß der menschliche Fuß aus 33 komplizierten Gelenken, mehr als 40 Muskeln und Sehnen und etwa 100 Bändern besteht, erkannte er, daß er den durch die Kugel entstandenen Schaden möglicherweise unterschätzt hatte. Und dies gilt auch für Laufverletzungen: Ein »kleines« Fußproblem kann großen Ärger machen.

Ein Viertel aller Körperknochen befinden sich in den Füßen. Es gibt drei Gruppen: Fußwurzel-, Mittelfuß- und Zehenknochen.

Fußwurzelknochen: Unter den sieben Fußwurzelknochen ist das Sprungbein, das den Fuß mit dem Unterschenkel verbindet, wohl am wichtigsten.
Dieser relativ kleine Knochen paßt in die Gabel zwischen den beiden Unterschenkelknochen (Schien- und Wadenbein) und bildet mit diesen zusammen das Knöchelgelenk. Dies bedeutet, daß das Sprungbein nicht nur das Körpergewicht trägt, sondern auch für die Auf- und Abwärtsbewegung des Fußes und damit für die Lauf- und Gehbewegung unabdingbar ist.
Zusammen mit dem darunterliegenden Fersenbein bildet das Sprungbein das Subtalargelenk, einen für das Laufen wesentlichen Bestandteil des Fußes. Es ermöglicht die Pronation (Drehung nach innen) und Supination (Drehung nach außen) des Fußes.
Direkt vor dem Sprungbein und dem Fersenbein liegen zwei weitere Fußwurzelknochen, nämlich Kahnbein und Würfelbein. Zusammen bilden diese vier Knochen ein weiteres wichtiges Gelenk, das sogenannte Mitteltarsalgelenk. Es kontrolliert das Fußgewölbe und erlaubt uns, den Fuß zu fixieren oder locker zu lassen. Es verbleiben noch drei weitere Fußwurzelknochen. Hierbei handelt es sich um die keilförmigen Knochen, die den Hinterfuß mit dem Mittelfuß verbinden.

Mittelfußknochen: Diese langen, dünnen Knochen machen den Großteil der Fußlänge aus und brechen leicht. Hier

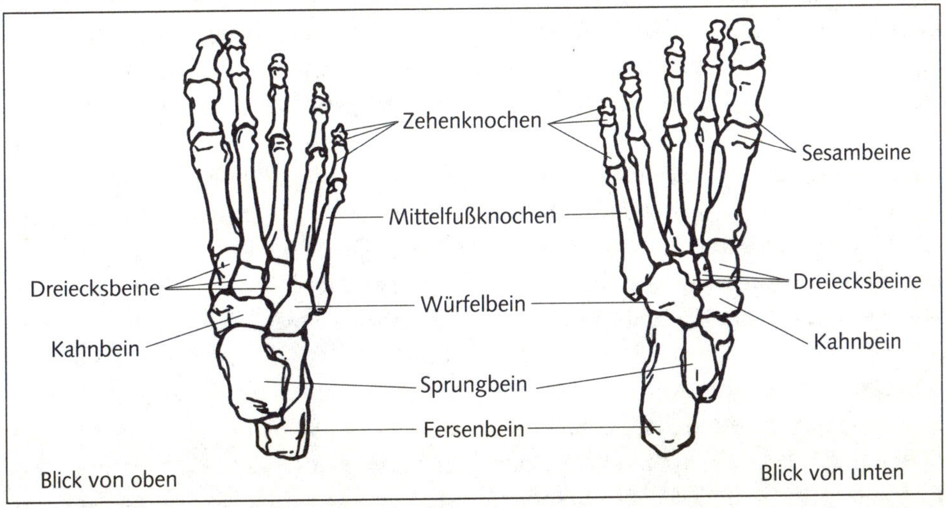

Fußknochen
Achtundzwanzig Knochen stützen die Füße beim Laufen. Im Zusammenspiel mit Muskeln und Sehnen stoßen sie die Füße vom Boden ab und fangen enorme Kräfte auf.

treten Belastungsfrakturen des Fußes am häufigsten auf.
Die vorderen Enden dieser fünf Knochen heißen Metatarsalköpfchen und bilden den Metatarsalbogen. Dieser Bogen formt den Fußballen und kollabiert gelegentlich, wodurch Schmerzen und Schwielen unter dem Fußballen auftreten.

Zehenglieder: Im allgemeinen besteht jeder Zeh aus drei Gliedern; der Großzeh hat lediglich zwei und der fünfte Zeh kann ein oder zwei Glieder haben. Bei der Hand machen diese Glieder einen Großteil der Länge aus; beim Fuß hingegen tragen sie wenig zur Länge als vielmehr zur Stabilität bei.
Die zwei kleinen Knochen unter dem Großzehen sind Sesambeine. Sie sind in die Sehne eingelagert, die den Großzehen beugt. Außerdem wirken sie als Hebel für den Muskel, der diesen Zeh betätigt. Manchmal brechen diese Knöchelchen und können – im Gegensatz zu anderen Fußknochen – nicht mehr heilen. Bei einem Bruch füllt Narbengewebe den Sprung, und die Knochen verbinden sich nicht mehr.
Über, unter, um und durch die Knochen und Muskeln verlaufen Bänder, Nerven und anderes Gewebe.

Bänder: Die wichtigsten Bänder des Fußes halten den Knöchel zusammen. Die drei Bänder an der Außenseite des Knöchels (die lateralen Seitenbänder) werden meist gezerrt oder reißen, wenn man sich den Knöchel verstaucht.
Auf der Außenseite des Knöchels verläuft das Deltaband vom Schienbein zum Sprungbein, und vom Fersenbein zu den anderen Fußknochen und hält die verschiedenen Knochen zusammen. Dieses Band reißt nur dann, wenn der Fuß mit einer Innen- anstatt einer Außendrehung auf dem Boden aufkommt.
An der Fußunterseite befindet sich die Plantarfaszie, die auch als langes Fußsohlenband bekannt ist. Wie alle Bänder ist auch die Plantarfaszie nicht gut mit Blut versorgt und wenig dehnfähig. Eine Verletzung dieser Fußregion führt gewöhnlich zu kleinen oder großen Rissen in der Faszie. Diese Risse vernarben und verursachen häufig Schmerzen oder Entzündungen.

Nerven: Der Hauptnerv, der in den Fuß verläuft, ist der Schienbeinnerv. Er verläuft von der Hinterseite des Beines zur Knöchelinnenseite und dann entlang der Fußunterseite. In seinem Verlauf zweigen verschiedene Nebenäste ab.
Es gibt einige Stellen, an denen der Schienbeinnerv Probleme verursachen kann. Dazu gehört die Region, an der der Nerv an der Innenseite des Knöchels verläuft und dann einen Tunnel passiert, der von den Fußwurzelknochen auf der einen und dem Flexor retinaculum auf der anderen Seite gebildet wird. Hier ist der Nerv sehr druckempfindlich, und es kann zu einem Tarsaltunnelsyndrom kommen.
Auch der Nerv, der in einem Ast zwischen dem dritten und vierten

Zeh endet, kann gereizt werden. Hier entsteht das sogenannte Morton-Neurom.

Doch nun genug der potentiellen Probleme. Im folgenden will ich darauf eingehen, warum es schon zu Schwierigkeiten kommen kann, wenn man nur einen Fuß vor den anderen setzt.

Biomechanik: Die Art der Bewegung

Lassen Sie sich von dem Begriff »Biomechanik« nicht einschüchtern. Er bezieht sich lediglich auf die Lehre der menschlichen Bewegung, also auf die Abläufe, die Sie von einem Ort zu anderen bringen.

Die Knochen und Gelenke stellen im Zusammenspiel mit Muskeln und anderem Bindegewebe die Fortbewegung sicher. Wenn alle Teile perfekt funktionieren, leisten Füße und Beine problemlos ihren Dienst. Doch schon kleine Mißbildungen oder Fehlleistungen können das Zusammenspiel vereiteln und zu Verletzungen führen.

Sie mögen den Eindruck haben, daß die Verletzung plötzlich aufgetreten ist. Doch das Problem kann sich im Laufe vieler Jahre der Beanspruchung entwickelt haben, bevor sich dann ernsthafter Schmerz einstellt.

Ich denke da an meinen Freund und Patienten Craig, der eines Tages in meine Praxis kam und mir sagte, daß sich auf der Oberseite seines Fußes *plötzlich* eine große Geschwulst gebildet hatte. »Letzte Woche war sie noch nicht da«, behauptete er. »Ich bin sicher, daß sie von den engen Schuhen kommt, die ich letztes Wochenende bei der Hochzeit meines Bruders trug.«

Eine Röntgenaufnahme zeigte, daß es sich bei dieser Geschwulst um einen großen Knochensporn handelte, der sich unmöglich über Nacht bilden konnte. Der Sporn hatte sich über einen langen Zeitraum hinweg allmählich über dem ersten Dreiecksgelenk des Mittelfußes entwickelt.

Es war gar nicht so leicht, Craig zu überzeugen, daß der Sporn eine lange Geschichte hatte. Dann kramte seine Frau ein Bild hervor, das fünf Jahre zuvor am Strand von Maui aufgenommen worden war. Der erhöhte Knochen war deutlich sichtbar, wenngleich er zu diesem Zeitpunkt nur halb so groß war.

Doch Craig hatte zumindest teilweise recht. Das enge Paar Schuhe, das er ein paar Tage zuvor getragen hatte, war der eigentliche Auslöser der Schmerzen. Aber auch wenn er diese Schuhe nicht getragen hätte, wären die Symptome doch irgendwann – vielleicht nächste Woche oder nächstes Jahr – aufgetreten. Das war unvermeidlich, da er einen abnormalen Knochensporn an einer Stelle hatte, auf die sein Laufschuh Druck ausübte.

Der wahre Grund für Craigs Knochenwachstum lag darin, daß das betroffene Gelenk beweglich war, obwohl es stabil sein sollte. Die Ursache: angeborene mechanische Mängel kombiniert mit langjähriger Laufbelastung.

Grundlagen der Biomechanik

Die eigentliche Aufgabe Ihrer Füße und Beine besteht darin, Ihren Kopf mit möglichst geringer Stoßbelastung von Punkt A nach Punkt B zu bringen. Das Gehirn reagiert sehr empfindlich auf Erschütterungen, und deshalb sollte die Reise möglichst sanft ablaufen. Jedes Gelenk zwischen Füßen und Kopf dient als Stoßdämpfer. Die Gelenke ermöglichen nicht nur biegende Bewegungen, sondern sie absorbieren auch Erschütterungen. Wenn die Gelenke richtig arbeiten, verläuft die Reise ohne größere Schläge und Stöße.

Die Vor- und Rückwärtsbewegung der Füße und Beine beim Gehen oder Laufen erscheint recht einfach. Doch in Wirklichkeit handelt es sich um eine komplexe Reihe von Bewegungen, die das harmonische Zusammenspiel aller Muskeln, Sehnen, Knochen, Gelenke, Bänder und Nerven erfordern.

Kein Schritt gleicht dem anderen. Der Winkel des Fußes, die Abnutzung des Schuhs, die Neigung des Untergrunds sowie der kleinste Kiesel unter dem Fuß beeinflussen das Aufsetzen des Fußes. Das Gehirn muß all diese Informationen verarbeiten und zurückkoppeln. Dieser Vorgang ist so kompliziert, daß es nicht gelungen ist, ein vollkommen genaues mathematisches Modell oder Computerbild des menschlichen Fußes zu erstellen. Das Gehirn veranlaßt täglich unzählige Male in Bruchteilen von Sekunden die erforderlichen Bewegungen und Rückkoppelungen. Doch Sie müssen nicht wissen, wie Gummi hergestellt wird, wenn Sie einen Reifen wechseln. Ebensowenig benötigen Sie einen Fortgeschrittenenkurs in Biomechanik, um festzustellen, warum Ihre Füße und Beine ihren Dienst versagen. Sie sollten nur über ein paar einfache Grundregeln Bescheid wissen.

Wenn Ihr Fuß auf dem Boden auftrifft

Während der Laufphase, in der das Gewicht auf dem Boden auftrifft, sind Füße und Beine einer großen Beanspruchung ausgesetzt. Hier liegt die Quelle für die häufigsten Verletzungen. Die Phase der Gewichtsbelastung besteht aus drei Abschnitten: Aufsetzen der Ferse, Mittelstellung und Abstoßen.

Aufsetzen der Ferse: Jedes Jahr suchen mich mehrere Läufer wegen eines abnormalen Fersenaufsatzes auf. Als die Ganganalyse eines Läufers namens Mark keine ungewöhnlichen Aspekte zeigte, fragte ich ihn, wo er denn das Problem vermute. Er wies auf seine Schuhe und sagte, »Sehen Sie sich die Unterseite der Absätze an. Sie sind am Rand und nicht in der Mitte abgelaufen.«

Mark wußte nicht, daß fast *alle* Läufer mit dem hinteren Außenrand der Ferse auf dem Boden auftreffen. Dies nennt man »supinierte« Stellung, und dies ist die normale Position.

Es gibt viele Gründe, warum Sie so aufkommen sollen. Der Hauptgrund ist

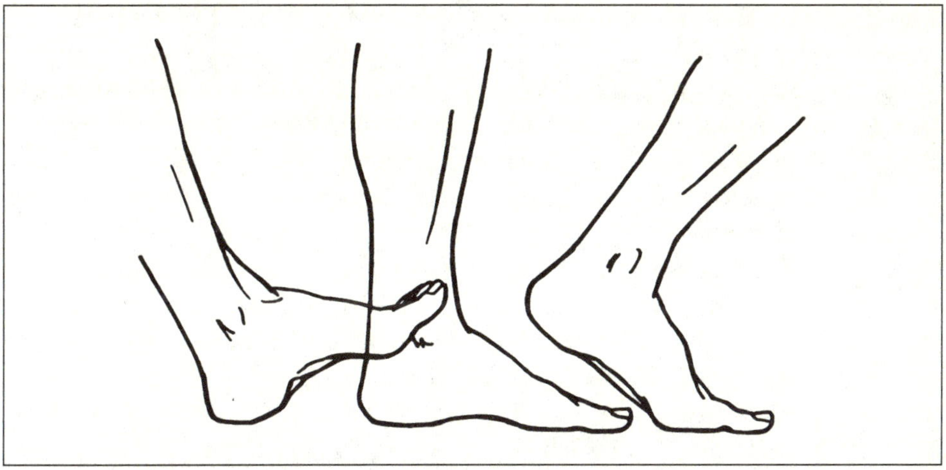

Phase der Gewichtsbelastung
Während der Fuß des Läufers nur kurzen Bodenkontakt hat, vollzieht er eine komplizierte Folge von Anpassungen an den Untergrund. Die drei Abschnitte dieses Vorgangs sind Aufsetzen der Ferse, wenn der Fuß auf dem Boden landet; Mittelstellung, wenn der Fuß den meisten Bodenkontakt hat; und Abstoßen, wenn der Fuß sich vom Boden abdrückt, um den nächsten Schritt einzuleiten.

anatomischer Art: Die Hüften sind breiter als die Entfernung zwischen den Füßen. Sie sehen diese Standbreite ganz deutlich, wenn Sie am Strand laufen: Betrachten Sie Ihre Fußabdrücke im Sand, und Sie werden sehen, wie weit diese von einer Linie zwischen den Abdrücken entfernt sind. (Sie können die Standbreite auch überprüfen, indem Sie eine normale Stellung einnehmen und die Entfernung zwischen den Füßen messen.)

Läufer, deren Füße fast parallel zueinander aufkommen, haben eine sehr schmale Schrittbreite. Ihre mag nicht ganz so schmal sein; doch ist sie mit Sicherheit schmäler als die Breite Ihrer Hüften.

Dies bedeutet, daß Ihr Fuß in einem Winkel auf der Außenseite der Ferse auf dem Boden auftrifft. Doch der Fuß kann das Körpergewicht nicht in einem Winkel stützen – das ist einfach zu instabil. Auch die Muskeln können das Körpergewicht nicht halten, wenn der Fuß derartig geneigt ist. Somit verbleiben zwei Möglichkeiten: Der Fuß dreht sich entweder nach innen oder nach außen.

Ein normaler Fuß rollt nach innen, bis er flach auf dem Boden ruht – dies nennt man Pronation. Wenn der Fuß nach außen rollt, spricht man von Supination. (Wenn der Fuß weiter nach außen rollte, würden Sie sich den Knöchel verstauchen.) Viele Läufer behaupten, daß sie übermäßig supinieren – doch das ist sehr selten.

Dr. Lowell Weil, ein Sportmediziner und Fußspezialist aus Des Plaines,

Illinois, ist bei der Behandlung von professionellen Athleten und Freizeitsportlern zahlreichen abnormalen Gangarten begegnet. Er sagt, daß nur einige Sprinter und Menschen, deren Zehen nach innen zeigen, tatsächlich übermäßig supinieren.

Ich schätze, daß höchstens zwei Prozent der Bevölkerung übersupinieren. Nur sehr wenige von ihnen sind Dauerläufer, da ihre Füße diese Aktivität vermutlich nicht zulassen.

Mittelstellung (flacher Fuß): Nachdem der Fuß auf dem Boden auftrifft, sollte er um vier bis fünf Grad nach innen rollen. Diese Pronation führt dazu, daß der Fuß flach auf dem Boden liegt und das gesamte Körpergewicht trägt. Einige Läufer sind zu unbeweglich, als daß ihre Füße eine flache Position einnehmen könnten. Es überrascht nicht, daß diese oft unter chronischen Knöchelverstauchungen leiden.

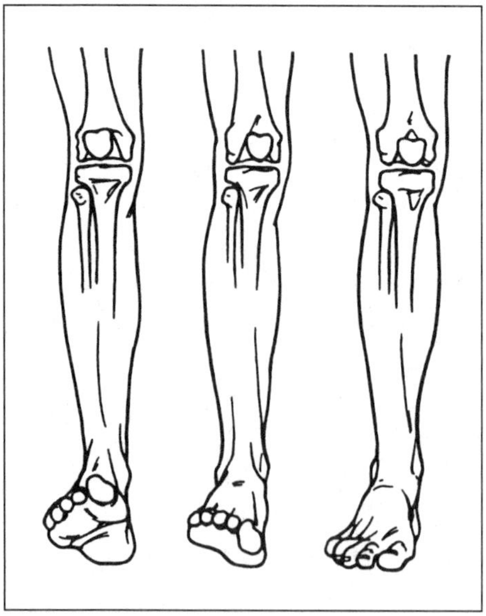

Pronation des Fußes

Wenn der Fuß auf dem Boden auftrifft (links), rollt er nach innen oder proniert (Mitte), wodurch sich der Unterschenkel nach innen dreht (rechts).

Die Drehbewegung lockert auch die Knochen und Gelenke im Fuß. Die Pronation des Fußes lockert oder strafft seine Bestandteile. Der pronierende Fuß wird schön locker, so daß er sich einem rauhen oder unebenen Untergrund anpassen kann. Sie dürfen nicht vergessen, daß Sie nie genau wissen, auf welchem Untergrund Sie auftreffen! Aus diesem Grund muß sich der Körper ständig wechselnden Bedingungen anpassen.

Der Mechanismus der Pronation ermöglicht dem Fuß sofortige Anpassung und hilft Ihnen, das Gleichgewicht zu bewahren. Zusammen mit den lockeren Knochenstrukturen im Fuß erlaubt die Pronation auch bessere Stoßdämpfung.

Wenn der Fuß nach innen rollt, verteilen sich auch die enormen Kräfte, die auftreten, wenn die Ferse auf dem Boden aufsetzt.

Je stärker die Pronation, desto länger dauert diese Verteilung, da mehr Fußfläche betroffen ist, und die Fähigkeit, Stöße aufzufangen, erhöht sich. Wenn Sie nur leicht pronieren, absorbieren Sie weniger Stoßkraft, da der Fuß sich nicht lockert. Die Gefahr schmerzhafter Verletzungen steigt beträchtlich.

Sie denken jetzt vielleicht, daß die Sicherheit mit steigender Pronation zunimmt. Wenn ein wenig Stoßdämp-

fung und Fußanpassung gut ist, sollte mehr besser sein.
Falsch. Übermäßige Pronation wirkt sich nachteilig auf den dritten Abschnitt des Laufvorgangs, nämlich auf das Abstoßen, aus.
Abstoßen (Entfernung der Zehen vom Boden): Im dritten Abschnitt muß ihr Fuß als fester Hebel wirken, damit Sie sich vom Boden abstoßen können. Der Fuß soll und braucht keine Stöße mehr zu absorbieren. Sie erwarten nun, daß diese relativ kleine Struktur Ihr gesamtes Körpergewicht entweder nach oben, nach vorne oder nach vorne oben drückt.
Dies geschieht, indem der Fuß nach außen zurückrollt, wodurch die Gelenke und Knochen sich straffen. Diese Bewegung wird Resupination genannt. Nachdem der erste Bodenkontakt in supinierter Stellung erfolgte, bringen Sie den Fuß im Grunde in diese Position zurück. Resupination hat genau die entgegengesetzte Wirkung der Pronation – der Fuß wird fest und ist zum Abdrücken bereit.

Mechanische Unregelmäßigkeiten

Das ganze System erscheint recht simpel und würde problemlos funktionieren, gäbe es da nicht alle möglichen verschiedenen Gangarten und Fußtypen.
Bei den meisten von uns sind Füße und Beine nicht vollkommen korrekt ausgerichtet; da gibt es etwa O-Beine, X-Beine, Über- und Unterpronation. Wir sind einfach nicht perfekt gebaut. Beim Gehen kommt diesen Mängeln meist keine große Bedeutung zu, doch beim Laufen werden sie auf Grund der größeren Belastung oft zum Problem.
Man kann diese Problematik mit einem Auto vergleichen, dessen Räder nicht ordentlich ausgewuchtet sind. Wenn Sie nur mit einer Geschwindigkeit von 50 Stundenkilometer einige Male in der Woche zum Einkaufen fahren, geht alles gut. Aber wenn Sie jeden Tag mit dem Wagen auf die Autobahn fahren, dann ist Vorsicht geboten.
Wenn Sie lange, schnell und häufig trainieren, dann befinden Sie sich auf der »Autobahn« des Laufsports. Wenn sich große Entfernung, Geschwindigkeit oder Häufigkeit mit angeborenen mechanischen Mängeln vereinen, dann kommt es über kurz oder lang zu einer Verletzung.
Mangelhafte Ausrichtung ist eher die Regel als die Ausnahme. Ungefähr 50 Prozent aller Läufer leiden beim Aufsetzen der Ferse unter Überpronation (sechs Grad und mehr); weitere 25 Prozent unterpronieren (weniger als vier Grad Pronation). Dies bedeutet, daß die Wahrscheinlichkeit eines idealen Gangs lediglich bei 1:4 liegt.
Ich möchte mit dem verbreiteten Problem der Überpronation mechanische Unregelmäßigkeiten illustrieren. Schuhhersteller bezeichnen dies auch als »übermäßige Beweglichkeit«.
Wenn ein Läufer übermäßig proniert, trifft der Fuß normal (d.h. auf der

Änderungen im Laufstil Erste Warnsignale

Ist Ihr Schritt plötzlich länger oder kürzer geworden? Fühlen Sie sich auf einer Seite sicherer als auf der anderen?

Achten Sie auf solche Warnsignale. Da der Körper verletzte Muskeln durch andere ersetzt, kann jede Änderung im Gang oder Laufstil auf ein Problem hinweisen.

Wenngleich es schwierig sein kann, die Abnormalität genau zu identifizieren, weiß man, daß etwas im argen liegt. Ein Bein kann einen kraftvolleren Eindruck machen als das andere. Vielleicht stellen Sie auch fest, daß sich einer Ihrer Schuhe beim Laufen eigenartig anfühlt, oder daß Ihr Laufstil weniger flüssig ist als früher.

Manchmal manifestiert sich die Veränderung auch im Oberkörper und nicht in den Beinen, da dieser die Abnormalität im unteren Bereich auszugleichen sucht. Ein veränderter Armschwung kann bedeuten, daß die Arme ein Beinproblem durch Mehrarbeit ausgleichen wollen.

Ein veränderter Gang kann umgekehrt auch eine Oberkörperverletzung widerspiegeln. Ich hatte einmal einen Patienten, der behauptete, daß er für jeden Schritt mit dem linken Fuß zwei Schritte mit dem rechten machen müsse. Wenngleich dieser junge Läufer übertrieb, war ihm doch bewußt, daß sich sein Gang dramatisch verändert hatte.

Dr. Jeff Bronson, ein Orthopäde und Chirurg, entdeckte, daß dieser Läufer sich beim Skifahren das Schlüsselbein gebrochen hatte, ohne die Verletzung zu bemerken. Er dachte, er habe sich die Schulter geprellt und rechnete nicht damit, daß dieses Problem sich auf das Laufen auswirken könne. Doch seine Oberkörpermuskeln schützten die verletzte Region, was zu einer plötzlichen Veränderung des Laufstils führte.

Der Körper versucht immer, Verletzungen auszugleichen. Wenn ein Bein schmerzt, wird automatisch mehr Gewicht auf das andere gelegt. Wenn

Außenseite der Ferse) auf dem Boden auf und dreht dann nach innen. Er rollt die normalen vier bis fünf Grad – doch dann rollt er sogar noch weiter.

Übermäßige Beweglichkeit. Überpronation. Ein lockerer Fuß. Wenn der Fuß überproniert, treten die Muskeln auf den Plan. Sie versuchen, den Fuß zu stabilisieren und übermäßige Mobilität zu verhindern.

Durch diese Kompensationsbemühungen ermüden die Muskeln, sie werden überdehnt und überlastet; und darin liegt die Ursache für weitere Probleme.

eine Muskelgruppe verletzt ist, überträgt der Körper ihre Aufgaben auf andere Muskeln.
Dies bringt zwar temporäre Erleichterung, doch nimmt der Körper manchmal den normalen und funktionelleren Gang auch nach der Lösung des ursprünglichen Problems nicht wieder auf.
Ich denke da an eine Läuferin, die ich wegen eines Hüftproblems behandelte. Ihre rechte Hüfte schmerzte immer, wenn Sie mehr als ein oder zwei Kilometer lief. Ein solcher Beckenschmerz entsteht häufig, wenn ein Bein länger ist als das andere. Doch bei dieser Patientin waren beide Beine gleich lang, und auch die Knochen und Gelenke wiesen keinerlei Schäden auf.
Dann analysierten wir ihren Gang und stellten fest, daß sie ein Bein deutlich schonte und das meiste Gewicht auf das rechte schmerzende Bein legte. Wir konnten uns nicht erklären, warum sie das tat, bis wir zufällig das Innere ihrer alten Laufschuhe betrachteten.
In der Fersengegend ragte ein Nagel auf und bohrte sich leicht in die Unterseite ihres Fußes. Sie hatte den Nagel nicht gespürt, doch ihr Körper reagierte, indem er diese Seite schonte und mehr Gewicht auf die andere legte. Aus diesem Grund hatte sich auf der anderen Seite der Hüftschmerz eingestellt.
Noch interessanter war die Tatsache, daß sie diese Schuhe schon einen Monat lang nicht mehr getragen hatte. Ihr Nervensystem erinnerte sich aber immer noch an das Problem und versuchte auf seine Weise, Abhilfe zu schaffen. Der Auslöser (der Nagel) fiel weg, als sie neue Schuhe kaufte, aber ihr Körper nahm weiter diese Schonhaltung ein. Wir mußten lediglich die Botschaft, daß wieder alles in Ordnung war, durch kurze krankengymnastische Behandlung in ihrem Gehirn verankern. Sie konzentrierte sich darauf, Ihren ursprünglichen Laufstil wieder aufzunehmen, und der Hüftschmerz verschwand.

Wenn der Fuß überproniert, hat er nicht genug Zeit für die Resupination (das Zurückrollen). Der Fuß ist nicht darauf vorbereitet, sich wieder vom Boden abzudrücken.
Doch das Gehirn erteilt den Befehl »Abdrücken«. Der Läufer führt den Befehl aus. Doch der Fuß ist immer noch locker, obwohl Stabilität gefragt ist. Wir nennen dies einen »hypermobilen« Fuß. Die Knochen werden ziemlich durchgeschüttelt und Belastungsfrakturen des Vorfußes sind die häufige Folge.

In ihrem verzweifelten Versuch, alles zusammenzuhalten, stehen die Muskeln unter starkem Streß. Und dann dreht das ganze Bein beim Pronieren auch noch nach innen.
Dies bedeutet, daß sich das Knie in dem gleichen Ausmaß, in dem Sie pronieren, dreht. Eine Überpronation des Fußes geht Hand in Hand mit einer übermäßigen Drehung des Knies. Das Knie kann zwar den ganzen Tag gestreckt und gebeugt werden, doch es ist nicht dafür gedacht, übermäßige Drehbewegungen auszugleichen.
Solche Drehungen führen nicht nur zu Knieproblemen, sondern belasten auch Oberschenkel, Hüfte und Kreuz. Der Oberkörper muß zu allen Bewegungen des Unterkörpers ein Gegengewicht bilden. Wenn sich das rechte Bein nach vorne bewegt, führt der linke Arm zum Ausgleich die Gegenbewegung durch. Andernfalls würde man den Schwerpunkt verlieren und umfallen.
Sue, eine Läuferin, die mich konsultierte, pronierte nach dem Fersenaufsatz ungewöhnlich stark. Aus diesem Grund rollte ihr Fuß beim Laufen nach innen, ihre Knie drehten ebenfalls in diese Richtung und bewegten sich dann wieder nach außen, wenn das Bein zurückdrehte.
Beim Laufen schwangen ihre Arme heftig, und ihr Oberkörper vollführte wilde Drehungen. Da ihr dieses Geruder wenig effizient erschien, wollte sie es abstellen. Doch ihr Oberkörper versuchte mit diesen Verrenkungen die Bewegung ihrer Füße und Beine auszugleichen.
Ich sagte ihr, sie solle ihre Arme vergessen und sich auf die Füße konzentrieren. Nachdem wir ihre Überpronation durch Einlagen ausgeglichen hatten, normalisierten sich auch die Armbewegungen. Der Körper erkannte, daß keine Verrenkungen mehr nötig waren, um die übermäßigen Bewegungen des Unterkörpers auszugleichen.
Später erzählte mir Sue: »Ich lief immer in der Dunkelheit, weil ich mich meines ulkigen Laufstils schämte. Jetzt nehme ich sogar an Rennen teil und laufe tagsüber.«
Zusammenfassend läßt sich sagen, daß man durch Überpronation viele Stöße absorbiert. Doch der Nachteil ist, daß der Fuß zu beweglich ist und zu Bewegungs- und Instabilitätsproblemen, wie Sehnenentzündung, Plantarfasziitis (Schmerzen im Fußgewölbe) und Kniebeschwerden neigt. Unterpronation hat den gegenteiligen Effekt. Sie bietet zwar große Stabilität, vermindert aber die Fähigkeit des Fußes, Stöße abzufangen.

Wie Sie Ihren Fußtyp analysieren

Am besten können Sie Ihren Fußtyp bestimmen, wenn Sie jemanden bitten, hinter Ihnen zu laufen und die Rückseite Ihrer Ferse beim Aufsetzen auf dem Boden zu beobachten. Je stärker die Ferse nach innen rollt, desto größer die Pronation. Wenn Sie nicht zu schnell laufen, sollte Ihr Freund in der Lage sein, den Bewegungsablauf zu verfolgen.

Falls dies nicht funktioniert, gibt es noch verschiedene andere Möglichkeiten, die biomechanische Stellung Ihres Fußes – Überpronation, Unterpronation oder normale Gangart – zu bestimmen. Werfen Sie zuerst einen Blick auf Ihren grundlegenden Fußtyp.

In Kapitel 1 stellten Sie fest, ob Sie Plattfüße, Füße mit einem hohen Gewölbe oder normale Füße haben. Damit können Sie mit ziemlicher Sicherheit auf Fußfunktion und Pronation schließen. Bei normalen Füßen biegt sich das Gewölbe beim Laufen etwas und bietet genügend Pronation, damit der Fuß richtig aufsetzen und stoßdämpfend wirken kann. Wenn alle Leute perfekte Füße hätten, würde die Zahl der Laufverletzungen drastisch sinken. Doch steht die Wahrscheinlichkeit 1:4, daß Sie mit perfekten Füßen geboren wurden. Was bedeuten also Plattfüße oder Füße mit einem hohen Gewölbe?

Plattfüße: Läufer mit Plattfüßen neigen in der Regel zu Überpronation. Das Gewölbe soll den Fuß oben halten und unnormale Bewegungen verhindern. Wenn es durchgetreten ist, entsteht übermäßige Pronation.

Alle Leute werden ohne Gewölbe geboren. Die meisten Kinder bilden im Laufe der Zeit ein Gewölbe aus. Einige tun dies nicht; sie wachsen mit völlig platten Füßen auf.

Andere Leute bilden ein Gewölbe, das sie aus ungeklärten Gründen im Laufe der Jahre wieder verlieren. Das Gewölbe kollabiert nicht von heute auf morgen – es senkt sich ganz allmählich. Wie die meisten Fußveränderungen bemerkt man ein durchgetretenes Gewölbe erst, wenn sich Symptome einstellen.

Jedes Jahr suchen mich mehrere Patienten in mittleren Jahren auf und sagen mir, daß ihre Füße immer noch wachsen. Das klingt meist so: »Es ist ganz komisch, Herr Doktor. Ich trug mein ganzes Leben lang Schuhgröße 42, und plötzlich sind meine Füße so gewachsen, daß ich Größe 43 brauche.«

Diese Größenveränderung ist der Hinweis. Wenn sich das Gewölbe senkt, wird der Fuß länger. Es handelt sich um kein richtiges Wachstum, sondern um eine Verlängerung des Fußes durch Absinken des Gewölbes.

Füße mit hohem Gewölbe: Leute, die einen Golfball unter ihrem Gewölbe durchschieben könnten, ohne dabei das Gewölbe zu berühren, neigen zu Unterpronation. Ihre Füße sind so unbeweglich wie Ziegel. Wenn sie auf dem Boden auftreffen, steigt der Aufprall durch das Bein auf in Schienbein, Knie und Hüfte.

Dieser Fußtyp ist am schwierigsten zu behandeln, da das Problem in der mangelnden Beweglichkeit liegt. Die Sportmedizin hat Mittel und Wege gefunden, um übermäßige Beweglichkeit zu kontrollieren, doch es ist sehr schwierig, Bewegung zu schaffen, wo keine ist.

Vor einigen Jahren sprachen Dr. John Beck, ein Orthopäde und Chirurg, und ich vor einer Gruppe von Sportlehrern. Wir beantworteten Fragen der Zuschauer, wobei jeder von uns die Fragen beantwortete, die sein jeweiliges Fachgebiet betrafen. Dann fragte eine junge Frau: »Ich habe ein Knieproblem und Füße mit einem sehr hohen Gewölbe. Was soll ich tun?«

Ich sah Dr. Beck an und sagte: »Nachdem es sich um ein Knieproblem handelt, sollten Sie antworten.«

Er wandte sich zu mir und meinte: »Nein, ich denke, hier geht es um ein hohes Fußgewölbe. Das ist Ihr Fach.«

Wir scheuen uns normalerweise beide nicht, unsere Meinung zu sagen. Doch da das Problem von Kniebeschwerden auf Grund eines hohen, starren Fußgewölbes wirklich komplex ist, dauerte es ein paar Minuten, bevor wir uns einigten, wer für diese Frage zuständig war.

Leider verschlimmert sich das Problem eines hohen Fußgewölbes ebenso wie Plattfüßigkeit mit zunehmendem Alter. Im Lauf der Jahre wird das Gewölbe manchmal höher und der Fuß kleiner. Patienten kommen zu mir und sagen: »Ich glaube, meine Füße schrumpfen.« Wenngleich ihre Füße nicht wirklich schrumpfen, brauchen sie doch ärztliche Hilfe, wie auch andere Läufer mit deutlichen biomechanischen Unregelmäßigkeiten.

Sportmediziner können in solchen Fällen einen Schuhwechsel, Dehn- und Streckübungen oder Einlagen verschreiben, um die Struktur- und Bewegungsprobleme auszugleichen und somit mögliche Verletzungen verhindern.

Kapitel 4

Laufschuhe – Einheit von Form und Funktion

Kein Laufschuh ist für die Ewigkeit gemacht. Doch manche Läufer wollen ihre Lieblingsschuhe auch dann noch benutzen, wenn sie schon fast auseinanderfallen – und das mit manchmal unerfreulichen Ergebnissen.
Ich denke da an Rick, der eines Tages mit schmerzhaften Fußbeschwerden – Tendinitis am Wadenbein entlang der Außenseite des Knöchels – zu mir in die Praxis kam.
Wie immer bat ich auch Rick, seine Laufschuhe mitzubringen, da diese manchmal Aufschluß über die Ursachen geben. Als ich die Tür vom Behandlungszimmer öffnete, dachte ich, daß sich ein zorniges Stinktier im Warteraum eingenistet hatte.
Dann entdeckte ich die Quelle des üblen Geruchs. Diese ausgelatschten Schaumstoff- und Lederfetzen waren einmal Laufschuhe gewesen. Doch in ihrem jetzigen Zustand hatten sie mit Schuhen wenig gemein. Die Sohlen waren so häufig geklebt, daß kaum mehr Gummi zu sehen war. Das Hinterteil eines Schuhs hatte sich vollkommen von der Sohle gelöst. Das Obermaterial war durchgerieben und wurde durch ein Isolationsband zusammengehalten. Fabrikat oder Modell konnten nicht mehr bestimmt werden.
Ich fragte Rick, warum er gerade diese Schuhe gebracht hatte. Er sah mich überrascht an und meinte, »Ihre Mitarbeiter sagten, ich solle die Schuhe mitbringen, in denen ich zur Zeit laufe. Und hier sind sie.«
Als ich sagte, daß es wohl an der Zeit sei, sich ein neues Paar zuzulegen, antwortete Rick: »Warum? Diese Schuhe erfüllen ihren Zweck. Ich habe vor, sie zu behalten, bis sie völlig auseinanderfallen.«
Ich machte ihn höflich darauf aufmerksam, daß er schließlich wegen seiner Fußbeschwerden zu mir gekommen sei. Und seine Schuhe seien in meinen Augen schon längst auseinandergefallen. Diesen Wink verstand Rick. Er kaufte sich neue Schuhe und war seine Schmerzen bald los.
Für einen Läufer sind Schuhe der wichtigste Teil der Ausrüstung. Ein richtiger Sportschuh, der auf die jeweiligen Bedürfnisse abgestimmt ist, kann die Auswirkungen von Trainingsfehlern, wie übermäßige Strecken oder verfrühtes Sprinttraining, mildern. Das richtige Schuhwerk verringert auch die

Verletzungsgefahr, indem es biomechanische Probleme, wie Füße mit hohem oder starrem Gewölbe oder krumme Beine, ausgleicht.

Terminologie rund um den Schuh

Die Wahl des richtigen Schuhs ist nicht einfach. Immer wieder kommen völlig verblüffte Läufer zu mir in die Praxis und fragen, wie sie beurteilen können, welcher Schuh der richtige für sie ist.
Dorothea ist hierfür ein typisches Beispiel: »Es gibt so viele verschiedene Schuhe mit unterschiedlichen Eigenschaften, daß ich gar nicht weiß, wo ich anfangen soll«, klagte sie. »Da gibt es Luftpolster, Fersenverstärkung, Torsionsschutz, Pronationskontrolle, und zahllose andere Begriffe, die ich nicht einmal aussprechen, geschweige denn mir vorstellen, kann.«
Laufschuhe gehören heute mit Sicherheit zur »High-Tech« Ausrüstung. Die Terminologie ist so kompliziert geworden, daß man schon fast einen Doktortitel in Biomechanik braucht, wenn man seine Bedürfnisse mit einem Schuhverkäufer besprechen will. Da gibt es Schuhe für Bewegungskontrolle, Stabilität, Flexibilität, Rennen, Einlagen, verschiedenen Untergrund und und und ... Sogar Schuhe mit Fersenbeleuchtung kann man kaufen!
Die Reklame der Schuhhersteller ist auch nicht gerade hilfreich. Zum Beispiel werben die meisten Firmen mit »maximaler« Stoßdämpfung und »maximaler« Stabilität oder Bewegungskontrolle. Man kann sich kaum vorstellen, daß jeder Schuhhersteller optimale Stoßdämpfung und Bewegungskontrolle bieten kann.
Da die neuen Technologien den Schuhherstellern erlauben, mehr und bessere Innovationen in die Laufschuhe einzubringen, wird die Suche nach dem passenden Schuh auch immer schwieriger. Da hilft nur eines: Rüsten Sie sich mit den Fakten, die notwendig sind, um den idealen Schuh zu finden. Doch als erstes müssen Sie die einzelnen Bestandteile des Schuhs selbst kennenlernen.

Sehen Sie sich die Außensohle an

Ein guter Laufschuh wird von unten nach oben hergestellt; ein schlechter von oben nach unten.
Die Hersteller von Qualitätsschuhen beschäftigen sich also zuerst mit den technischen Eigenschaften der Sohle. Das Aussehen des Schuhes ist für sie von untergeordneter Bedeutung. Die Hersteller minderwertiger Schuhe dagegen stellen die Optik über die funktionellen Bestandteile.
Der Kurs in Schuhanatomie beginnt an der Stelle, wo der Gummi auf dem Boden auftrifft, also an dem Schuhteil, den wir als Außensohle bezeichnen. Das Material, das direkten Kontakt mit dem Untergrund hat, soll der Reibung standhalten, langlebig sein und stoßdämpfend wirken. Harter Vollgummi erfüllt diese Bedingungen, ist aber ziemlich schwer.

Schuhbegriffe, die man kennen sollte

Achilleskerbe Ein Einschnitt auf der Hinterseite der Fersenverstärkung, der sicheren Halt bietet und eine Reizung der Achillessehne verhindert.

Anatomischer Leisten Ein Fußbett, dessen Form es dem Zwischensohlenmaterial erlaubt, sich an die Fersenkappenverstärkung zu schmiegen. Anstatt einer flachen Unterlage bildet die Zwischensohle ein konkaves Bett und bietet damit Stabilität für die Ferse.

Ausleger Eine konkave Außensohle, deren Ränder sich beim Aufsetzen zur besseren Stoßabsorption nach außen erweitern.

Außensohle Das Material auf der Schuhunterseite, das direkt mit dem Boden in Kontakt kommt.

Äußere Fersenkappenverstärkung Eine feste Plastikschürze, die sich an die Ferse schmiegt und auf diese Weise Halt bietet und übermäßige Pronation verhindert.

ÄVA Bei Laufschuhen ist Äthylenvinylazetat der gebräuchlichste Schaumstoff für die Zwischensohle. Durch Kompression geformtes ÄVA wird erhitzt und in die Form der Zwischensohle gebracht. Dieses Material ist leicht, biegsam und bietet gute Polsterung. Jeder Hersteller von Laufschuhen verwendet ÄVA zumindest in einigen seiner Zwischensohlen.

Beugekerben Beugekerben liegen in der Zwischensohle des Vorfußes und machen den Schuh beim Abstoßen biegsamer.

Bewegungskontrolle Eigenschaften und Bestandteile, die die Pronation des Fußes kontrollieren.

Fersengummi Hierbei handelt es sich um den langlebigsten Gummi, der in mehrdichtigen Schuhen in den stark beanspruchten Fersenteil eingearbeitet ist.

Fersenkappenverstärkung Eine feste Kappe, meist aus Plastik, die ins Obermaterial eingearbeitet ist und die Ferse umgibt. Sie verhindert eine übermäßige Beweglichkeit des Hinterfußes.

Fußrahmen Eine Einlage auf der Zwischensohle oder ein Zusatzteil, das dem Fuß zusätzlichen Halt gibt. Der Fußrahmen verhindert ein Überrollen des Fußes.

Gasgetriebener Gummi Das leichteste, am besten gepolsterte Material für Außensohlen aus Gummi. Durch Luftinjektion wird der Gummiverbundstoff leichter und weicher. Nur wenige Außensohlen werden heute vollständig aus diesem kurzlebigen Material hergestellt; doch viele Außensohlen haben gasgetriebenen Gummi im Vor- und Mittelfuß, um den Schuh leichter und bequemer zu machen. Die stark beanspruchte Fersenzone besteht meist aus dem härteren Karbongummi.

Gebogener Leisten Schuhe, die mit gebogenem Leisten hergestellt wurden, haben die Form einer Banane. Sie bieten weniger mediale Unterstützung als ein gerader Schuh, erlauben aber größere Beweglichkeit. Solche Schuhe eignen sich für schnelle Läufer ohne biomechanische Probleme, die einen biegsamen, anpassungsfähigen Schuh benötigen.

Gerader Leisten Die Form des Schuhs ist auf der medialen Seite relativ gerade, wodurch die Stabilität erhöht wird. Je gerader der Leisten, desto besser der mediale Halt.

Karbongummi Das härteste Außensohlenmaterial. Es besteht aus Gummi, dem Karbon zugesetzt wurde, um die Lebensdauer zu erhöhen.

Kombinationsleisten Ein Schuh, dessen Hinterfuß mit der Preßleistentechnik hergestellt wurde, um die Stabilität zu erhöhen, und bei dessen Vorfuß die Schlüpfleistentechnik zur besseren Biegsamkeit eingesetzt wurde. (Um festzustellen, mit welcher Methode ein Schuh hergestellt wurde, muß man nur die Einlage entfernen. Befindet sich eine Holzfaserplatte im Hinterfuß und eine Naht im Vorfuß, handelt es sich um einen Schuh, bei dem Kombinationsleisten verwendet wurden.)

Lateral Der Außenrand des Schuhs.

Leisten Ein fußförmiges Stück Holz, Plastik oder Metall, auf dem der Schuh hergestellt wird. Die Form des Leisten bestimmt die Form des Schuhs. Je gerader der Leisten, desto gerader der Schuh und desto stabiler der mediale Halt. Im allgemeinen kann man sagen, daß Läufer, die möglichst festen Halt benötigen und zu Überpronation neigen, gerade oder leicht gebogene Schuhe wählen; schnelle, leichte Läufer, die weniger Halt brauchen, ziehen gebogenes Schuhwerk vor.

Um die Schuhe leichter zu machen, verwenden die meisten Hersteller für Außensohlen eine Mischung aus Karbongummi und gasgetriebenem Gummi. Karbongummi ist Gummi, der zur besseren Haltbarkeit mit Karbon versetzt wurde. Gasgetriebener Gummi ist Gummi, der durch Erhitzung ausgedehnt wurde. Er ist leichter und fängt Stöße besser ab, doch ist er auch weniger haltbar als Vollgummi. Für stark beanspruchte Regionen, wie die Ferse, setzt man Karbongummi ein, während der übrige Teil der Außensohle aus gasgetriebenem Gummi besteht.

Abgetragene Außensohlen können zu einem biomechanischen Ungleichgewicht und damit zu Verletzungen führen. Dies war bei Doug, einem meiner Patienten, der Fall. Mit Hilfe seines

Medialbereich Der Innenrand des Schuhs.
Metatarsalkissen Ein weicher ÄVA-Keil, der hinter dem Fußballen liegt und zusätzliche Stoßdämpfung und Bequemlichkeit bietet.
Oberteil Der Schuhteil oberhalb der Zwischensohle.
Polsterung Da ein Läufer mit einer Kraft, die etwa seinem dreifachen Körpergewicht entspricht, auf dem Boden auftrifft, soll die Polsterung des Schuhs diesen Aufprall absorbieren. Die Polsterung findet sich meist in der Zwischensohle.
Polyurethan (PU) Ein synthetischer Gummi, der häufig für Zwischensohlen verwendet wird. Er ist fester und langlebiger als ÄVA, bietet aber weniger Polsterung. Bei vielen Modellen wird Polyurethan in Kombination mit ÄVA verwendet. PU sorgt im hinteren Fußbereich für Festigkeit und Haltbarkeit, und ÄVA bietet dem Vorfuß Biegsamkeit und Leichtigkeit.
Preßleisten Eine von drei Möglichkeiten der Schuhherstellung. Bei der Preßleistentechnik wird das Oberteil vor der Befestigung an der Zwischensohle an eine Holzfaserplatte geklebt. Dies fördert die Stabilität und bietet eine gute Basis für Einlagen. Doch mangelt es solchen Schuhen an Biegsamkeit.
Sattelverstärkung Ein Sattel aus Leder oder Plastik auf beiden Seiten des Mittelfußes zur Verstärkung des Oberteils und Verbesserung von Stabilität und Halt.
Schlüpfleisten Die flexibelste Methode der Schuhherstellung. Hierbei wird das Oberteil wie bei einem Mokassin zusammengenäht und dann an der Zwischensohle festgeklebt. Dies sorgt für optimale Paßform.
Zwischensohle Die Polsterlage, die zwischen Oberteil und Außensohle angebracht ist. Der wichtigste Teil des Schuhs wird meist aus ÄVA, Polyurethan oder einer Kombination aus beiden hergestellt.

Trainingstagebuchs stellte Doug fest, daß er jedes Mal Schienbeinbeschwerden entwickelte, wenn er seine Laufschuhe mehr als 150 km lang getragen hatte. Er nahm an, daß die Schuhe nach dieser Strecke ihre Schockabsorption verloren hatten. Da er pro Woche an die vierzig Kilometer lief, kaufte er sich jeden Monat ein neues Paar Schuhe – was mit der Zeit ziemlich ins Geld ging. »Ein Schuh sollte länger als 150 km halten«, meinte er zu mir. Ich konnte dem nur zustimmen. Nachdem ich Gang und Schuhe studiert hatte, erkannte ich, daß Doug seinen Fuß nach dem Aufsetzen der Ferse sofort nach vorne zog, wodurch die Außenseiten der Sohlen sehr schnell abgetragen wurden. Da er übermäßig pronierte, vergrößerte der kleine Abrieb am

Anatomie des Schuhs

Einige Schlüsselelemente machen den modernen Laufschuh aus. Sie sollen für Halt und Flexibilität an den richtigen Stellen sorgen.

Schuh den Winkel, mit dem der Fuß auf dem Boden auftraf; diese zusätzliche Beweglichkeit führte dann zu Schienbeinbeschwerden.

Nachdem er den vorzeitigen Abrieb verhinderte, indem er heißen Klebstoff auf der Fersenaußenseite auftrug, war sein Problem gelöst. Doug konnte die Schuhe etwa sechs Monate lang tragen, was angesichts seiner Laufstrecken ein akzeptabler Zeitraum ist.

Zwischensohlen – das Kernstück

Die Zwischensohle ist verantwortlich für Schockabsorption und Stabilität. Sie sorgt dafür, daß der Fuß richtigen Kontakt mit dem Boden macht. In diesem Bereich findet man die beträchtlichsten Qualitätsunterschiede zwischen den verschiedenen Marken und Modellen. Und hier gibt es auch die größten Innovationen.

Es ist schwierig, Schockabsorption und Stabilität zu vereinen: Polsterung und Bewegungskontrolle schließen sich eigentlich gegenseitig aus. Eine Erhöhung des einen Aspektes führt automatisch zu einer Minderung des anderen.

Die Schockabsorption hängt hauptsächlich davon ab, wie stark das Zwischensohlenmaterial zusammengepreßt werden kann. Die Beweglichkeit steigt mit zunehmender Kompression. Je geringer die Kompression, desto größer die Bewegungskontrolle. Doch darunter leidet wiederum die Stoßdämpfung.

Die Zwischensohle der meisten Laufschuhe besteht aus geschäumtem Material, wie Äthylenvinylazetat (ÄVA),

Polyurethan (PU) oder einer Kombination aus beiden.

ÄVA – der treue Helfer

ÄVA erfreut sich seit langem großer Beliebtheit. Es ist relativ leicht und vereint ein annehmbares Maß an Schockabsorption mit Stabilität. Da ÄVA-Schaum aber aus unversiegelten Luftzellen besteht, nutzt sich dieses Material sehr schnell ab. Die beim Laufen ständig auftretende Kompression und Dekompression führt dazu, daß die Zwischensohle im Laufe der Zeit ihre stoßdämpfenden Eigenschaften verliert. Die Luftzellen im Schaum werden verzerrt, komprimiert oder vollkommen zerstört.

Nach Meinung der meisten Forscher verliert ÄVA innerhalb von 750 Kilometern 40 Prozent seiner Schockabsorption. Auch ein Übermaß an abnormaler Fußbewegung, wie etwa Überpronation, kann zu einer ungleichmäßigen Abnützung des Materials führen, wodurch das biomechanische Ungleichgewicht noch verstärkt und die Verletzungsgefahr vergrößert wird. Auch ist ÄVA nicht besonders hitze- und feuchtigkeitsbeständig.

Manche Schuhhersteller versuchen dieses Problem zu lösen, indem sie doppeldichtige Zwischensohlen verwenden. Auf der Außenseite der Zwischensohle, wo der Aufprall am stärksten ist, wird weicheres ÄVA angebracht. Für die Innenseite der Zwischensohle verwendet man härteres ÄVA, um die Stabilität zu vergrößern, wenn der Fuß nach innen rollt. Diese Kombination ermöglicht bessere Schockabsorption, aber sie verringert auch die Beweglichkeit. Wenn man mit der Außenseite des Schuhes auf dem Boden auftrifft, absorbiert die Außenzone mehr Schock, da sie ja weicher ist. Wenn der Fuß dann nach innen rollt, verhindert das festere Material auf der Innenseite der Zwischensohle, daß der Fuß zu weit rollt.

Die Vor- und Nachteile von Polyurethan

Man setzt Polyurethan (PU), das schon lange für die Zwischen- und Außensohlen von Hallenschuhen verwendet wird, auch für Laufschuhe ein. Es handelt sich hierbei um versiegelten Schaum mit einer erheblich höheren Lebenserwartung als ÄVA. PU nimmt nach der Kompression seine ursprüngliche Form schneller und besser wieder ein als ÄVA und ist relativ resistent gegen Feuchtigkeit und Hitze.

Warum verwenden dann nicht alle Schuhhersteller PU?

Da es schwerer ist als ÄVA. Ein schwerer Schuh muß nicht nur vom Läufer mitgetragen werden, sondern stellt auch eine größere Belastung für die Fuß- und Beinmuskeln dar, wodurch sich die Verletzungsgefahr erhöht.

Verschiedene Hersteller versuchen, die Schwächen der beiden Materialien durch Kombination auszugleichen. Einige umgeben ein Kernstück aus ÄVA mit PU, um das ÄVA vor äußerlichen Einwirkungen zu schützen. Leider scheint dies die Lebenserwartung kaum zu beeinflussen.

Ein Vorstoß der Technik
Zwei andere Methoden waren da schon wesentlich erfolgreicher: das Zusetzen von Luft und Gel. Luftkanäle gehören zu den ersten bedeutenden Entwicklungen bei der Zwischensohlenkonstruktion und wurden von Nike eingeführt. Die Luft, die beste Schockabsorption bietet, wird von PU umhüllt. Da die Luftkanäle vollkommen versiegelt sind, halten sie praktisch ewig.

Doch die Luft hat einen Nachteil: Sie läßt erhebliche Bewegung zu. Man steht praktisch auf einer Luftmatratze. Sie ist weich und bietet dem Fuß ein hohes Maß an Bewegungsfreiheit, jedoch keinen Halt. Wenn die Füße sowieso schon locker sind, erhöht sich das Verletzungsrisiko auf Grund von übermäßiger Beweglichkeit.

Die Firma Asics entwickelte Gelschuhe, bei denen eine Gelmasse auf Silikonbasis in eine kompressionsgeformte ÄVA-Zwischensohle eingearbeitet wurde. Um bessere Schockabsorption zu erzielen, wird das Gel versiegelt. ÄVA sorgt für Stabilität, während das Gel zusätzliche Stoßdämpfung bietet. Wie die Luftkanäle gibt das Gel im Gebrauch nicht nach.

Alles über Oberteile

Trotz der leuchtenden Farben und auffallenden Designs ist das Oberteil des Schuhs nicht nur Dekoration, sondern bietet wichtigen Halt.

Die Art, wie das Oberteil an der Zwischensohle befestigt ist, stellt für Läufer mit übermäßig beweglichen Füßen ein Problem dar. Übermäßige Pronation (Einwärtsdrehung des Fußes) führt dazu, daß die Region um den Innenknöchel nach innen gegen den oberen Schuhteil gedrückt wird. Diese zusätzliche Kraft zieht den hinteren Teil des Oberteils, die Fersenkappenverstärkung, von der Zwischensohle weg oder biegt sie nach innen.

Um dem entgegenzuwirken, enthalten viele Schuhe eine zusätzliche Verstärkung der Fersenkappe. Solche Vorrichtungen haben die verschiedensten Formen: Sie reichen von dünnen, äußerlich angebrachten Halbkreisen aus Plastik bis zu vertikalen Zwischensohlenschürzen.

Der Halbkreis aus Plastik ist hauptsächlich Dekoration und bietet wenig funktionellen Halt. Die Schürze dagegen besteht aus der ÄVA- oder PU-Zwischensohle, die zur Verstärkung in die Fersenkappe hochgezogen wurde.

Diese Schürze verhindert, daß die Fersenkappe beim Abrollen des Fußes nach innen oder außen verschoben wird und erhöht deren Haltbarkeit.

Abgesehen von der festen Fersenkappe besteht das Schuhoberteil aus Gründen der Bequemlichkeit aus weichen Materialien. Verschiedene Schnürsysteme verbessern den Sitz, da sie eine Anpassung an die Fußbreite erlauben.

Wenn das Schuhoberteil nicht richtig sitzt, kann es zu übermäßiger Beweglichkeit und damit zu Verletzungen kommen. Schlecht sitzende Schuhe

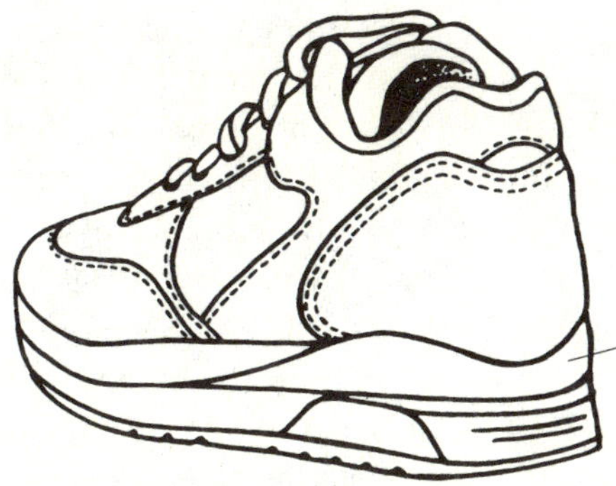

Hochgezogene Zwischensohle
Auf der Rückseite des Schuhes gibt es verschiedene Verstärkungsmöglichkeiten. Mit Hilfe der hochgezogenen Zwischensohle kann man übermäßige Pronation kontrollieren und verhindern, daß der Fersenbereich des Schuhes vorzeitig abgenützt wird.

führen zu Schwielen, Blasen und blauen Zehennägeln.

Um sicherzustellen, daß die Schuhe richtig sitzen, sollte man sie gegen Ende des Tages kaufen, wenn die Füße leicht angeschwollen sind. Die Ferse sollte eng anliegen, doch die Zehen sollten das Schuhende nicht ganz erreichen. Schuhe muß man auf jeden Fall probieren, da die Größen zwischen den verschiedenen Fabrikaten und oft sogar zwischen unterschiedlichen Modellen des gleichen Fabrikats variieren. Die meisten Hersteller bieten eine einheitliche Schuhbreite, doch gibt es hier auch schon manchmal eine Auswahl. Natürlich variiert die Breite auch zwischen den verschiedenen Fabrikaten.

Schuhe mit einem Obermaterial aus Leder oder Wildleder bieten mehr Halt als Nylonschuhe. Doch Leder ist auch schwerer, wärmer und weniger resistent gegen Feuchtigkeit und Temperaturschwankungen. Synthetisches Leder, das wie Leder aussieht und sich auch so anfühlt, ist eigentlich ein Plastikprodukt. Es ist echtem Leder vorzuziehen, da es den gleichen Halt bietet, aber fester und haltbarer ist.

Ein Obermaterial aus Nylon oder Netz bietet weniger Halt als Leder, ist aber leichter, »atmungsfähiger« und paßt sich unterschiedlichen Wetter- und Straßenverhältnissen besser an. Bei diesem Material kann die Feuchtigkeit aus dem Schuh entweichen, wodurch der Schuh trockener und der Fuß kühler bleibt. Die meisten Schuhe kombinieren die kühlenden und leichten Eigenschaften von Nylon oder Netz mit den Stützfunktionen von Leder.

Was leistet der Leisten?

Das Wort »Leisten« hat in der Welt der Schuhe zwei Bedeutungen: Es bezieht sich auf eine Konstruktionsmethode und auf die Form des Schuhs.

Wie Schuhe hergestellt werden

Das Oberteil des Schuhs wird vom Unterteil (Zwischen- und Außensohle) getrennt hergestellt. Die beiden Teile werden erst später verbunden. Meist wird das Oberteil an einer dünnen Holzfaserplatte festgeklebt und dann an Zwischen- und Außensohle befestigt. Man bezeichnet diese Methode als »Preßleistentechnik«.

Bei der zweiten Methode, der »Schlüpfleistentechnik«, verzichtet man auf die Faserplatte. Wie bei einem Mokassin wird das Oberteil in einem Stück in Fußform zusammengenäht und dann direkt mit dem Sohlenteil verklebt.

Beim Kombinationsleisten werden beide Methoden verknüpft. Am beliebtesten ist hierbei ein Hinterfuß in Preßleistentechnik und ein Vorfuß in Schlüpfleistentechnik. Um festzustellen, mit welcher Methode ein Schuh hergestellt wurde, muß man nur die Einlage entfernen. Bei einem Schuh in Preßleistentechnik sieht man die glatte Platte, während man bei einem Schuh in Schlüpfleistentechnik in der Mitte eine Naht erkennen kann. Wurde die Kombinationstechnik eingesetzt, sieht man im hinteren Schuhteil eine Platte und im vorderen eine Naht.

Die Preßleistentechnik zeichnet sich durch erhöhte Stabilität aus. Der Fuß ruht auf einer flachen, festen Unterlage. Die Stabilität geht allerdings zu Lasten der Polsterung.

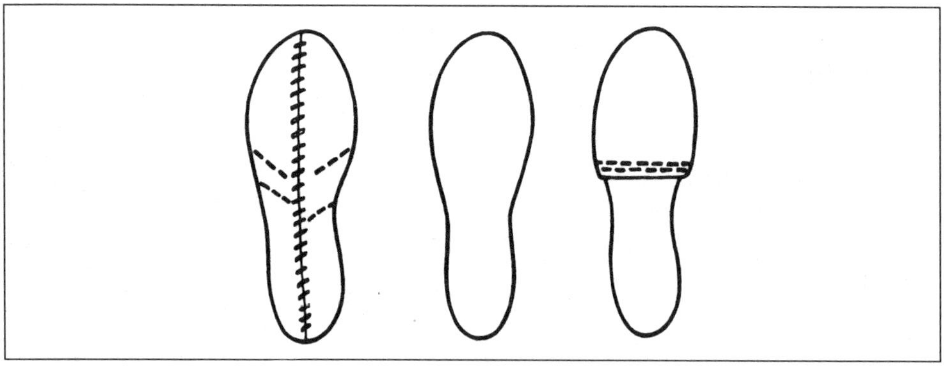

Schuhherstellung

Wenn man die Einlegesohle aus den Laufschuhen zieht, kann man feststellen, wie sie hergestellt wurden. Bei Schuhen in Schlüpfleistentechnik (links) sieht man die Naht, die den Schuh nach Art eines Mokassin zusammenhält. Bei Schuhen in Preßleistentechnik (Mitte) erkennt man eine feste, glatte Faserplatte. Bei Schuhen in Kombinationstechnik (rechts) sieht man im Hinterteil des Schuhes eine Platte und im Zehenbereich eine Naht. Schlüpfleistenschuhe eignen sich für Läufer, die einen flexiblen Schuh mit guter Polsterung brauchen; Preßleistenschuhe bieten optimale Stabilität und Bewegungskontrolle; Schuhe, die in der Kombinationstechnik hergestellt wurden, stellen eine Kompromißlösung dar.

Für die Schlüpfleistentechnik gilt genau das Gegenteil. Der Fuß liegt direkt auf der Zwischensohle, die dauernd komprimiert und bewegt wird. Optimale Schockabsorption verbindet sich hier mit extremer Beweglichkeit. Wenn man sowieso schon unter übermäßiger Pronation leidet, macht einem diese Technik das Leben nur noch schwerer.

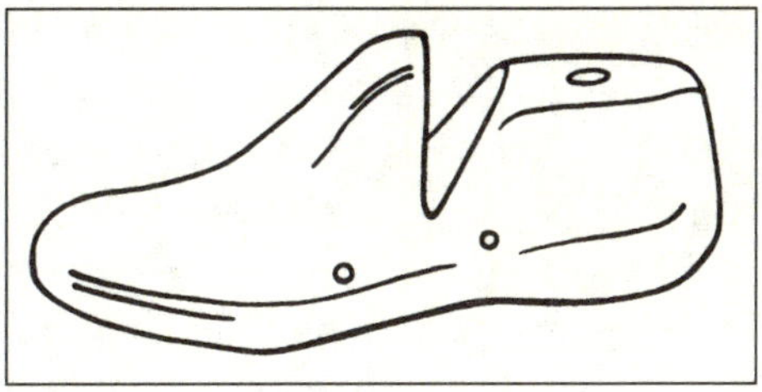

Leisten des Schuhmachers

Schuhe werden auf einem Modell geformt, das man als Leisten bezeichnet. Die Formen und Größen der Leisten sind von Hersteller zu Hersteller verschieden.

Welche Form für welchen Fuß?

Die zweite Bedeutung des Begriffes »Leisten« bezieht sich auf die Form, mit der der Schuh hergestellt wird. Alle Schuhhersteller benutzen ein Fußmodell, das man Leisten nennt. Diese Modelle variieren je nach Größe und Breite. Sie schwanken auch von Firma zu Firma und manchmal sogar von Modell zu Modell.

Während Ihnen ein Modell von Fabrikat Z bestens paßt, haben Sie mit einem anderen Modell der gleichen Firma vielleicht Probleme. Und um die Sache noch zusätzlich zu erschweren, kann auch die Art und Weise, wie das Oberteil über den Leisten gezogen wird, die Schuhbreite beeinflussen.

Manche Firmen stellen genaue Untersuchungen an, um die richtigen Größenverhältnisse zu bestimmen, während andere Hersteller einfach den Leisten verwenden, den ihre Fabrik empfiehlt. In den USA hergestellte Schuhe unterscheiden sich beträchtlich von Schuhen aus Asien, woher die meisten Firmen ihre Produkte beziehen.

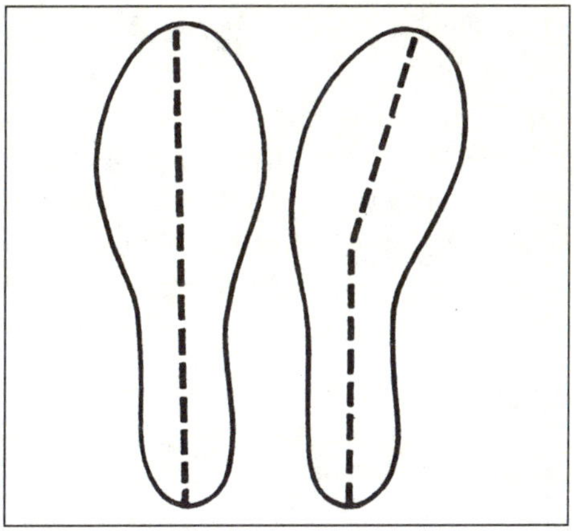

Leistenformen

Man kann Schuhe kaufen, die auf einem geraden oder gebogenen Leisten hergestellt wurden. Schuhe mit einer eher geraden Form schränken die Beweglichkeit im allgemeinen ein, während gebogene Modelle mehr Freiraum gewähren.

Früher waren Damenschuhe lediglich kleinere Ausführungen von Herrenschuhen. Doch heute haben die meisten Sportschuhhersteller erkannt, daß die Proportionen weiblicher Füße sich von denen männlicher unterscheiden. Sie verkaufen Damenschuhe, die auf speziell für Frauenfüße angefertigten Leisten hergestellt werden und preisen diese Tatsache auch in ihrer Werbung an. Wenn die Schuhhersteller dies nicht tun, kann der Verbraucher leider kaum feststellen, welche Art von Leisten eingesetzt werden.

Ein weiterer Unterschied bei Leisten liegt in ihrer Biegung oder dem Winkel zwischen Ferse und Zehenbereich. Auf einem geraden Leisten hergestellte Schuhe weisen zwischen Vor- und Hinterfuß kaum einen Winkel auf. Theoretisch macht es keinen Unterschied, ob man solch einen Schuh links oder rechts trägt.

Aber da der Großteil der Schuhe eine gewisse Biegung aufweist, ist der Leisten der meisten Laufschuhe etwas gebogen. Heute stellt keine Firma mehr einen vollkommen geraden Schuh her, wenngleich es bei einigen Modellen immer noch heißt, daß sie auf einem geraden Leisten ausgeformt werden. Solche Schuhe haben meist etwa drei Grad Biegung, während der Durchschnittswinkel für Laufschuhe bei fünf bis sieben Grad liegt. In Kapitel 5 erfahren Sie, welche Art von Leisten für Sie richtig ist.

Einlegesohlen dienen lediglich der Bequemlichkeit

Die Einlegesohle wird von den Herstellern meist in den höchsten Tönen angepriesen. Ihre Funktion ist jedoch unbedeutend.

Die Einlegesohle soll eine bequeme Unterlage für den Fuß bieten. Die oberste Schicht ist meist aus Nylon oder Frottee. Die übrigen Teile bestehen aus Schaumstoff.

Oft wird eine Gewölbestütze in die Einlegesohle oder den Sohlengrund eingearbeitet. Dies sieht zwar recht funktionell aus, leistet aber nichts. Wenn man einen Fuß mit hohem Gewölbe hat, kommt die Stütze im Schuh mit dem Gewölbe überhaupt nicht in Kontakt. Hat man einen Plattfuß, reibt das Gewölbe an der sogenannten Stütze. Das ist äußerst unangenehm, und es empfiehlt sich, die Stütze zu entfernen.

Viele Läufer denken, daß eine Gewölbestütze ein wichtiger Bestandteil des Schuhs ist. Aus diesem Grund rüsten die Hersteller die Schuhe mit solchen weichen Schaumstoffgebilden aus. Gleichzeitig sind diese aber so konstruiert, daß man sie beim Laufen gar nicht bemerkt. Die meisten Einlegesohlen können zum Trocknen und Lüften entfernt werden. Man kann sie auch von Hand, jedoch nicht in der Maschine waschen. Die gesamte Innensohle kann auch durch eine neue – oder bei Bedarf durch eine orthopädische Einlage, die dann eine tatsächliche Funktion erfüllt – ersetzt werden. Wenn man an Gewölbe- oder Fersenschmerzen leidet, sollte man eine stärkere Stütze als lediglich die Innensohle verwenden.

Wenn Sie orthopädische Einlagen zur Stabilisierung des Fußes verwenden, können Sie die Innensohlen des Schuhes entfernen und durch die maßangefertigten Einlagen ersetzen. Dies entkräftet auch eines der Hauptargumente gegen Einlagen – den übermäßig engen Sitz des Schuhes.

Wenn das letzte Stündchen Ihrer Schuhe geschlagen hat

Wie lang kann man in seinen Schuhen laufen? Es gibt zwar keine feste Regel, doch hält ein normaler Laufschuh zwischen 450 und 750 km. Auch eine genauere Betrachtung verrät Ihnen, ob die Schuhe noch brauchbar sind. Die Außensohle des Schuhes sollte noch jede Menge Profil aufweisen und auf keinen Fall bis zur Zwischensohle abgetreten sein. Das Obermaterial sollte keine Löcher oder Risse haben. Wenn man die Schuhe auf einen geraden Untergrund stellt, müssen die Fersenkappenverstärker eine gerade Stellung einnehmen und dürfen sich nicht nach einer Seite neigen.

Ich sah einmal eine Anzeige, in der ein Läufer dargestellt wurde, der mehr als 3000 km in den gleichen Schuhen gelaufen war. Das ist mehr als viermal so lange, als man einen Schuh tragen sollte. Seine Laufschuhe ähnelten schon fast Fußlappen.

Wenn man sein Schuhwerk derartig lang verwendet, ist das so, als ob man ein Auto fährt, ohne je das Öl zu wechseln. Eine Weile mag es funktionieren, doch früher oder später wird der Spaß dann teuer.

Aus diesem Grund sollte man nie in abgetragenen Schuhen laufen. Man kann sie ja immer noch in Haus und Garten verwenden; nur langes Gehen oder Stehen sollte man vermeiden.

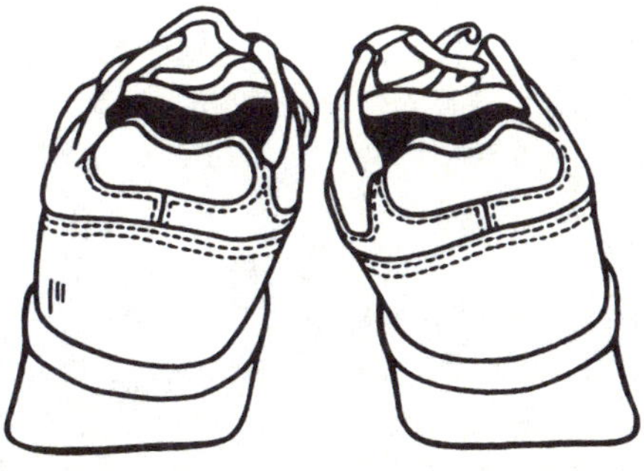

Zeit, die Schuhe aus dem Verkehr zu ziehen

Laufschuhe haben eine begrenzte Lebensdauer – und die Zeit dieser Exemplare ist abgelaufen. Stark abgetretene Sohlen, komprimierte Sohlen und verzogene Fersenverstärker bedeuten, daß es Zeit ist, sich ein neues Paar anzuschaffen.

Kapitel 5

Schuhe, die Ihren Bedürfnissen entsprechen

Ihre Schuhe sind also abgetragen oder Sie beginnen gerade erst, diesen Sport zu betreiben, und es ist an der Zeit, sich ein neues Paar Schuhe zuzulegen. Nach der Lektüre des letzten Kapitels sind Sie mit der Schuhterminologie bestens vertraut. Was dann?

Einer meiner Patienten, Milt, achtet beim Schuhkauf auf zwei Dinge: Er kauft entweder die teuersten Schuhe, die er finden kann oder die mit den tollsten Farben. Wenn er dann ein oder zwei Wochen in ihnen gelaufen ist, kommt er zu mir in die Praxis und fragt, was er falsch gemacht hat. Ich habe ihm schon mehrmals gesagt, daß dies eine rückständige und kostspielige Art des Schuhkaufs ist. Doch das scheint ihn nicht zu kümmern.

Die meisten Läufer dagegen machen den Fehler, nach »Schnäppchen« Ausschau zu halten. Sie sehen nur das Preisschild. Einer meiner Joggingfreunde prahlte gerne mit der Preisersparnis beim Kauf billiger namenloser Schuhe. Diese guten Stücke kosteten immer nur 10 oder 15 $. Alle drei oder vier Wochen tauchte er in neuen Schuhen auf. Er sagte, daß er sich schließlich vier Paar Schuhe für den Preis eines meiner Paare kaufen könne, und daß ihm dann immer noch Geld übrigbleibe.

Das ging etwa neun Monate lang gut, bis er sich eine Belastungsfraktur zuzog, die ihm weit mehr Geld kostete als ein Paar der besten Laufschuhe. Seitdem prahlt er nicht mehr.

Schnäppchen sind keine Schnäppchen

Bald nachdem ich 1974 das Laufen begonnen hatte, entdeckte ich in einem Kaufhaus ein Paar Markensportschuhe neben der Hausmarke. Auf den ersten Blick schienen sich die beiden Paare nur durch die Farbe ihrer Streifen zu unterscheiden.

Der Verkäufer behauptete sogar, daß die Schuhe von dem selben Hersteller stammen würden und die identischen Eigenschaften hätten. Bei näherer Betrachtung stellte sich heraus, daß der Markenschuh leichter, besser gepolstert und beweglicher war und sich generell durch eine bessere Konstruktion auszeichnete als der andere Schuh. Die Hausmarke war steif, schwer, und die

Nähte gingen bereits auf. (Ich war freundlich genug, anzunehmen, daß der Verkäufer nur schlecht informiert war und die Kunden nicht absichtlich hinters Licht führte.)

Namhafte Hersteller verkaufen Schuhe nur unter ihrem eigenen Namen und stellen sie nicht für andere Firmen her. Sie verkaufen auch keine schadhaften Produkte. Das gilt jedoch leider nicht für billige Hochstapler. Der Käufer muß sich vor solchen Schuhen wirklich hüten.

Wie weiß man, ob die auf dem Schuh angegebene Marke wirklich stimmt? Es besteht immer die Gefahr, daß man eine Raubkopie kauft, einen Schuh, der wie der echte aussieht, es aber nicht ist. Leider ist das nur schwer festzustellen. Eine genaue Untersuchung des Schuhes auf Qualität und Konstruktion trägt jedoch sicher dazu bei, einen Irrtum auszuschließen.

Worauf man achten soll

Fast alle Laufschuhe sind für bestimmte Fußtypen und Problemzonen hergestellt. Es ist wichtig, diese Eigenschaften auf die eigenen Bedürfnisse abzustimmen. Damit kann man die Verletzungsgefahr beträchtlich verringern sowie Bequemlichkeit und Leistung erhöhen. Das Gegenteil trifft freilich auch zu. Wenn Sie Ihre Laufschuhe ohne nachzudenken schlampig auswählen oder sich für billiges Schuhwerk entscheiden, werden Sie das bitter bereuen.

Die meisten Sportschuhhersteller kennen die verschiedenen Fußtypen und haben spezielle Schuhe für bestimmte biomechanische Bedürfnisse entwickelt. Doch manchmal haben sie Schwierigkeiten, sich den Läufern gegenüber, die diese Schuhe kaufen sollen, verständlich zu machen.

Ich denke da an eine Werbung, die kühn verkündete, daß eines der Modelle über ein »Antipronationssystem« verfüge. Man kann daraus schließen, daß man die Pronation verhindern will. Und das ist mit Sicherheit nicht der Fall, denn die Pronation ist ein natürlicher und wichtiger Bestandteil des Laufens. (Ich nehme an, daß diese Schuhe für Leute gedacht waren, die übermäßig pronierten und bei denen eine Einschränkung erstrebenswert war.)

Eine andere Firma pries Schuhe für »Supinatoren« an und erklärte dabei nicht, daß nur ein geringer Prozentsatz der Bevölkerung an übermäßiger Supination (Auswärtsbewegung der Füße) leidet. Viele Läufer, die diese Schuhe kauften, verstärkten ihre biomechanischen Abnormalitäten dadurch noch und verursachten genau die Verletzung, die diese Schuhe eigentlich verhindern sollten.

Wählen Sie Ihre Schuhe nach Fußtyp, biomechanischen Erwägungen und früheren Verletzungen aus. In Kapitel 1 haben Sie erfahren, wie Sie feststellen können, ob Sie übermäßig pronieren. (Das kann Ihnen auch ein Sportmediziner sagen.) Wenn Sie das wissen, sind Sie dem richtigen Schuh schon ein Stückchen näher.

Menschen mit übermäßiger Pronation haben besondere Bedürfnisse

Ein Fuß mit übermäßiger Pronation sorgt zwar für Stoßdämpfung, doch fehlt es ihm an Stabilität. Bei Überpronation rollen die Füße zu weit nach innen, lockern sich dann und bieten gute Schockabsorption.

Bei Überpronation brauchen Sie Schuhe mit einer starken Stützfunktion. Je weiter die Beweglichkeit durch Bestandteile, wie Zwischensohlen aus multidichtigem Material und Fersenkappenverstärkern, eingeschränkt wird, um so besser. Man büßt zwar etwas an Schockabsorption ein, doch das ist kein Grund zur Sorge, da der Fuß in dieser Hinsicht bereits beste Dienste leistet.

Die Außensohle sollte bei Überpronation aus festem Karbongummi bestehen und so eine stabile Unterlage bilden. Die Fersenzone sollte aus Hartgummi sein, um vor Abnützung zu schützen und die flache Sohlenplattform zu wahren. Man sollte nicht riskieren, daß die biomechanischen Probleme durch eine Außensohle, die sich am äußeren Fersenrand schnell abnützt, noch verschlimmert werden. Die Produktinformation der Firma enthält Angaben über die Art des verwendeten Gummis und beschreibt seine Eigenschaften. Wenn am Schuh oder in der Schachtel keine Produktinformation zu finden ist, sollten Sie den Verkäufer fragen. Dem Geschäft liegen in der Regel auch genaue Informationen über die Eigenschaften der einzelnen Modelle, einschließlich Sohlenart und Material, vor.

Vermeiden Sie Schuhe mit besonders weichen oder nach außen gezogenen Sohlen. Ihre Form ähnelt einem seitlich liegendem C, dessen Öffnung zum Boden schaut. Wenn der Fuß auf dem Boden auftrifft, komprimiert sich die Außensohle und wirkt stoßdämpfend. Durch die zusätzliche Schockabsorption bieten solche Schuhe noch mehr Beweglichkeit.

Auch die Zwischensohle sollte ziemlich fest sein. Wählen Sie eine doppeldichtige Zwischensohle mit einem festeren Material am Innenrand, das die Überpronation kontrolliert. Diese Konstruktion ist leicht zu erkennen, da die Zwischensohle meist eine andere Farbe hat. Die Zwischensohle kann etwa weiß und das festere Material grau sein.

Ein mit der Preßleistenmethode hergestellter Schuh (oder einer, dessen Hinterfuß auf diese Weise produziert wurde) bietet gute Stabilität. Ein möglichst gerade geformter, aber dennoch bequemer Schuh vermindert die Überpronation ebenfalls.

Auch eine möglichst feste Fersenverstärkung verringert unerwünschte Beweglichkeit. Wenn Sie die Fersenverstärkung zusammendrücken, können Sie ihre Festigkeit bestimmen. Je fester, desto besser. Ein variables Schnürsystem am Schuhsattel sorgt für bessere Paßform und Funktion. Ein solches Schnürsystem hat je zwei versetzt angebrachte Ösen: Läufer mit schmalen

Pflegen Sie Ihre Schuhe und Ihre Schuhe pflegen Sie

Sie polieren Ihr Auto. Sie reinigen und schmieren Ihr Fahrrad. Sie streichen Ihr Haus und putzen die Fenster.

Doch Laufschuhe landen oft naß und schmutzig in einer Zimmerecke. Die Elemente können Laufschuhen ganz schön zusetzen. Heiße, feuchte und nasse Witterung beschleunigt den Verschleiß des Schuhmaterials, vor allem im Zwischensohlenbereich.

Man sollte am besten immer zwei Paar Laufschuhe haben. Sie müssen in Modell und Fabrikat nicht identisch sein, sollten sich aber bezüglich Form und Funktionen gleichen. Auf diese Weise kann man die Schuhe abwechselnd tragen und jeweils ein Paar nach der Beanspruchung austrocknen lassen. (Schuhe sollten mindestens 24 Stunden trocknen; 48 Stunden ist ideal.) Der abwechselnde Gebrauch verlängert auch die Lebensdauer der beiden Paare.

Viele Läufer wissen nicht, daß man Sportschuhe waschen kann, wodurch sie nicht nur besser aussehen, sondern in vielen Fällen auch besser riechen. Man sollte sie von Hand waschen und dabei eine weiche Bürste, milde Seife und kaltes Wasser verwenden. Danach läßt man sie am besten an der Luft trocknen.

Treten Sie nicht in die Fußstapfen meines Freundes Maurice. Nach dem Laufen stellte er seine Schuhe nämlich in das Backrohr. Leider kam seine Frau heim und stellte den Ofen an, ohne vorher ins Rohr zu schauen. Maurice sah sich daraufhin mit zwei Problemen konfrontiert: Er mußte den Geruch geschmolzener Schuhe aus dem Haus bringen und sich überlegen, welche neuen Schuhe er sich kaufen sollte.

Lagern Sie die Schuhe an einem kühlen, trockenen Ort. Eine Patientin brachte Schuhe mit in die Praxis, bei denen die Außensohle beträchtlich größer war als die Zwischensohle. Es stellte sich heraus, daß sie die Schuhe auf dem Rücksitz ihres Autos direkter Sonnenbestrahlung ausgesetzt hatte. Wenngleich es an diesem Tag nicht besonders heiß war, wurde die Hitze doch so intensiv, daß die Zwischensohle schrumpfte.

Wenn Sie Zweifel am Zustand Ihrer Schuhe haben, sollten Sie einen Fachmann fragen oder sicherheitshalber ein neues Paar kaufen. Beim Laufen sind Schuhe die wichtigste Investition. Wenn Sie Ihre Schuhe pflegen, werden Ihre Schuhe Sie pflegen.

Füßen verwenden die Ösen, die weiter von der Zunge entfernt sind, und Menschen mit breiten Füßen benützen die näherliegenden Ösen. Im Sattel und Vorfußbereich empfiehlt sich eine Lederverstärkung. Dies vermindert seitliche Bewegungen und sorgt für Stabilität im Oberbereich des Schuhs.

Stabiles Schuhwerk ist für Menschen mit Überpronation unabdingbar. Meiden Sie stark gepolsterte Sohlen, sehr weiche Zwischensohlen oder solche mit Luftpolstern, auf Schlüpfleisten hergestellte Schuhe, ungenügende Fersenverstärkung, mangelnde Stabilität im Oberbereich und Schuhe mit einer Biegung von neun Grad und mehr. (Die Biegung erfahren Sie aus der Produktinformation der Firma.)

Menschen mit unzureichender Pronation

Im Grund gilt einfach das Gegenteil all dessen, das ich gerade bei Überpronation empfohlen habe. Dieser Fußtyp rollt beim Aufsetzen kaum nach innen und zeichnet sich meist durch ein hohes Gewölbe aus. Wenn man unterproniert, also zu den seltenen Menschen mit übermäßiger Supination gehört, ist man am besten mit stark gepolsterten Schuhen bedient. Je weicher, desto besser. Nur sollten sie nicht schon nach einer oder zwei Wochen abgetreten sein. Da dieser Fußtyp kaum nach innen und außen rollt, fängt er fast keine Stöße ab.

Ein Schuh mit stoßdämpfenden Eigenschaften kann diesen Fußtyp ausgleichen. Ein flexibler Schuh bietet dem Fuß ein wenig mehr Spielraum. Auf Vorrichtungen zur Bewegungskontrolle, wie doppeldichtige Zwischensohlen, sollte man verzichten. Sie sind in diesem Fall unnötig und richten unter Umständen mehr Schaden an, da sie die Beweglichkeit, die der Fuß braucht, verhindern. Läufer mit solchen Füßen benötigen mehr, nicht weniger Beweglichkeit. Schuhe, die Bewegung verhindern, sind in der Regel auch fester, was bei einem hohen Gewölbe unerwünscht ist.

Die Zwischensohle sollte weich, mit Gel gefüllt oder mit Luftkanälen versehen sein. Es empfiehlt sich ein auf dem Schlüpfleisten hergestellter Schuh mit einer Biegung von sieben Grad oder mehr. (Die Biegung erfahren Sie aus der Produktinformation der Firma.)

»Korrigierendes« Schuhwerk für häufige Laufverletzungen

Mit Hilfe Ihrer neu erworbenen biomechanischen Kenntnisse können Sie nun die Schuhe finden, die Ihrem spezifischen Problem angemessen sind.

Hüftschmerzen: Diese Schmerzen treten meist auf der Außenseite der Hüfte auf. Mechanisch kann man die Symptome durch erhöhte Schockabsorption mildern. Kaufen Sie auf Schlüpfleisten hergestellte Schuhe mit weichen Zwischensohlen. Vergessen Sie Pronationskontrolle.

Knieschmerzen: Wenn die Schmerzen auf der Außenseite des Knies auftreten, benötigen Sie Schuhe, deren Hinterfuß mit der Preßleistenmethode hergestellt wurde und die über eine doppeldichtige Zwischensohle und möglichst stabile Fersenverstärkung verfügen, um die Beweglichkeit einzuschränken. Befindet sich der Schmerz auf der Innenseite des Knies, ist er häufig auf übermäßige Stoßbelastung zurückzuführen. Dann brauchen Sie einen Schuh mit weichen Zwischensohlen und gepolsterten Einlegesohlen sowie ohne Bewegungskontrolle.

Schienbeinbeschwerden: Von diesem Leiden sind am häufigsten Anfänger beim Laufsport und Frauen betroffen. Frauen haben in der Regel breitere Hüften als Männer, und ihre Füße treffen in einem etwas breiteren Winkel als Männerfüße auf dem Boden auf. Da der Fuß nach dem Aufsetzen proniert, um eine flache Position auf dem Boden einzunehmen, benötigen Frauen mehr Bewegung als Männer, um diese Position zu erreichen. Ihre Muskeln leisten mehr Arbeit, wodurch sich die Gefahr von Schienbeinbeschwerden erhöht.

Anfänger im Laufsport leiden oft unter diesen Beschwerden, da die Muskeln auf der Vorder- und Innenseite ihrer Beine schwach sind. Das Muskelproblem löst sich mit verbessertem Trainingszustand meist von selbst.

Ist der Schienbeinschmerz durch Muskel- oder Sehnenzerrung verursacht – eine Diagnose, die nur ein Arzt stellen kann –, dann liegt das gewöhnlich an übermäßiger Pronation. In solchen Fällen sollte man eher einen Kombinationsleistenschuh als einen Preßleistenschuh verwenden. Ersterer gewährt eine bessere Flexibilität im Vorfuß, wodurch das entzündete Gewebe nicht noch weiter irritiert wird.

Schienbeinbeschwerden können aber auch auf eine Reizung der Knochenhaut zurückzuführen sein. In einem solchen Fall strahlt der Schmerz in das gesamte Bein aus. Der Grund liegt in übermäßiger Stoßbelastung. Hier sind stoßdämpfende Schuhe mit guter Flexibilität, weicher Zwischensohle und ausgeprägter Polsterung angesagt.

Achillessehnenentzündung: Hierbei handelt es sich um Schmerz und Entzündung der großen Sehne, die die Ferse mit der Wadenmuskulatur verbindet. Der Grund dafür liegt in übermäßiger Beanspruchung der Wadenmuskeln und mangelnder Flexibilität der posterioren Muskelgruppen. Hier hilft ein Schuh für Überpronation mit einer dicken, festen Zwischensohle im Hinterfußbereich und einer Ferseninnenverstärkung aus Plastik, die die Ferse stützt und ein Überdehnen der Sehne verhindert.

Der Schuh sollte auch über einen flexiblen Vorfuß verfügen, der die Achillessehne noch weiter entlastet. Wadenmuskulatur und Achillessehne biegen den Fuß nach unten und unterstützen die Abdrückbewegung des Fußes beim Laufen. Der Vorfuß beugt sich, damit die Ferse sich vom Boden abstoßen kann, doch die Zehen

Welcher Schuh ist der richtige?

Bevor man sich auf die Suche nach dem idealen Schuh begibt, sollte man mit Hilfe dieser Tabelle Fuß-, Bein- und Gangtyp sowie die Beweglichkeit bestimmen. (Weitere Hinweise finden Sie in Kapitel 1.) Dann werden die »ja«-Antworten mit den Schuheigenschaften auf der linken Seite in Übereinstimmung gebracht.

	Gewölbe			Pronation		
Schuheigenschaften	Plattfüße	hohes Gewölbe	normales Gewölbe	Überpronation	Unterpronation	normale Pronation
Weiche Zwischensohle	nein	ja	ja	nein	ja	ja
Feste Zwischensohle	ja	nein	ja	nein	ja	ja
Bewegungskontrolle	ja	nein	nein	ja	nein	nein
Einlage	ja	nein	nein	ja	nein	nein
Schlüpfleisten	nein	ja	ja	nein	ja	ja
Kombinationsleisten	ja	nein	ja	ja	nein	ja
Flache Außensohle	ja	nein	ja	ja	nein	ja
Waffelförmige Außensohle	nein	ja	ja	nein	ja	ja
Äußere Fersenverstärkung	ja	ja	nein	ja	ja	nein

bleiben zur Stabilisierung am Boden. Wenn der Schuh im Vorfußbereich wenig biegsam ist, haben die Wadenmuskeln größere Mühe, die Ferse zu heben, wodurch es zu Überanstrengung kommt.

Man kann die Flexibilität eines Schuhes prüfen, indem man ihn mit den Händen verbiegt. Je leichter der Schuh sich biegen läßt, desto weniger wird die Achillessehne gestreckt.

	Beinstruktur			Beweglichkeit		
	O-Beine	X-Beine	normal	übermäßig	gering	normal
	nein	ja	ja	nein	ja	ja
	nein	ja	ja	nein	ja	ja
	ja	nein	nein	ja	nein	nein
	ja	nein	nein	ja	nein	nein
	nein	ja	ja	nein	ja	ja
	ja	nein	ja	ja	nein	ja
	ja	nein	ja	ja	nein	ja
	nein	ja	ja	nein	ja	ja
	ja	ja	nein	ja	ja	nein

Chronisch verstauchte Knöchel: Dieses Problem ist meist auf übermäßige Beweglichkeit des Gelenks oder frühere Verletzungen zurückzuführen. Häufig handelt es sich um eine Überdehnung der Außenbänder, die den Knöchel stabilisieren. Hier sind Stabilität und eine feste Zwischensohle von größter Bedeutung. Schuhe mit festen und relativ flachen Sohlen und Zwischensohlen, die auf geraden Preßleisten hergestellt wurden, bieten den besten Halt.

Flexibilität im Vorfußbereich

Testen Sie die Flexibilität eines Schuhes, indem Sie ihn in der Fußballengegend abbiegen. Der Schuh sollte sich leicht biegen lassen. Sonst müssen Ihre Fuß- und Beinmuskeln zusätzliche Arbeit leisten, um den Schuh abzubiegen.

Plantarfasziitis und Fersenspornsyndrom: Die Plantarfaszie ist ein langes, stützendes Gewebeband, das entlang der Fußsohle von der Ferse durch das Gewölbe in den Fußballen verläuft. Bei Überlastung verspürt man meist in der Ferse und im Gewölbe Schmerzen. Manchmal wird der Zug so groß, daß sich an der Fersenunterseite ein Knochensporn ausbildet. Plantarfasziitis und Fersenspornsyndrom werden meist von einem kollabierenden Gewölbe und einer Neigung zu Überpronation ausgelöst. Schuhe für Überpronation mit eingebauter Gewölbestütze, doppeldichtigen Zwischensohlen und fester Fersenverstärkung können das Problem teilweise lösen, da sie dem Fuß zusätzlichen Halt bieten. Dennoch ist noch eine zusätzliche Unterstützung des Gewölbes notwendig. Hierfür eignen sich rezeptfreie oder maßangefertigte Einlagen, die am besten in Preßleistenschuhen mit herausnehmbaren Innensohlen getragen werden.

Metatarsalschmerzen: Übermäßige Stoßbelastung führt zu metatarsalen Streßfrakturen und anderen Symptomen unterhalb des Fußballens. Ein Schuh, dessen Vorfuß in der Schlüpfleistentechnik hergestellt wurde, bietet in diesem Bereich die beste Polsterung. Diese Art von Schuh ist auch am flexibelsten. Ferner sollten Sie auf eine weiche Zwischensohle, möglichst mit Gel oder Luftkammern, achten.

Kapitel 6

Erste Hilfe für Läufer

Dave ist einer meiner Lieblingspatienten. Während der letzten fünfzehn Jahre zog er sich mindestens ein dutzend Verletzungen zu, wobei die meisten auf Trainingsfehler zurückzuführen waren.

Das Interessante an Dave sind seine äußerst innovativen, doch meist völlig unangemessenen Methoden der Selbstbehandlung. Er versucht seine Beschwerden immer mit der ungeeignetsten Behandlung zu kurieren.

Er nimmt ein heißes Bad, wenn er Eis auflegen sollte. Er hebt Gewichte, wenn die Verletzung Ruhigstellung erfordert. Er macht sich auf einen 30-km-Lauf, wenn er Ruhe braucht.

Wenn Dave mich dann endlich in der Praxis aufsucht, müssen wir neben der ursprünglichen Verletzung noch die zusätzlichen Probleme behandeln, die sich Dave durch seine Eigenbehandlung zugezogen hat, sowie solche, die sein Körper bei dem Versuch verursacht hat, die ursprüngliche Verletzung zu kompensieren. (Bei einer Verletzung schont man die betroffene Stelle, indem man die Belastung auf einen anderen Körperteil verlagert.) Ich versuche Dave als letzten Patienten des Tages einzubestellen, da die Liste seiner Probleme, von denen die meisten auf seine eigenen Heilversuche zurückzuführen sind, ziemlich viel Zeit in Anspruch nimmt.

Das Schlimme ist, daß die ursprüngliche Verletzung meist gar nicht so gravierend war.

Sie wollen sicher nicht den gleichen Fehler machen wie Dave. Sobald Sie erkennen, daß eine Verletzung bevorsteht oder schon aufgetreten ist, kann schnelles Handeln den Schaden begrenzen und die Heilung beschleunigen. Sie müssen lediglich die verschiedenen Methoden und ihre Anwendung kennen. Auch sollten Sie sich über die möglichen Nebenwirkungen dieses »Doktorspieles« im klaren sein.

Gehen Sie bei der Selbstbehandlung vorsichtig vor

Mit großer Wahrscheinlichkeit werden Sie sich im Laufe Ihres Läuferlebens mindestens eine ernste Verletzung zuziehen. Der Durchschnitt liegt sogar bei vier bis fünf Verletzungen pro Läufer.

Wie die meisten Läufer werden Sie vermutlich erst einmal versuchen, die Verletzung selbst zu behandeln, bevor Sie einen Arzt aufsuchen. Das ist ganz in Ordnung, vorausgesetzt Sie wissen, was Sie tun. Die Anwendung einer falschen Behandlung ist nämlich nachteiliger, als wenn man die Verletzung in Ruhe läßt. Man verschlimmert das Problem noch zusätzlich und verzögert den Heilungsprozeß. Je länger die Verletzung unbehandelt bleibt, desto schwieriger wird die Heilung.

Ich denke da an einen meiner Patienten, der glaubte, unter Schienbeinbeschwerden zu leiden. Er beschloß, das Problem mit Massage und Dehnübungen zu behandeln.

Doch nach einem Monat dieser Behandlung – und weiteren Laufversuchen – kam er schließlich in meine Praxis. Ich entdeckte eine Belastungsfraktur am Unterschenkel. Durch seine Massagen und Laufversuche hatte sich die Verletzung so stark entzündet, daß er nicht einmal mehr normal gehen konnte.

Ich legte sein Bein in Gips – um den Bruch auszuheilen, aber auch um zu verhindern, daß er weiteren Schaden anrichtete. Eine Verletzung, die normalerweise nach sechs Wochen ausgeheilt wäre, hinderte ihn nun doppelt so lange am Laufen.

Lassen Sie sich diese Beispiele eine Warnung sein. Es gibt zwar verschiedene Möglichkeiten der Selbstbehandlung, doch sollten Sie auch die Grenzen dieser Methoden und ihre eigenen Grenzen kennen.

Geeignete Erste-Hilfe-Methoden

Mit wenigen Ausnahmen, wie etwa Nervenverletzungen, sollte die Erste Hilfe mit Ruhe, Eis, Druck und Hochlagern beginnen.

Bei jeder Verletzung kommt es zu einer Entzündung, und diese Entzündung verursacht einen Großteil der Schmerzen. Eine Entzündung ist die normale Reaktion des Körpers auf eine Verletzung und wird von fünf Anzeichen und Symptomen begleitet: Rötung, Schwellung, Wärme, Schmerz und verminderte Funktion des entzündeten Bereichs.

Sobald eine Verletzung auftritt, erweitern sich die kleinen Blutgefäße im verletzten Bereich und erlauben eine verstärkte Durchblutung der betroffenen Region. Die Zunahme des Blutflusses verursacht Rötung und erhöht die Temperatur im verletzten Bereich.

Die erweiterten Blutgefäße ermöglichen auch den Eintritt von Proteinen ins umgebende Gewebe. Manche dieser Proteine führen zu einer Reizung und Schwellung des Gewebes, wodurch es zu Schmerzen und Funktionseinschränkung kommt.

Es ist möglich, daß Sie diese fünf Anzeichen und Symptome nicht alle wahrnehmen, aber sie sind in jedem Fall da. Ein verletzter Knöchel sieht vielleicht nicht geschwollen aus, aber wenn er schmerzt, dann muß irgendwo eine Schwellung sein – vielleicht im Zellbereich oder in den Gewebezwischenräumen. Dies gilt auch für Rö-

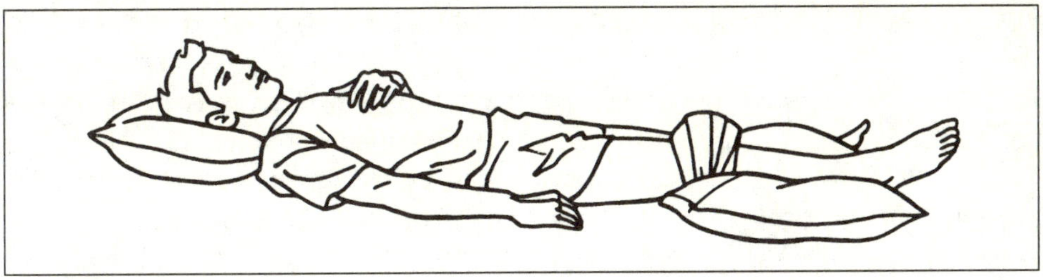

Erste-Hilfe-Maßnahmen

Verletzungen haben immer eine Entzündung zur Folge, die behandelt werden muß, um den Heilungsprozeß nicht zu verzögern. Durch Ruhigstellung, Eis, Druck und Hochlagerung kann die Entzündung eingedämmt werden. Hilfreich ist es, einen Eisbeutel mit einer elastischen Binde an der verletzten Stelle anzubringen.

tung, Wärme und Funktionsverlust. Wenn die Verletzung schmerzt (und welche Verletzung tut das nicht?), dann verspüren Sie immer die Anzeichen und Symptome einer Entzündung in irgendeinem Bereich.

Wenngleich sich eine Entzündung nicht vermeiden läßt, hängt das Ausmaß der Schwellung von der Schwere der Verletzung und ihrem Verhalten unmittelbar nach dem Eintritt der Verletzung ab. Ruhe, Eis, Druck und Hochlagern sind die wichtigsten Helfer bei der Schadensbegrenzung.

Die Bedeutung von Ruhe

Ruhe ist die wichtigste Behandlungsmethode bei Verletzungen. Leider ist sie auch die, die am wenigsten beachtet wird.

Viele Läufer glauben, daß sie sich in einen Fettklumpen verwandeln, wenn sie einige Tage nicht laufen. Sie denken, daß fünf Jahre Training für die Katz waren, wenn sie nur eine Woche lang nicht trainieren.

Doch diese Ängste sind unbegründet. »Ruhe« heißt nicht, daß Sie alle Aktivitäten einstellen müssen. Sie dürfen vielleicht ein oder zwei Tage nicht laufen, damit die Entzündung abklingen kann. In vielen Fällen kann man auch eine Zeitlang eine andere Aktivität aufnehmen oder nach einer kurzen Pause wieder mit dem Laufen beginnen.

In manchen Fällen bezieht sich Ruhe auch nur auf eine angemessene Behandlung zur Entlastung des verletzten Bereichs. Carl, einer meiner Patienten, verletzte sich den großen Zeh, als er im Dunkeln gegen einen Couchtisch stieß. Der Zeh schwoll stark an. Doch er schmerzte beim Laufen nur, wenn Carl sich abdrückte.

Wir bauten ihm eine einfache Schiene, die die Beugung einschränkte. Das war die »Ruhe«, die Carl brauchte. Ansonsten konnte er weiterlaufen.

Das Wichtigste ist, die Verletzung zu entlasten. Wenn in einem Bereich eine Verletzung auftritt, heißt das, daß die gewünschte Arbeit nicht mehr geleistet werden kann. Da ist Ruhigstellung nur vernünftig und medizinisch ratsam.

Manchmal bedeutet »Ruhe« auch ein zeitweises Verringern oder Aussetzen des Laufpensums. Doch nur in den seltensten Fällen müssen alle Aktivitäten eingestellt werden. Vielfach kann man einfach auf eine andere übergehen. (In Kapitel 22 werden verschiedene Ausgleichssportarten besprochen.)

Bevor man sich aber auf eine andere Sportart stürzt, muß man die Verletzung untersuchen und ihre genaue Lage bestimmen. Hierbei darf man sich nicht mit vagen Angaben bescheiden, sondern man muß die exakte Stelle finden und die Bewegungen bestimmen, die den Schmerz auslösen.

Eine Knöchelverletzung kann zum Beispiel nur beim Einwärtsdrehen schmerzen. Die Auf- und Abbewegung des Fußes und die Auswärtsdrehung können schmerzfrei sein. Dann wird Radfahren, wo der Knöchel sich nur nach oben und unten bewegt, die Verletzung nicht verschlimmern. Ob Sie selbst diese Entscheidung fällen oder sie lieber einem Arzt überlassen, hängt von der Schwere der Verletzung ab.

Die meisten Läufer denken bei Ausgleichssport nur an die Auslastung der Laufmuskeln. Doch auch die psychologische Komponente solch sportlicher Alternativen ist von großer Bedeutung, da sie die tägliche Trainingsgewohnheit aufrechterhalten.

Laufen hat eine tiefgreifende psychologische Wirkung. Dem Psychiater Dr. Thaddeus Kostrubala sind die psychischen Vorteile des Laufens so wichtig, daß er diese Sportart in seinem Buch *The Joy of Running* als therapeutische Methode einsetzte. Anstatt seine Patienten medikamentös zu behandeln, ging er mit ihnen laufen. Die physiologischen und psychischen Veränderungen, die durch das Laufen ausgelöst wurden, halfen den Patienten, ihre Probleme mit ihm zu besprechen und besser auf die Therapie anzusprechen.

Doch manchmal muß man seinen Stolz niederringen und ganz einfach ruhen. Bei schweren Knie- oder Knöchelverletzungen, Frakturen und bestimmten Rückenverletzungen verschreibt der Arzt absolute Ruhe. Man kann diese Verordnung eher akzeptieren, wenn man erkennt, daß Ruhe unabdingbar ist, wenn das Ziel – Ausheilung und baldige Wiederaufnahme des Laufens – erreicht werden soll. Es hilft auch zu wissen, daß Studien erwiesen haben, daß man selbst nach drei Monaten Ruhe lediglich etwa zehn Prozent seiner Ausdauer verloren hat.

Eis – der Helfer in der Not

Eis gehört zu den wichtigsten entzündungshemmenden Mitteln. Es ist zweifellos auch das einfachste und billigste Rezept. Man kann die Vorzüge einer Eisbehandlung gar nicht genug betonen.

Wenngleich ein heißes Bad wohltuend sein mag, trägt es doch nicht zur Heilung bei. Hitze erhöht Schwellung und Einblutung im verletzten Bereich. Kälte kann dagegen durch die Haut- und

Was ist also schiefgegangen?

Eine Verletzung gibt Ihnen Gelegenheit, sich über Ihre Laufgewohnheiten Gedanken zu machen. Anstatt in Selbstmitleid zu baden, sollten Sie sich überlegen, was schiefgegangen ist. Anstatt den Göttern des Laufsports die Schuld zuzuschieben, sollten Sie sich fragen, was Sie selbst falsch gemacht haben.

Beschäftigen Sie sich vor allem mit Ihren Laufgewohnheiten. Dazu gehören Kilometerzahl, Geschwindigkeit, Art der Betätigung, Untergrund, Tageszeit des Trainings, Änderung in der Ausrüstung, frühere Verletzungen und andere Faktoren, die Ihr Laufen beeinflussen. Solche Informationen sollten Eingang in ein Trainingstagebuch finden.

Nehmen Sie also Ihr Tagebuch zur Hand und denken Sie an die Wochen vor der Verletzung zurück. Stellen Sie sich die folgenden Fragen:

- Haben Sie übermäßig oder nicht genug für ein Rennen trainiert?
- Haben Sie Ihr Trainingsprogramm plötzlich geändert?
- Haben Sie die Schuhe gewechselt?
- Leiden Sie an mangelnder Flexibilität oder ungleicher Kräfteverteilung?
- Haben Sie die Warnsignale Ihres Körpers mißachtet oder falsch gedeutet?

Jede kleine Änderung in Ausrüstung oder Training kann zu einer Verletzung führen. Es kann sogar schlecht für Sie sein, wenn Sie zu einer anderen Tageszeit oder auf der anderen Straßenseite laufen.

Je schneller Sie erkennen, was geschehen ist, desto eher können Sie den Zwischenfall akzeptieren und Schlüsse für die Zukunft ziehen. Jetzt haben Sie einen guten Grund, dafür zu sorgen, daß sich dieses Problem nicht wiederholt.

Fettschicht dringen und so die verletzten Muskeln, Sehnen oder Bänder erreichen.

Zuerst vermindert Eis den Blutfluß in der verletzten Region. Während dieser Phase wird die Gegend weiß, da die Blutzufuhr unterbrochen ist. Nach einigen Minuten steigt der Blutstrom wieder an. Der Körper erkennt, daß er genügend Wärme produziert, um ein Erfrieren der vereisten Stelle zu verhindern, und versorgt die Region wieder mit Blut. Dadurch werden notwendige Nährstoffe in die betroffene Region transportiert und durch die Verletzung entstandene Abfallstoffe entfernt. Diese Phase erkennt man an der erneuten Rötung der Haut.

Die Eisbehandlung kann sofort nach dem Laufen oder spätestens zwei

Stunden vor körperlicher Betätigung erfolgen. Legen Sie Eis keinesfalls unmittelbar vor dem Training auf. Es hat eine betäubende Wirkung und unterbindet die Schmerzreaktion, die Sie vor einer Verletzung warnt.
Eine Verletzung sollte im allgemeinen mehrmals täglich 15 bis 20 Minuten lang vereist werden. Die Behandlung sollte unmittelbar nach der Verletzung einsetzen. Jede Zeitverzögerung verstärkt die Entzündung.
Wickeln Sie das Eis in ein Handtuch und legen Sie es fest auf die verletzte Stelle. Einen kleineren Bereich können Sie auch mit Eis massieren. Für die Eismassage empfiehlt es sich, Wasser in Styroporbechern einzufrieren. Man kann dann den Deckel abnehmen, den Becher am Styroporteil festhalten und das Eis für die Massage etwas herausschieben. Auf diese Weise frieren die Finger nicht ab, während die Verletzung direkt mit Eis behandelt werden kann.
Im Handel erhältliche Kühlbeutel sind nicht zu empfehlen, da sie entweder zu kalt oder nicht kalt genug sind. Übermäßig kalte Gefrieraggregate können Haut und Nerven schädigen. Wenn sie die Kälte zu lange halten, können sie die Haut »verbrennen«, und sogar die tieferliegenden Nerven verletzen. Das kann bei echtem Eis nicht passieren.
Andere Produkte verlieren ihre Kälte schon nach fünf bis zehn Minuten. Dann haben Sie einen Kühlbeutel und keinen Eisbeutel, und eine »kühle« Behandlung ist wirkungslos.

Die heilsame Wirkung von Druck

Bei Entzündung und Schwellung dringt Flüssigkeit in die verletzte Region. Nachdem die Schwellung abgeklungen ist, muß der Körper immer noch Flüssigkeit und andere Produkte, wie getrocknetes Blut, aus der verletzten Gegend entfernen.
Man kann die Heilung beschleunigen, indem man die Schwellung von Anfang an möglichst gering hält. Und hier leistet die Druckbehandlung gute Dienste. Wenn man auf die Verletzung so bald wie möglich Druck ausübt, kann man die Schwellung eindämmen, da es für das Herz schwieriger ist, Flüssigkeit in eine komprimierte Gegend zu pumpen. Eine Minimierung der Schwellung verringert Schmerz und beschleunigt die Heilung.
Bei dieser Behandlung übt man einfach gleichmäßigen Druck aus. Dies kann mit Hilfe einer elastischen Binde geschehen. Ferner eignen sich auch Druckverband, Drucksocken oder Neoprenmanschetten.
Der Druck sollte einigermaßen sanft sein und nicht nur auf die betroffene Stelle ausgeübt werden. Bei einer Knöchelverletzung sollte der Druckverband zum Beispiel auch den Fuß und ein Drittel des Beines umfassen.

Hochlagerung der verletzten Stelle

Bei einer Verletzung kommt es zu einer Blutung im Gewebe. Durch die Schwerkraft wird das Blut in die Gegend gezogen. Wenn man den verletzten Körperteil höher als das Herz lagert, kann man die Schwerkraft umgehen. Das Blut kann nicht so stark in die Verletzung gepumpt werden, und es lagert sich weniger Flüssigkeit ein.

Während der ersten 48 Stunden nach der Verletzung sollte der betroffene Körperteil möglichst hoch gelagert werden. Am besten legt man sich hin und schiebt einige Kissen unter das verletzte Glied. Nach zwei Tagen ist eine Hochlagerung wenig hilfreich.

Nun wird es Zeit, über die weitere Behandlung und langfristigere Methoden nachzudenken. Dazu gehören unter Umständen Arztbesuch, Schuhwechsel, sowie Änderung und Ergänzung der Trainingsgewohnheiten. Mehr dazu finden Sie in den folgenden Kapiteln.

Kapitel 7

Produkte, die funktionieren (und solche, die es nicht tun)

Sie laufen ohne Probleme – alles ist bestens; Sie fühlen sich gut, und Ihre Zeiten werden immer besser. Dann ziehen Sie sich eine Verletzung zu.

Wenn Sie sich zum ersten Mal verletzen, fragen Sie vermutlich Ihre Lauffreunde um Rat. Oder Sie gehen in das Sportgeschäft, wo Sie Ihre Schuhe kaufen.

In Sportgeschäften und Apotheken finden Sie jede Menge Heilmittel – von Salben und Cremes über Einlegesohlen und Schienen: und alle versprechen Ihnen Linderung. Wie können Sie wissen, was Sie wirklich brauchen, welche Werbesprüche halten, was sie versprechen und welche nicht?

Unterteilt in sechs Kategorien finden Sie im folgenden Einkaufstips für viele rezeptfreie Schmerzmittel.

❍ Tabletten ❍ Bandagen
❍ Salben ❍ Schienen
❍ Tapes ❍ Einlagen

Bei Tabletten ist Vorsicht geboten

Viele Läufer greifen bei jeder Art von Schmerz – von Sehnenentzündung, Muskelzerrung, Bänderriß bis zu Frakturen – instinktiv nach rezeptfreien Schmerzmitteln. Sie stehen also in einer Apotheke vor zahllosen Regalen mit schmerzstillenden Tabletten. Welche sollen Sie kaufen?

Wenn Sie sich verletzt haben, bildet sich immer eine Entzündung, die die Schmerzen verursacht. Doch einfache Schmerzmittel, wie Azetaminophen, lindern lediglich den Schmerz, ohne die Entzündung zu hemmen. Sie fühlen sich zwar besser, doch wird das eigentliche Problem nicht gelöst. Solche Schmerzmittel täuschen nur dem Gehirn vor, daß alles in Ordnung ist. Sie blockieren die Schmerzsymptome, haben aber keine entzündungshemmende Wirkung.

Was Sie brauchen, sind Tabletten mit schmerzstillenden und entzündungshemmenden Eigenschaften. Solche Arzneimittel verringern Flüssigkeitsanreicherung, Rötung und Schmerzen. Rezeptfrei erhalten Sie Ibuprofen und Aspirin, die den Schmerz ebenfalls lindern.

Man sollte diese Produkte nur bei Bedarf einsetzen, also zur Schmerzlinderung bei Verletzungen oder bei Muskelkater nach einem anstrengenden

Rennen oder Training. Die regelmäßige Einnahme von entzündungshemmenden Mitteln ist schädlich. Anstatt die Beschwerden immer wieder medikamentös zu behandeln, sollte man versuchen, ihr Auftreten zu vermeiden, indem man die Laufstrecke oder -intensität verringert, Belag oder Laufschuhe wechselt.

Entzündungshemmende Arzneimittel schädigen Magen, Leber und Nieren und können zu Blutungen im Verdauungstrakt führen. Auch Mittel zur Entzündungshemmung, die nicht auf Aspirinbasis hergestellt sind, wie etwa Ibuprofen, haben nachteilige Auswirkungen auf die Leber. Um diese Nebenwirkungen so gering wie möglich zu halten, sollte man die Medikamente zum Essen oder mit viel Wasser einnehmen. Doch selbst dann kann es zu einer Magenreizung kommen.

Frank, einer meiner Bekannten, nahm acht Aspirin am Tag, um während einer Verletzung laufen zu können. Wenngleich diese Dosis nicht übermäßig hoch ist, führte die Langzeiteinnahme über sechs Monate zu einem bösen Magengeschwür. Als ich Frank das letzte Mal sah, war er auf dem Weg zum Arzt, um sich an dem Geschwür operieren zu lassen.

Auch rezeptfreie Medikamente können also schädlich sein. Seien Sie sich immer über die Nebenwirkungen von Arzneimitteln im klaren. Lesen Sie Aufschrift und Packungsbeilage. Befolgen Sie die Vorschriften genau und halten Sie sich an die angegebene Dosis. (Nehmen Sie nie mehr als 12 Aspirin innerhalb von 24 Stunden, und nehmen Sie sie keinesfalls länger als zehn Tage.) Vergessen Sie nicht, daß diese Tabletten kurzfristige Linderung verschaffen sollen. Schmerzen, die länger als vier oder fünf Tage dauern, übersteigen den Wirkungsbereich solcher Arzneimittel und müssen von einem Fachmann behandelt werden.

Salben sind keine schnelle Alternative zu Aufwärmübungen

Mary ist ein gutes Beispiel für das, was Salben nicht erreichen können. Mary kommt morgens nicht aus dem Bett. Wenn sie an einem Rennen teilnahm, hatte sie nach dem Aufstehen, Anziehen und Kaffeetrinken meist kaum mehr Zeit für Dehn- und Aufwärmübungen.

Dann entdeckte sie in einer Laufzeitschrift eine Anzeige für eine Salbe (mit dem bezeichnenden Namen »Heilcreme«), die ein Ende ihrer Probleme versprach. Es hieß, man müsse die Salbe nur vor dem Laufen auftragen, und die Muskeln und Bänder seien innerhalb von fünf Minuten warm.

Mary dachte, daß die Salbe bestens funktionierte, bis sie sich an einem kalten Tag in der Anfangsphase eines Rennens die Achillessehne zerrte. Meine Diagnose: Nachdem Mary keine Streck- und Aufwärmübungen gemacht hatte, war ihre Achillessehne nicht gedehnt. Die plötzliche Belastung beim Rennen verursachte einen kleinen Riß in der Sehne.

Ich glaube nicht, daß wärmende Mittel zum Einreiben die Muskeln eines gesunden oder verletzten Läufers in irgendeiner Weise aufwärmen. Schnelles Gehen oder langsames Laufen wärmt die Muskeln wesentlich wirkungsvoller als irgendein im Handel erhältliches Produkt. Solche Mittel sind keine Alternative zu Aufwärmübungen.

Tatsächlich ist es für ein äußerlich angewandtes Produkt sehr schwierig, um nicht zu sagen unmöglich, bis zum Muskel vorzudringen. Die Wärme, die man beim Auftragen der Salbe verspürt, ist rein oberflächlich. (Das Gewebe wird chemisch irritiert, und man verspürt ein Wärmegefühl.) Die Haut und vielleicht einige Oberflächenmuskeln erwärmen sich. Doch die größeren, tieferliegenden Muskeln, die man eigentlich erreichen will, werden nicht beeinflußt. Auf diese Weise wähnt man sich in Sicherheit und nimmt an, daß die Muskeln warm und auf die Aktivität vorbereitet sind.

Auch nach dem Laufen kann ich solche erwärmende Produkte nicht empfehlen. Nach sportlicher Betätigung muß man abkühlen, und die Erwärmung von Haut oder Muskeln ist sinnlos. Durch langsames Joggen oder Gehen verlangsamt sich der Herzschlag und die Muskeln nehmen allmählich wieder ihre Ruhestellung ein.

Sie sollten diese Mittel auch bei Verletzungen nicht anwenden. Selbst wenn sie das tieferliegende Gewebe aufwärmen, wäre diese Wirkung bei Verletzungen überhaupt nicht gefragt. Eine Verletzung führt zu einer Entzündung, die man so schnell und gründlich wie möglich abkühlen sollte.

Behandeln Sie Verletzungen mit Kälte, nicht mit Wärme. Die beste Kältetherapie ist ein Eisbeutel. (Einzelheiten finden Sie im vorherigen Kapitel.)

Tapen bietet Halt

Frank Shorter, Sieger des olympischen Marathons von 1972, tapte sein Fußgewölbe vor jedem wichtigen Rennen, um so das Gewölbe und die Umgebungsmuskulatur zu stützen und Gewölbeschmerz zu vermeiden.

Viele Läufer verwenden Tape vor allem beim Laufen auf der Bahn oder bei Rennen, um Verletzungen, wie Knöchelverstauchungen, zu vermeiden. Man kann auch verschiedene alte Verletzungen tapen, um sie während Training und Rennen zu schützen. Am besten eignet sich ein poröses Sporttape, das man in Sportgeschäften und Apotheken findet.

Das Anbringen des Tapes kann schwierig sein. Am besten man läßt sich die für eine bestimmte Verletzung geeignete Tapemethode von einem Arzt oder Therapeuten zeigen, und hält sich dann streng an diese Regeln. Keinesfalls sollte man sein eigenes Muster erfinden. Wenn man Fuß oder Knöchel im falschen Winkel tapt, bringt das mehr Schaden als Nutzen.

Tape kann auch Reizungen, Blasen und allergische Reaktionen verursachen. Die erste Regel ist hier, das Tape nie direkt auf der Haut anzubringen. Das

Zusammenspiel von Tape, Sport und Schweiß birgt ein hohes Risiko, was Irritationen und Blasen betrifft. Auch bei haarigen Beinen ist das Anbringen von Tape ein Problem. Beim Entfernen des Tapes kann man eine völlig neue Schmerzdimension erleben!

Um dieses Problem zu vermeiden, sollte man eine Unterbinde aus dünnem Schaumstoff zwischen Haut und Tape anbringen. Dies verhindert, daß das Tape an der Haut kleben bleibt und vermeidet so Reizungen. (Unterbinden findet man ebenfalls in Sportgeschäften und Apotheken.)

Die zweite Regel besagt, daß man das Laufen mit Tape erst einmal versuchen sollte, wenn es um nichts geht, und nicht gleich bei einem Rennen.

Der Läufer Larry brach Regel Nummer eins und zwei. Nachdem er sich für ein 10-km Rennen angemeldet hatte, verspürte er einen leichten Gewölbeschmerz. Um seine Meldegebühr nicht zu verlieren, tapte er sein Gewölbe am Morgen vor dem Rennen. Er verschlimmerte die Sache noch, indem er ein graues Isolierband, und dann auch noch ohne Unterbinde, verwendete.

Als ich ihn am nächsten Tag sah, löste sich die Haut an seinem gesamten Gewölbe. Sein Fuß war blutig, wund und mit Resten des grauen Isolierbandes übersät. Larry konnte fast einen Monat lang keine Schuhe tragen. Erst nach zwei Monaten konnte er wieder laufen.

Und noch etwas: Erneuern Sie das Tape jeden Tag. Das Tape beginnt sich schon nach dreißig Minuten zu dehnen und zu lockern, wenngleich es immer noch einen straffen Eindruck macht. (Es bietet zwar immer noch Halt, doch nicht in dem gewünschten Maße). Am zweiten Tag ist das Tape praktisch wirkungslos. Vor dem erneuten Tapen sollte man die Haut einige Stunden lang atmen lassen.

Auch Bandagen sind nicht zu verachten

Elastische Binden komprimieren die verletzte Region. Das dehnbare Material kann um die Verletzung gewickelt werden, um etwas Halt und Druck zu bieten. Bandagen sind unmittelbar nach der Verletzung am wirkungsvollsten. Der auf die betroffene Stelle aus-

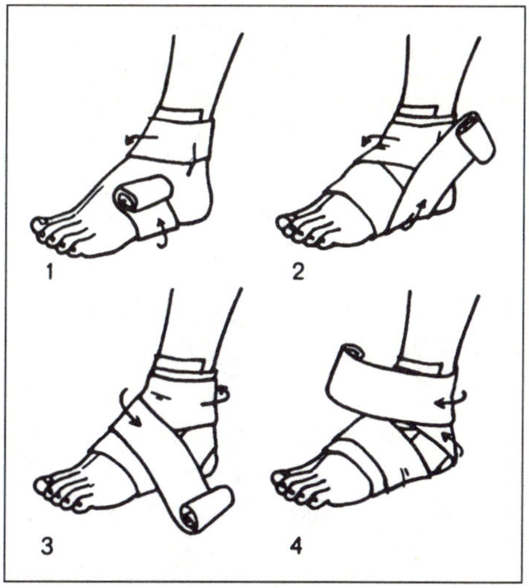

Die richtige Wickeltechnik

Das Bandagieren eines verletzten Knöchels mit einer elastischen Binde komprimiert die betroffene Stelle und verringert die Entzündung. Folgen Sie den Pfeilen in dieser Abbildungsreihe.

geübte Druck verringert die Entzündung im verletzten Gewebe.
Doch viele Läufer verwenden Bandagen auch dann noch, wenn die Verletzung abgeheilt und die Entzündung abgeklungen ist. Sie tragen sie wegen des Haltes – doch Bandagen haben nur eine geringe Stützfunktion. Die meisten Bandagen werden bereits durch leichten Druck verschoben oder verzerrt; Sie können sich also vorstellen, was bei den Kräften passiert, die beim Laufen wirksam werden.
Doch Bandagen unterstützen die propriozeptive Wahrnehmung, also den Teil des Nervensystems, der Ihnen Ihre Lage im Verhältnis zum Boden mitteilt. Nach einer Verletzung kann die Propriozeption gestört sein. Es mag zum Beispiel vorkommen, daß Sie sich den Knöchel erneut verstauchen, bevor das Gehirn erkennt, daß eine Verletzungsgefahr besteht. Eine Bandage kann dann als Frühwarnsystem fungieren und Ihnen mitteilen, daß der Knöchel sich dreht. Wenn der Knöchel anfängt, sich zu drehen, verstärkt sich der Druck der Bandage und alarmiert so die propriozeptiven Fasern in der Haut.
Lassen Sie mich ein Beispiel geben: Einer meiner Patienten spielte in Sportstiefeln Basketball. Bei einem Sprung verdrehte sich sein Knöchel. Das Gehirn spürte den Schuh am Unterschenkel und löste sofort einen Reflex aus, der das Gewicht auf den anderen Fuß verlagerte. Anstatt einer schweren Knöchelverletzung erlitt er nur eine leichte Verstauchung. Eine Bandage hätte den gleichen Zweck erfüllt wie die Basketballstiefel.
Neoprenmanschetten haben eine ähnliche Funktion wie Elastikbinden. Diese Manschetten, die aus dem gleichen Material hergestellt werden wie Tauchanzüge, üben etwas mehr Druck aus als elastische Bandagen und wärmen die jeweilige Stelle. Sportgeschäfte führen sowohl Bandagen als auch Manschetten.

Schienen stützen die verletzte Stelle

Knöchel- oder Knieschienen für Sportler bieten sogar noch mehr Halt. Einige kann man rezeptfrei erwerben. Falls Sie jedoch an einer Verletzung leiden, die durch eine Schiene behandelt werden kann, sollten Sie einen Sportmediziner aufsuchen.
Schienen sollen verhindern, daß laterale (seitliche und drehende) Bewegungen die Gelenke verletzen. Knie- und Knöchelgelenke sind für Beuge- und Streckbewegungen bestimmt. Für Drehungen und seitliche Bewegungen sind sie jedoch nicht gemacht. Schienen ermöglichen gerades Beugen und Strecken und schränken seitliche Bewegungen stark ein. Sie lassen normale Bewegungen zu und verhindern die unnormalen.
Bei einer Knöchelverletzung verordnen Ärzte häufig eine Schiene, um ein erneutes Verstauchen zu verhindern. Das Material für Schienen reicht von weichem Segeltuch bis zu festen Metallklammern. Grundsätzlich gilt, daß das

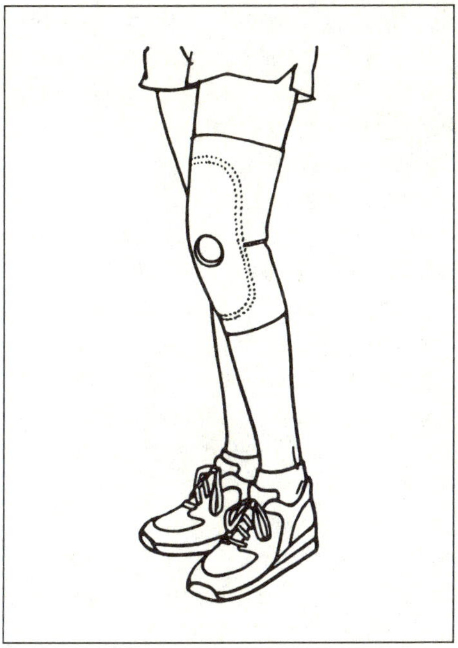

Schutzmanschette

Hier schützt eine Neoprenmanschette ein verletztes Kniegelenk. Ähnliche Manschetten kann man auch während der Ausheilphase von Knöchel-, Waden- oder Sehnenverletzungen verwenden.

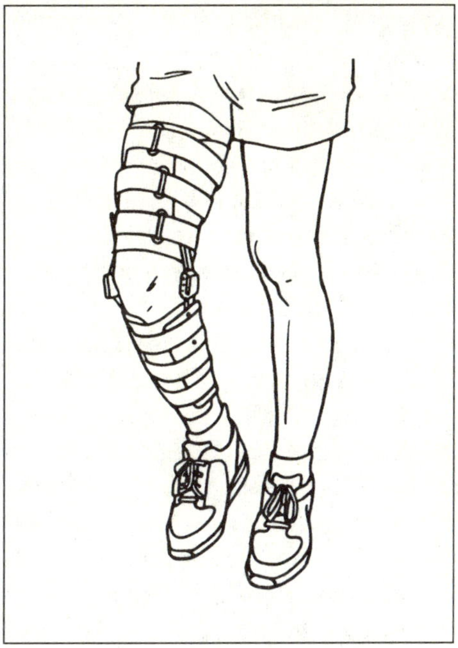

Das Schienen von Verletzungen

Schienen bieten mehr Schutz als Tapes, Bandagen und Manschetten. Schienen bestehen aus einem steifen, verstärkten Material und werden bei ernsteren Verletzungen verschrieben.

Ausmaß der Verletzung und der benötigte Halt die Festigkeit der Schiene bestimmen. Je fester das Stützmaterial, desto geringer die Gefahr einer erneuten Verletzung.
Testen Sie die Schiene vor dem Kauf. Legen Sie sie an und führen Sie langsame, vorsichtige Laufbewegungen aus. Wenn die Schiene die Bewegung zuläßt, die zur Verletzung geführt hat, ist sie natürlich ungeeignet.
Stellen Sie auch sicher, daß eine Knöchelschiene gut in den Laufschuh paßt und keine Blasen oder Irritationen hervorruft. Wenn Verletzung und Verkäufer es zulassen, sollten Sie mit der Schiene einen Probelauf unternehmen.

Einlagen unterstützen das Fußgewölbe

Maßangefertigte Einlagen, die auf biomechanische Eigenschaften, Fußtyp, Verletzungsneigung und Art des ausgeübten Laufsports abgestimmt sind, bieten optimale Unterstützung und Bewegungskontrolle. Orthopädische Einlagen müssen von einem Sportmediziner angepaßt werden, der Erfahrung mit Laufsportlern hat. (Siehe Kapitel 9.)

Man kann jedoch auch gewöhnliche Einlagen (die irrtümlicherweise manchmal »orthopädische Hilfsmittel« genannt werden) zur Unterstützung des Gewölbes erwerben. Solche Stützvorrichtungen sind in Sportgeschäften und Apotheken erhältlich. Wenn Ferse oder Gewölbe wund werden, und der Fuß etwas zu beweglich ist, sind Einlagen ein guter und kostengünstiger erster Schritt. Spenco, Dr. Scholl und Sorbothane stellen relativ weiche Einlagen zur Unterstützung des Gewölbes her.

Im Grunde erhöhen solche Einlagen nur das Material – ob Neopren, Kork, Leder oder Schaumstoff – unter dem Gewölbe. Beim Laufen drückt der Fuß auf das dicke Material der Einlage, wodurch die Beweglichkeit verringert und der Halt erhöht wird. Bei manchen Problemen ist das schon die Lösung.

Viele im Handel erhältliche Einlagen haben auch eine eingebaute Metatarsalstütze, die als Wölbung am Vorderrand erkennbar ist. Diese Erhebung unterstützt die Mittelfußköpfchen hinter den Zehen und schafft bei Schmerzen im Fußballen Erleichterung. Manche Nervenbeschwerden, Knochenprellungen und sogar Belastungsfrakturen im Metatarsalbereich können durch solche Mittelfußpolster gelindert werden.

Die meisten rezeptfreien Einlagen sind nicht länger haltbar als die Schuhe. Wenn man die Einlagen regelmäßig trägt, sollte man sie zusammen mit den Schuhen auswechseln.

Einige Firmen verkaufen ein Set, mit dem man orthopädische Einlagen für die Schuhe »selbst« herstellen kann. In der Regel besteht dieses Set aus einer Schachtel mit Schaum, in die man hineinsteigt, um seine Fußabdrücke zu nehmen. Dann schickt man die Schachtel an den Hersteller zurück, der die Einlagen angeblich »nach Maß« anfertigt. Ich habe zufällig erfahren, daß diese Firmen mit Hilfe der Abdrücke lediglich Gewölbehöhe und Fußgröße schätzen und dann vorgefertigte Einlagen verschicken. Diese bestehen meist aus Plastik oder anderen harten Materialien, die zum Laufen ungeeignet sind. Sie bieten zwar immer noch etwas mehr Unterstützung als die im normalen Handel erhältlichen Einlagen, doch empfehlen kann ich sie aufgrund mangelnder Zuverlässigkeit nicht.

Keine Einlage »von der Stange« ist ein wirkliches Heilmittel. Im besten Fall bietet sie etwas Unterstützung für das Gewölbe. Doch manchmal macht schon eine geringe Stütze den entscheidenden Unterschied aus und erspart einen Arztbesuch.

Kapitel 8

Wann Sie einen Arzt aufsuchen sollten

Jordan, ein neuer Patient, suchte mich in der Praxis auf. Als ich ihn nach dem Grund seines Besuchs fragte, zog er einen fünfseitigen, maschinengeschriebenen Krankheitsbericht heraus.

Daran war eigentlich noch nichts Ungewöhnliches. Läufer dokumentieren sehr häufig den Verlauf ihrer Verletzungen und die verschiedenen Behandlungen, die sie selbst oder Fachkräfte durchführen. Das Erstaunliche an Jordan war, daß seine Verletzung nur zwei Monate alt war, und er dennoch schon Dokumente in Hülle und Fülle hatte.

Laut seiner Aufzeichnungen hatte er zuerst seinen Hausarzt aufgesucht, der entzündungshemmende Medikamente verschrieb. Jordan war sich nicht sicher, ob er diese Tabletten nehmen sollte und konsultierte vorsichtshalber noch einen anderen praktischen Arzt.

Dieser Mediziner riet Jordan, einige Wochen lang nicht zu laufen, um die Verletzung ruhigzustellen. Wie die meisten Läufer hielt Jordan gar nichts von diesem Rat und suchte einen Orthopäden auf. Insgesamt konsultierte Jordan innerhalb von zehn Tagen drei Orthopäden! Die vorgeschlagenen Behandlungen reichten von entzündungshemmenden Medikamenten über Krankengymnastik zu Einstellen des Laufens.

Er entschied sich für krankengymnastische Behandlung. Der Physiotherapeut diagnostizierte einen unausgeglichenen Gang und riet zu orthopädischen Einlagen, die er herstellen könne. Doch da Jordan bezüglich dieses Vorschlags noch keine zweite Meinung gehört hatte, ging er zu einem Chiropraktiker. Dieser empfahl ausgleichende Maßnahmen, war aber von der Notwendigkeit der Einlagen nicht überzeugt.

Nach vier weiteren Besuchen bei medizinischen Fachleuten landete Jordan in meiner Praxis. Und was war nun sein Problem?

Ein leicht verstauchter Knöchel! Diesbezüglich waren sich alle Ärzte einig gewesen. Jordan wollte nur den richtigen Behandler finden, und vorzugsweise einen, der ihm das Laufen erlaubte.

Seine Erfahrungen hatten ihn entmutigt. »Warum könnt Ihr Euch denn nicht einigen, was man hier tun kann?« fragte er. »Was ist nur heutzutage mit Euch Medizinern los?«

Ich nehme doch an, daß mit uns alles in Ordnung ist. Wir haben nur eine unterschiedliche Ausbildung, unterschiedliche Erfahrungen und unterschiedliche klinische Fähigkeiten. Jeder behandelt bestimmte Verletzungen mit unterschiedlichen Methoden.

Jordan hat am eigenen Leib erfahren, daß es für jedes Leiden viele verschiedene Behandlungsmethoden gibt.

Wie findet man den besten Behandler?

Sie sollten sicherstellen, daß der Arzt, den Sie aufsuchen, in Sportmedizin ausgebildet und erfahren ist. Falls ein Arzt den Großteil seiner Zeit mit geriatrischen Patienten, also mit alten Menschen, die körperlich geschädigt oder gar bettlägrig sind, verbringt, ist er bei Laufverletzungen vermutlich nicht übermäßig kompetent. Ihr Kinderarzt hat Sie vielleicht von vielen Kinderkrankheiten kuriert, mag aber bei Sportmedizin überfragt sein.

Sportmedizin ist ein anspruchsvolles und schwieriges Fachgebiet. Der Arzt muß Laufmechanismen, Laufschuhe und Abnormalitäten kennen, die für Probleme beim Gang oder Training verantwortlich sein können. Er muß in der Lage sein, diese einzelnen Teilchen wie ein Puzzle zusammenzusetzen. Sie müssen wissen, ob der Arzt für dieses Fachgebiet ausgebildet ist.

Ich denke da an eine Frau, die mich wegen Seitenstechens aufsuchte. Jeder Läufer kennt diese anhaltenden Schmerzen, die auftreten, wenn man sich überanstrengt hat. Das Zwerchfell hat nicht genug Sauerstoff; baut Milchsäure auf und fängt an zu krampfen.

Diese Läuferin hatte ihren Frauenarzt konsultiert, der meinte: »Ihre Innereien sind durcheinander; Sie haben einfach nicht den richtigen Körperbau zum Laufen.« Tatsächlich mußte sie nur ihr Laufpensum verringern und langsam Kondition aufbauen, und schon war das Problem gelöst. Mit ihren »Innereien« war alles in Ordnung.

Ihr Arzt hatte keine sportmedizinische Ausbildung und verstand nicht, warum diese Frau überhaupt laufen wollte. Bei einem solchen Arzt ist man mit Laufverletzungen an der falschen Stelle.

Dies bedeutet nicht, daß der Arzt ein Läufer sein muß. Ich kenne viele hervorragende Sportmediziner, die nie einen Schritt gelaufen sind. Doch sie verstehen nicht nur die möglichen Gefahren des Sports, sondern auch die Motivation des Läufers.

Lassen Sie sich nicht von Äußerlichkeiten beeindrucken. Orientieren Sie sich immer an der Ausbildung und Erfahrung des Arztes sowie an persönlichen Empfehlungen von anderen Läufern, denen dieser Arzt geholfen hat. Zwei ausgezeichnete Orthopäden, mit denen ich regelmäßig zusammenarbeite, laufen nicht und werden auch kaum für Läufer gehalten – zusammen bringen Sie wohl an die vier Zentner auf die Wage. Dr. John Beck und Dr. Jeff Bronson haben an den bekanntesten sportmedizinischen Instituten der Vereinigten Staaten studiert. Sie gehören zu den begabtesten und fähigsten Diagnostikern von Sportverletzungen, die mir je begegnet sind.

Ein sportorientierter Arzt sollte auch den relevanten Berufsverbänden angehören, die allen Medizinern dieses Fachgebiets offenstehen.

Meist ist eine solche Verbandszugehörigkeit aus dem Praxisschild ersichtlich. Falls dies nicht der Fall ist, können Sie den Arzt einfach fragen. Wenn er keinem Verband für Sportmediziner angehört, sollten Sie daran denken, einen anderen Mediziner aufzusuchen.

Zögern Sie nicht, den Arzt nach seiner fachlichen Qualifikation zu fragen. Es ist schließlich Ihr Körper, den er behandelt, und Sie bezahlen die Rechnung. Sie würden ja auch nur einen speziell ausgebildeten Facharzt eine Operation am offenen Herzen vornehmen lassen. Also sollten Sie auch nur einem qualifizierten Sportmediziner die Behandlung von Sportverletzungen überlassen.

Engagement in den relevanten Berufsverbänden hält den Arzt auf dem neuesten Stand, was die sich ständig ändernde Technologie auf diesem Gebiet betrifft. Die meisten Praktiken, die noch vor fünf bis zehn Jahren gang und gäbe waren, sind heute veraltet und werden nicht mehr angewandt. Wenn der Arzt sich dieser Veränderungen nicht bewußt ist, tun Sie sich keinen Gefallen. Vermutlich hören Sie dann nur: »Wenn das Laufen schmerzt, dann laufen Sie doch nicht.« Für diesen Rat brauchen Sie nun wirklich kein Geld zu zahlen.

Ein Überblick über die verschiedenen Spezialisten

Mein Fachgebiet ist die Fußheilkunde. Aufgrund der Spezialisierung auf Füße, dem Ausgangspunkt der meisten Laufverletzungen, sind Fachärzte für Fußheilkunde schon seit langem in der Sportmedizin, und hierbei insbesondere im Bereich des Laufsports, führend. Aber daneben gibt es noch zahlreiche andere Experten, die Läufern mit Rat und Tat zur Seite stehen. Lassen Sie uns einen kurzen Blick auf die verschiedenen Fachgebiete werfen und ihre Leistungen besprechen.

Allgemein- oder Hausarzt: Die meisten Menschen suchen bei einer Verletzung zuerst ihren Hausarzt auf. Dieser ist schließlich seit Jahren der Arzt ihres Vertrauens.

Im Zeitalter des organisierten Gesundheitswesens und der Krankenversicherungspflicht müssen viele Leute zuerst ihren Hausarzt aufsuchen, bevor dieser sie dann an einen Facharzt überweist. Auf diese Weise kontrolliert der Hausarzt die weitere Behandlung seiner Patienten durch Ärzte mit Kassenzulassung. Am besten ist es, wenn der Erstbehandler in Sportmedizin ausgebildet ist und einem Verband dieses Fachgebiets angehört. Auf diese Weise ist eine angemessene Diagnose sichergestellt, und der Arzt kann leichtere Verletzungen selbst behandeln und bei schwereren eine Überweisung an einen Spezialisten veranlassen.

Zur Spezialbehandlung wird Sie der Hausarzt in der Regel an einen anderen Experten überweisen. Dies ist meist ein Fußheilkundler oder Orthopäde, in manchen Fällen auch ein Physiotherapeut, Chiropraktiker oder anderer Fachmann für Laufverletzungen.

Facharzt für Fußheilkunde: Nach je vier Jahren vorklinischer und klinischer Studien erfolgt eine mehrjährige klinische Spezialausbildung, die mit einer Facharztprüfung abgeschlossen wird. Fußheilkundler spezialisieren sich auf Fuß und Knöchel, sowie auf die Bewegungsabläufe des Unterkörpers beim Gehen oder Laufen.
Aus diesem Grund sollten alle Fußverletzungen von Abschürfungen bis zu Brüchen zuerst von einem Fußheilkundler untersucht werden. Ich sage das nicht, weil ich selber einer bin! Der Facharzt für Fußheilkunde erkennt, ob ein strukturelles, ein biomechanisches Problem oder eine Verletzung vorliegt, die durch einen anderen Experten behandelt werden muß.

Orthopäde: Während sich Fußheilkundler auf den Fuß konzentrieren, haben sich Orthopäden auf die übrigen Gelenke, Muskeln und Knochen spezialisiert. Dazu gehören Knie, Hüfte und Rücken.
Kniebeschwerden sollten deshalb immer zuerst von einem Orthopäden untersucht werden. Wenngleich mich viele Läufer mit Knieproblemen aufsuchen, muß ich doch sagen, daß ein Fußheilkundler nicht für die Behandlung solcher Beschwerden qualifiziert ist. Aus diesem Grund verweise ich Patienten mit Knieleiden an einen Orthopäden.
Fußheilkundler haben eine fundierte biomechanische Ausbildung. Ein guter, sportmedizinisch qualifizierter Orthopäde verweist den Patienten zur Gangbeurteilung wieder an den Fußheilkundler, wenn er keine strukturellen Kniedefekte feststellen kann.
Viele Orthopäden sind zurückhaltend, wenn es um chirurgische Eingriffe geht und ziehen Rehabilitation und Ruhe vor. Bei so jemandem sind Sie in guten Händen. Orthopäden, die bereits nach einer oberflächlichen Untersuchung zur Operation raten, sind mit Vorsicht zu genießen. Schwere Verletzungen erfordern zwar bisweilen einen chirurgischen Eingriff, doch meistens muß dieser nicht sofort vorgenommen werden. Zuerst sollten andere Möglichkeiten in Erwägung gezogen werden.

Physiotherapeut: Dieser gehört zu den Experten, der für Läufer von größter Bedeutung ist, dessen Dienste aber häufig nicht in Anspruch genommen werden. Krankengymnasten haben eine mehrjährige theoretische und praktische Ausbildung in der Behandlung von Muskel- und Skelettverletzungen. Die Behandlung umfaßt Massage, Manipulation, therapeutische Übungen, Hydrotherapie und verschiedene Arten von Elektrotherapie und Ultraschall.
Üblicherweise muß die physiotherapeutische Behandlung von einem Arzt verschrieben werden. Die meisten

Krankengymnasten stellen selbst nur ungern Diagnosen. Sobald der Arzt aber eine Diagnose gestellt hat, kann der Physiotherapeut die angemessene Behandlung durchführen.

Krankengymnasten sind für die Behandlung von Bindegewebs-, Gelenk- und Muskelverletzungen ausgebildet. Sie beurteilen Beweglichkeit, Kraft sowie Einschränkungen des betroffenen Gelenks. Dann erstellen sie einen geeigneten Behandlungsplan, der Ihnen eine baldige Rückkehr zum Laufsport ermöglicht.

Bei Knöchelverstauchungen, Sehnenentzündungen, Muskelzerrungen und Muskelfaserrissen sowie bei der postoperativen Behandlung von Laufverletzungen sind Sie beim Krankengymnasten bestens aufgehoben. Andere Läufer oder Sportvereine und Fitnessclubs können Ihnen erfahrene Physiotherapeuten empfehlen, die sich bei anderen Sportlern schon bewährt haben. Auch hier sollten Sie sicherstellen, daß der Behandler einem sportmedizinischen Berufsverband angehört.

Ferner ist es wichtig, daß der Krankengymnast in erster Linie mit Sportlern arbeitet. Ein Physiotherapeut, der primär Krankenhauspatienten, wie Unfallopfer oder Menschen mit Schlaganfall, behandelt, hat meist weniger Erfahrung mit sportmedizinischer Therapie wie ein Behandler, der sich hauptsächlich mit Athleten befaßt.

Hüten Sie sich vor Therapeuten, die vorwiegend mit heißen Umschlägen, Ultraschall und Massage arbeiten. Fragen Sie den Krankengymnasten, welche Behandlungsmethoden zum Einsatz kommen. Was Sie hören wollen, ist Einzeltherapie, Mobilisierung, Massage, Eis, Ultraschall und elektrische Stimulation, um die Schwellung durch Flüssigkeitsabbau zu verringern. Wärmebehandlungen sollten vermieden werden.

Ich halte auch nicht viel von den verschiedenen Rehabilitationsgeräten, wie Cybex und Lido, die manche Physiotherapeuten benutzen. Dies sind Trainingsgeräte, die bestimmte Muskelgruppen stärken, aber wenig zur Rehabilitation beitragen.

Einzelbehandlung ist ideal. Auf diese Weise kann der Behandler die Bewegungen und Übungen überwachen und Widerstand sowie Übungsdauer auf die Reaktion des Patienten abstimmen. Ein Gerät ist dazu – zumindest bisher – nicht in der Lage.

Chiropraktiker: Haben Sie Nacken- oder Rückenbeschwerden? Schmerzen, die erst in den letzten paar Wochen aufgetreten sind? Ein Chiropraktiker kann da häufig helfen, vor allem wenn Sie gleichzeitig bei einem guten Krankengymnasten in Behandlung sind. Der Chiropraktiker stellt durch manuelle Manipulation die Beweglichkeit der Gelenke wieder her, während der Physiotherapeut Kraft und Funktion zurückkehren läßt.

Chiropraktiker behandeln den ganzen Körper ohne Medikamente oder chirurgische Eingriffe. Hierzu verwenden sie manuelle Manipulation und angewandte Kinesiologie. Während ihrer

Ausbildung erfahren sie, daß die meisten Krankheiten durch gestörte Nervenimpulse verursacht werden, die man durch regelmäßige Ausrichtung korrigieren kann. Diese Fachleute haben eine spezielle Ausbildung in Kinesiologie, der Lehre von den Bewegungen. Nach einem wissenschaftlichen Grundstudium besuchen sie drei Jahre lang eine Chiropraktikerschule. Sie dürfen keine Medikamente verschreiben oder chirurgische Eingriffe durchführen.

Nach meiner Meinung haben Chiropraktiker auf ihrem Spezialgebiet einiges zu bieten. Manche versuchen jedoch ihr Fachgebiet zu überschreiten, wozu auch die Herstellung orthopädischer Einlagen gehört. Dies sollte einem Fußheilkundler überlassen werden.

Masseur: Er hilft bei Verspannungen und Muskelüberanstrengung. Nach einem harten Training oder Rennen kann Massage Linderung verschaffen. Masseure, die sich auf die Behandlung von Laufverletzungen spezialisiert haben, schließen sich bisweilen zu sportmedizinischen Massagepraxen zusammen. Für die Diagnose einer Verletzung sollte man sich aber besser an einen Fachmann mit entsprechender diagnostischer Ausrüstung wenden anstatt einen Behandler zu befragen, der die schmerzende Stelle lediglich massieren kann.

Lassen Sie sich vom Arzt zu einem Sportmasseur überweisen. Sie können sich auch auf die Empfehlung von Freunden verlassen, sofern ein Experte zuvor bestimmte Krankheiten ausgeschlossen hat.

Spezialist für Akupunktur: Die Akupunktur hat in der westlichen Medizin ihren festen Platz gefunden, doch die meisten von uns verstehen davon sehr wenig. Bei der Akupunktur verwendet man Nadeln, um verschiedene Punkte im Körper zu stimulieren und so energetisches Ungleichgewicht zu korrigieren und den Schmerzzyklus zu unterbrechen. (Die Akupressur, die Druck anstatt Nadeln einsetzt, funktioniert auf ähnliche Weise.) Schmerzempfinden geht einher mit Entzündung und einer Schonhaltung, durch die der Körper die verletzte Stelle zu schützen versucht. Das führt wiederum zu einer Verstärkung der Schmerzen und somit zu einer Erhöhung der Entzündung. So entsteht ein Teufelskreis.

Eine Möglichkeit, diesen Kreis zu unterbrechen ist, das Auftreten von Schmerz zu verhindern, so daß der Körper wieder normal funktionieren kann. Dies kann den Heilungsprozeß unterstützen.

Man darf jedoch nicht vergessen, daß Schmerz auch eine Schutzfunktion hat. Wenn man den Schmerz einer ernsthaften Verletzung, wie eines Muskelfaserrisses, unterbricht, kann man durch die fälschliche Annahme, daß man geheilt ist, noch weiteren Schaden anrichten.

Heute qualifizieren sich viele Ärzte in Akupunktur. Wenn man an dieser Behandlung Interesse hat, soll man einen

Arzt mit Zusatzqualifikation in Akupunktur aufsuchen. Diese Behandler verbinden traditionelle westliche Medizin mit asiatischer Heilkunde.

Heilpraktiker: Viele Heilpraktiker praktizieren Methoden, die Alternativen zur herkömmlichen Medizin darstellen. In der Regel handelt es sich um Behandlungsformen, die in die westliche Schulmedizin keinen Eingang gefunden haben.
Zu diesen Verfahren gehören die Feldenkrais-Methode, Yoga, die Alexander-Technik, T'ai Chi, Kräuter- und Aromatherapie. Wenn Sie sich einer solchen Behandlung unterziehen wollen, sollten Sie dies mit Ihrem behandelnden Arzt absprechen. Heilpraktiker unterliegen großenteils keiner Verordnung. Aus diesem Grund sollte man ihre Eignung gründlich prüfen. Falls Sie an einer solchen Behandlung interessiert sind, sollten Sie einen Arzt aufsuchen, der die Zusatzbezeichnung Heilpraktiker führt.
Eine ähnliche Problematik stellt sich bei »persönlichen Trainern«. Es gibt nur wenige Richtlinien und keine Zulassungsbestimmungen für diese Berufsbezeichnung, die jeder führen kann.
Ein guter persönlicher Trainer hilft bei der Ausarbeitung und Durchführung des Trainingsprogramms. Er stellt im Verletzungsfall auch Ausgleichsübungen zusammen. Bei der Qualifikation sollte man auf eine Ausbildung in Trainingsphysiologie Wert legen. Außerdem sollten Sie sich mit diesem Trainer verstehen. Sie wollen niemanden, der Ihnen beim Training zusieht, sondern jemanden, der Sie aktiv betreut.
Noch eine Warnung: Viele persönliche Trainer sind ehemalige Spitzensportler und erwarten oft mehr von Ihnen, als Ihr Körper leisten kann. Stellen Sie sicher, daß Sie sich über Ihre Ziele einig sind, bevor Sie mit dem Trainingsprogramm beginnen. Die Aufgabe des Trainers ist, Ihre Gesundheit und Fitness zu verbessern und nicht, Sie zu einem Fall für den Sportmediziner zu machen.

Kapitel 9

Was der Arzt tun kann

Vicki war von unserer Praxis begeistert, bevor Sie uns überhaupt aufgesucht hatte. »Ich hatte Termine mit zwei anderen Ärzten, die die Bezeichnung Sportmediziner führten«, sagte sie. »Aber nachdem ich den ersten Termin vereinbart hatte, rief ich an und sagte wieder ab.«

»Wo lag das Problem?« fragte ich. »Unfreundliche Mitarbeiter am Telefon? Zu später Termin?«

»Nein«, sagte sie. »Niemand bat mich, meine Laufschuhe mitzubringen. Wie können sie wissen, was ich mache, und mich als Läuferin behandeln, wenn sie sich nicht einmal meine Schuhe anschauen?«

Und damit hat sie recht. Wenn jemand bei mir einen Termin vereinbart, wird er gefragt, ob es sich um eine Sportverletzung handelt. Wenn der Patient dies bejaht, wird er gebeten, Laufschuhe und -kleidung mitzubringen. Dann kann ich ihn beim Laufen beobachten und, falls notwendig, das Abnutzungsmuster der Schuhe untersuchen. Dies ist ein wesentlicher erster Schritt und oft das wichtigste Element des Besuchs. Ich sehe mir nicht nur das Abnutzungsmuster, sondern auch den Allgemeinzustand der Schuhe an. Ausgetretene und unterschiedlich abgenutzte Schuhe geben oft einen wichtigen Hinweis auf den Grund der Verletzung.

Ich bitte Läufer auch, ihr Trainingstagebuch mitzubringen. Auf diese Weise kann ich feststellen, ob das Trainingsprogramm zu der Verletzung geführt hat. Verletzungen aufgrund von Überbeanspruchung sind mit Hilfe des Tagebuchs oft leicht zu erkennen. Häufig hat der Patient selbst die Gründe für die Verletzung schriftlich niedergelegt. Wenngleich Ihnen die Bedeutung all meiner Fragen nicht ganz klar sein mag, haben sie doch einen guten Grund. Schuhwechsel, veränderter Untergrund, ein Rennen in der vergangenen Woche – all diese Fakten und vieles mehr beeinflussen die Behandlung der bestehenden Verletzung und die Vermeidung zukünftiger Beschwerden.

Als zweites erstelle ich eine vollständige Liste vergangener Verletzungen. Ich will mich nicht nur auf das gegenwärtige Problem konzentrieren, da ich sonst eine bestimmte Verletzungsneigung übersehen könnte.

Sie haben vielleicht an einer Achillessehnenentzündung gelitten, die jetzt ausgeheilt ist. Ein Jahr später haben Sie sich eine Plantarfasziitis zugezogen. Wenn ich die Befragung abkürze und nichts von der alten Achillessehnenverletzung erfahre, entgeht mir möglicherweise die Ursache der gegenwärtigen Beschwerden: Die Achillessehne zieht am Fersenbein und belastet die Plantarfaszie.

So können zwei Probleme direkt miteinander verknüpft sein. Die Verletzung kann sich vom hinteren Bereich des Beines in die Fußsohle verlagert haben. Wenngleich die Symptome verschieden sind, ist die Ursache doch die gleiche.

Dann lasse ich Sie ein bis zwei Minuten auf der Tretmühle laufen und zeichne Ihre Bewegungen auf Video auf. Danach spiele ich die Aufnahme in Zeitlupe ab, um das Laufverhalten mit Ihnen zu besprechen. Auf diese Weise können Sie genau sehen, wovon ich spreche, während ich Sie auf Abnormalitäten in der Biomechanik aufmerksam mache.

Das Videoband beantwortet die folgenden wichtigen Fragen: Neigen Sie zu Über- oder Unterpronation? Heben Sie die Ferse frühzeitig vom Boden ab? Zeigen Ihre Zehen nach außen oder nach innen? Gleitet die Kniescheibe gleichmäßig oder wird sie nach einer Seite gezogen?

Mit Hilfe dieser Informationen können wir den mechanischen Grund der Verletzung bestimmen. Der Behandlungsplan nimmt allmählich Form an. Nachdem wir das Videoband und die klinischen Ergebnisse besprochen haben, verstehen Sie, wie es zur Verletzung kam, und warum ich eine bestimmte Behandlung vorschlage.

Wenn Sie meine Praxis verlassen, wissen Sie, warum das Problem entstanden ist, welche Lösungen sich bieten, und wie erneute Beschwerden verhindert werden können. Und genau das können und dürfen Sie von einem Arztbesuch erwarten.

Medikamente sind keine Krücke

Während ich die Krankengeschichte von Läufern aufnehme, erfahre ich oft, daß sie Medikamente einnehmen, um weiterhin laufen zu können. Die Palette reicht hier von Aspirin bis zu Betäubungsmitteln.

Die Einnahme von Schmerzmitteln über einen längeren Zeitraum ist keine gute Idee, da Ihnen Ihr Körper durch Schmerzen sagen will, daß etwas im argen liegt. Wenn Sie diesen Schmerz dauernd unterdrücken, wissen Sie nicht, was mit Ihnen los ist.

Wenn Sie Tabletten einnehmen, stecken Sie den Kopf in den Sand, anstatt dem Problem ins Auge zu blicken. Sie übertünchen eine Botschaft, die Ihnen Ihr Körper mitteilen will. Das ist äußerst unklug.

Genießen Sie Schmerzmittel mit Vorsicht. Diese Medikamente haben ihre Berechtigung, wenn es darum geht, dem Patienten bei der Überwindung einer Verletzung zu helfen. Ein Bruch kann große Schmerzen verursachen;

selbst eine Belastungsfraktur kann sehr unangenehm sein. Um die Schmerzen während des Heilungsprozesses zu lindern, verschreibt man Schmerzmittel. Auf diese Weise kann der Patient ein normales Leben führen und nachts ausreichend schlafen.

Schließlich gehört noch mehr zum Leben als Laufen – zum Beispiel Beruf, Hausarbeit oder einfach der Gang zur Toilette. Schmerzmittel lindern die größten Schmerzen, sollten aber nicht als Krücke benutzt werden. Keinesfalls sollte man sie schlucken, um laufen zu können. Beim Verschreiben des Medikaments sollte Ihnen der Arzt auch genau sagen, welche Aktivitäten zulässig sind, und wann Sie wieder mit dem Laufen anfangen dürfen. Halten Sie sich an den ärztlichen Rat.

Um Schwellung und Schmerzen zu lindern, werden oft entzündungshemmende Mittel verschrieben. Wie andere Medikamente sollen auch sie nur die schlimmsten Schmerzen stillen. Sie sind nicht dazu gedacht, Ihnen das Laufen zu ermöglichen.

Hüten Sie sich vor Spritzen. Bei einer Injektion wird ein Medikament mit Hilfe einer Nadel direkt an einer bestimmten Körperstelle verabreicht. Bei Sportverletzungen handelt es sich bei diesen Medikamenten gewöhnlich um Betäubungsmittel oder Steroide.

Betäubungsmittel unterdrücken den Schmerz und können den Schmerzkreislauf unterbrechen. Steroide, wie Kortison, sind entzündungshemmende Mittel, die die normale Körperreaktion auf Verletzungen und Streß einschränken. Indem man die Entzündung eindämmt, kann man die Heilung beschleunigen.

Man kann diese Mittel zur Behandlung einiger Muskel- und Sehnenbeschwerden verabreichen. Bei Frakturen oder Infektionen sind sie fehl am Platze; in diesen Fällen ist die Entzündung für die Heilung unabdingbar. Ferner ist es bei Kortisonspritzen auch schon zu Sehnenabrissen gekommen. Solche Gebiete bedürfen der besonderen Vorsicht, wie etwa 48 Stunden Ruhe nach Verabreichen der Injektion.

Jeder Sportmediziner kennt Schauergeschichten von Athleten, denen man Schmerzmittel oder entzündungshemmende Medikamente gespritzt hat, damit sie ein Rennen abschließen konnten. Dies ist im Profisport gang und gäbe, findet jetzt aber leider auch schon im Schulsport Verbreitung. Ich bin der Meinung, daß kein Rennen und keine Veranstaltung wert ist, daß man Gefahr für Leib und Leben auf sich nimmt.

Fast alle Schmerzmittel (vor allem Narkotika) beeinflussen das zentrale Nervensystem. In gewissem Sinne wird das Gehirn daran gehindert, richtig zu arbeiten. Die Reflexe sind verlangsamt und die Wahrnehmung beeinträchtigt. Wenn Sie unter Medikamenteneinfluß laufen, sehen Sie die Bordsteinkante unter Umständen zu spät, fallen zu Boden und verstauchen sich den Knöchel. Auch andere Körperfunktionen, wie Atmung und Wärmeregulierung, werden von Betäubungsmitteln beeinflußt.

Wenn Sie nicht in der Lage sind, richtig zu schwitzen und zu atmen, können Sie Ihrem Körper ernsthaften schweren Schaden zufügen.

Vergessen Sie DMSO. Am Anfang meiner Laufbahn behandelte ich eine Frau aus dem olympischen Laufkader der Vereinigten Staaten, die an einer hartnäckigen Achillessehnenzerrung litt. Um an wichtigen Ausscheidungskämpfen teilnehmen zu können, behandelte sie die Sehne mit Dimethylsulfoxid (DMSO).

DMSO ist ein industrielles Lösungsmittel, das auch in der Veterinärmedizin Verwendung findet. Es dringt in die Haut ein und hat entzündungshemmende Eigenschaften. Es kann auch Medikamente, wie Aspirin und Kortison, in die Haut transportieren. Die medizinische DMSO-Behandlung von Erwachsenen ist in den USA gesetzlich verboten, und das aus gutem Grund. Man kann nicht mit Sicherheit sagen, welche schädlichen Substanzen durch die Haut in das Blut gelangen.

Als ich diese Läuferin zum ersten Mal sah, hatte dieses Lösungsmittel ihrer Haut ernsthafte Verbrennungen zugefügt. Ferner wies ihre Achillessehne einen deutlichen Riß auf.

Nach mehreren Wochen in Gips und beträchtlicher Physiotherapie konnte sie ihre früheren Leistungen wieder erreichen. Sie hatte noch einmal Glück. Die Folgen hätten wesentlich schlimmer ausfallen können. Ein vollständiger Sehnenabriß hätte ihrer Laufkarriere vermutlich ein Ende gesetzt.

Einlagen für Fehlbildungen der Füße

Wie viele Läufer hatte auch Jean ihren ersten Besuch bei mir immer wieder verschoben. Der Grund: Sie hatte Angst, ich könnte ihr das Laufen verbieten.

An dem Tag, an dem sie zum ersten Mal in meine Praxis kam, hatte sie gerade einen 15-km-Lauf hinter sich gebracht. Dies erklärte sie mit den Worten: »Ich bin heute gelaufen, damit meine Verletzung so richtig weh tut, und Sie feststellen können, was eigentlich los ist.«

Ich fand das wenig sinnvoll. Sie litt an einer Plantarfasziitis, die immer schmerzte. Später gab sie zu: »Ich hatte Angst, daß Sie mir das Laufen verbieten würden und wollte noch ein letztes Mal laufen.«

Sie war überrascht, als ich ihren Fuß beim ersten Besuch tapte und ihr sagte, sie solle laufen gehen. »Na großartig«, sagte sie sarkastisch. »Zuerst schiebe ich diesen Termin zwei Monate lang vor mir her, finde mich damit ab, daß ich vermutlich nicht mehr laufen darf, und dann schicken Sie mich laufen. Was sind Sie denn überhaupt für ein Arzt?«

Ich bin einer von denen, die Läufer laufen lassen, wenn es keinen zwingenden Grund gibt, ihnen ihren Sport zu verbieten. Mit dem Tape konnte Jean laufen, während ich an einer dauerhafteren Lösung für Ihr Problem in Form von Einlagen arbeitete.

Richtige und falsche Methoden, um Einlagen herzustellen

Orthopädische Einlagen können abnormale Bewegungen, wie übermäßige Pronation, einschränken. Sie gleichen auch unerwünschten Druck aufgrund anatomischer oder biomechanischer Unregelmäßigkeiten, wie etwa einer Fehlstellung des Fußes, aus. Der Begriff »Einlage« ist allerdings ziemlich vage.

Alles, was in einen Schuh paßt, wird als »Einlage« bezeichnet. Dazu gehören Schuhteile, Einlegesohlen, Gewölbestützen und sogar Socken.

Im folgenden will ich mich auf wirkliche Einlagen beschränken. Bei diesen handelt es sich um solche, die in den Schuh passen und die Laufbewegung verbessern. Sie werden nach dem Fußabdruck maßangefertigt und bestehen aus dünnen, leichten, aber stabilen Materialien, wie etwa Polypropylen.

Den Abdruck kann man auf viele verschiedene Arten machen. Einige von ihnen sind veraltet, wie etwa die Übertragung des Fußumrisses auf irgendein Material oder die Abnahme eines Fußabdruckes in einer Kiste mit Schaum. Wenn der Patient in den Schaum getreten ist und seinen Fußabdruck hinterlassen hat, wird der Schaum mit Material aufgefüllt, das den belasteten Fußabdruck darstellt.

Die Schwierigkeit bei dieser Methode und bei allen Verfahren, die einen belasteten Fußabdruck nehmen, liegt darin, daß das biomechanische Problem, das die Einlage korrigieren soll, ja genau dann auftritt, wenn das Gewicht auf dem Fuß lastet. Wenn das Gewölbe eines Menschen sich durchdrückt, dann geschieht das dann, wenn diese Person den Fuß belastet. Das gleiche gilt für übermäßige Pronation. Der Fußabdruck erfolgt bei durchgedrücktem Gewölbe oder bei übermäßig proniertem Fuß. Eine Einlage, die nach einem solchen Abdruck gefertigt wurde, bietet nicht die notwendige Unterstützung. Sie brauchen eine Einlage, die das Durchdrücken des Gewölbes oder die übermäßige Pronation verhindert, während Sie eine bekommen, die genau diese Bewegung zuläßt.

Aus diesem Grund verwenden die meisten biomechanischen Spezialisten und Sportmediziner ein Verfahren, bei dem der Fuß beim Abdruck unbelastet ist. Im Sitzen oder Liegen wird der Fuß mit einer Gipsbinde umwickelt. Dann wird die Fußform bestimmt, ohne daß Körpergewicht oder Schwerkraft eine Veränderung bewirken. Im Grunde wird der Fuß in der idealen biomechanischen Lage »erwischt«.

Da dieses unbelastete Verfahren das Gewölbe in der Ruheposition darstellt – ohne den Einfluß normaler Bewegungen oder Schwerkraft und ohne ein Durchdrücken des Gewölbes –, ist eine wesentlich genauere biomechanische Beurteilung notwendig als bei der belasteten Abdruckmethode. Dazu gehört auch ein Ausmessen von Fuß und Bein, um den Grad der durch die Einlage gewünschten Korrektur zu bestimmen. Dadurch kann man auch mögliche Abnormalitäten des Fußes beim Abstoßen oder bei der Landung feststellen.

Der Negativabdruck wird dann mit Gips aufgefüllt, wodurch die positive Form des unbelasteten Fußes nachgebildet wird. Die Einlage wird nach diesem Abdruck hergestellt, und die Korrekturen werden entsprechend der biomechanischen Beurteilung vorgenommen.

Orthopädische Einlagen sollen abnormale Bewegungen einschränken und Druck aufgrund anatomischer Eigenheiten verringern. Sie sind in der Regel dünner als im Handel erhältliche Einlagen und bieten auch mehr Unterstützung, da sie aus besserem Material nach Maß angefertigt wurden.

Polypropylen wird vielfach für Einlagen verwendet. Dieses Material bietet Stabilität und gibt bei sportlicher Betätigung auch etwas nach. Polypropyleneinlagen sind zum Laufen bestens geeignet, da sie recht leicht sind und Wärme entweichen lassen. Sie passen gut in Laufschuhe.

Die Verbundstoffe Graphit und TL61 bieten sehr viel Halt. Sie können so dünn und fest hergestellt werden, daß sie sogar in modische Damen- und Herrenschuhe sowie in enge Fahrradschuhe oder Eislaufstiefel passen.

Der Hauptnachteil von Graphit liegt darin, daß Fußabdruck und Korrekturen mit größter Präzision ausgeführt werden müssen. Bei einem solch festen Material verursacht der kleinste Fehler dem Patienten Schmerz und Unbehagen. Graphit ist auch viel spröder als andere Materialien und bricht sehr leicht. Aus diesem Grund wird Graphit kaum verwendet, wenn die Einlagen Stößen ausgesetzt sind, wie dies beim Laufen und bei Hallensportarten der Fall ist.

Allgemein gilt, daß das Material desto fester sein sollte, je mehr Kontrolle erforderlich ist. Umgekehrt muß das Material desto flexibler sein, je stoßintensiver die Belastung ist.

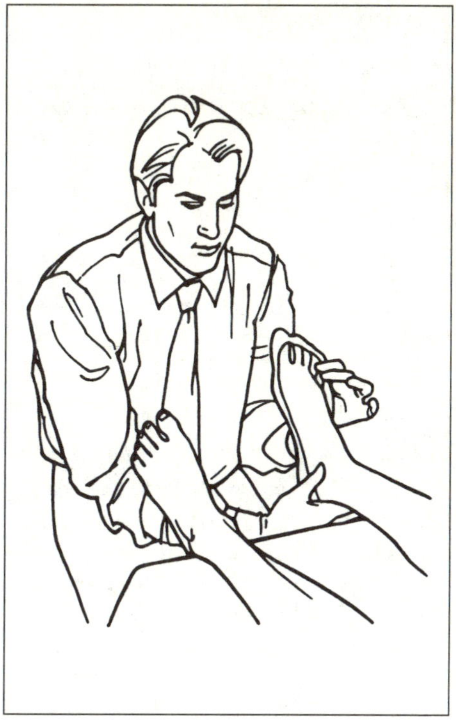

Die Herstellung des Abdrucks

Bei der Herstellung einer Einlage bringt der Sportmediziner zuerst Gips auf dem Fuß an, der sich in einer entspannten, nicht belasteten Stellung befinden muß. Dadurch entsteht eine Form, nach der die Einlage ausgebildet werden kann.

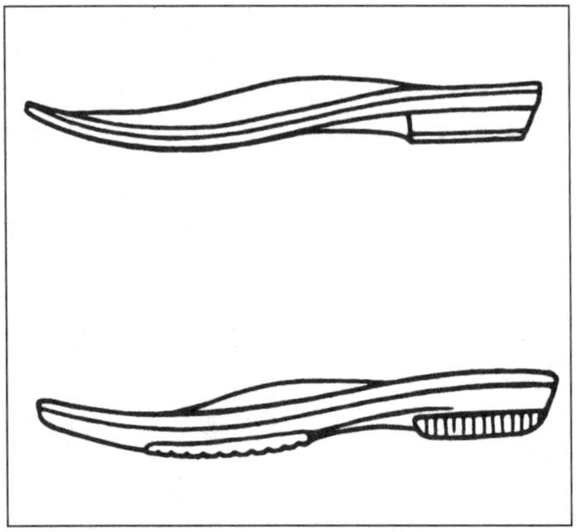

Fertige Einlagen

Je nach individuellem Bedürfnis werden Einlagen aus unterschiedlichen Materialien hergestellt. So kann ein Läufer zur Arbeit eine feste Einlage (oben) tragen und beim Laufen und bei anderen Sportarten eine flexiblere (unten) verwenden.

Wann ein Gips notwendig ist

Manche Verletzungen – meist bestimmte Frakturen und ernsthafte Knöchelverstauchungen – müssen ruhiggestellt werden, um eine Heilung zu gewährleisten.

Wenn der Arzt einen Gips vorschreibt, sollten Sie sich nicht wehren. Ich kenne keinen wirklichen Sportmediziner, der einen Läufer in Gips legt, wenn dies nicht unbedingt notwendig ist. Dies gilt auch für Patienten, bei denen es an jeglicher Kooperation mangelt. Ich denke da etwa an Ron.

Ganz gleich welcher Art die Verletzung ist, Ron läuft weiter, als wäre nichts geschehen. Er schränkt sein Training in keiner Weise ein. So jemanden wie Ron muß man einige Wochen lang in einen Gips stecken, damit die Verletzung heilen kann. Ich tue dies ungern, da es so unbequem und einschränkend ist, doch es geschieht zum Wohl des Patienten.

Gipsverbände haben sich in den letzten Jahren sehr verändert. Früher verwendeten wir schwere Gipsverbände, die mehrere Stunden zum Trocknen brauchten und nicht naß werden durften.

Dann kam synthetisches Gipsmaterial auf, das in wenigen Minuten fest wird, nur ein Drittel des früheren Gewichts hat und mit dem man sogar duschen oder schwimmen kann. Dieses Material eignet sich bestens für Sportler.

Noch besser sind abnehmbare Gipsverbände. Man kann sie entfernen, um zu duschen oder das Bein zu lüften. Doch darf der Patient den Gips nur gelegentlich abnehmen, wenn die Verletzung nicht belastet ist. Wenn man nicht sicher sein kann, daß sich der Patient an diese Vorschriften hält, kommt so ein Verband nicht in Frage.

Wenn alles nichts hilft – Operation

Manchmal greift auch die beste konservative Behandlung nicht. Alle Möglichkeiten sind erschöpft. Der Läufer hat immer noch Schmerzen, und eine Operation ist unausweichlich.

Viele Leute fürchten sich vor chirurgischen Eingriffen. Doch heute haben verbesserte Methoden die Erfolgsaussichten beträchtlich erhöht und die Erholungszeiten deutlich verringert. Ich denke da an Joan Benoit Samuelson. 17 Tage, nachdem sie sich einer arthroskopischen Knieoperation durch den berühmten Chirurgen Dr. Stan James unterzogen hatte, gewann sie den olympischen Ausscheidungsmarathon der Vereinigten Staaten. Im gleichen Sommer siegte sie auch beim olympischen Marathon in Los Angeles. Ohne die Operation wäre Joan in L.A. nicht einmal bis zum Start gekommen und hätte sicherlich nicht als erste Frau eine Goldmedaille im Marathon gewonnen.

Die Arthroskopie gilt als die wichtigste medizinische Entdeckung der vergangenen Jahre. Ein Arthroskop ist ein kompliziertes Instrument, das dem Chirurgen erlaubt, mit Hilfe eines winzigen Schnitts das gesamte Operationsgebiet zu sehen. Die Lichtquelle ist eine bleistiftgroße Faseroptik. Kleinste Geräte werden ins Gelenk eingeführt, um verletztes Gewebe zu entfernen oder zu reparieren. Der Heilungsprozeß verläuft viel schneller als bei der traditionellen Methode, da wesentlich weniger Gewebe verletzt wird.

Bessere Instrumente und postoperative Techniken haben auch traditionell durchgeführte Operationen verbessert. Selbst der Ort der Operation hat sich beträchtlich geändert. Als ich mein Studium der Fußheilkunde abschloß, wurden Fußballenoperationen im Krankenhaus vorgenommen, und die Patienten blieben zwei bis drei Tage in stationärer Behandlung. Fast alle Operationen wurden in Vollnarkose durchgeführt.

Nun werden solche Eingriffe ambulant in Lokalanästhesie vorgenommen. Der Patient trifft eine Stunde vor der Operation in der Ambulanz ein und geht wenige Stunden später nach Hause.

Nach der Operation blockieren tragbare elektronische Geräte das Schmerzempfinden und verringern die Entzündung durch elektrische Unterbrechung der Nervenleitungen. Bestimmte elektrische Wellen können auch Schwellung und Flüssigkeitseinlagerung eindämmen. Auf diese Weise ist der Patient nach der Operation schnell wieder auf den Beinen.

Bevor Sie sich einem chirurgischen Eingriff unterziehen, sollten Sie sich umfassend über die Operation sowie über mögliche Risiken und Komplikationen informieren. Bei einem Wahleingriff sollte man auf jeden Fall eine zweite Meinung einholen. Die meisten Versicherungen bezahlen diese zusätzliche Information. Und Sie haben die Möglichkeit, eine wohlüberlegte Entscheidung zu fällen.

Wenn Ihnen ein Arzt erzählt, daß die Operation völlig »risikolos« und der Erfolg »garantiert« sei, sollten Sie ihm keinen Glauben schenken. Die Erfolgsquote hängt vom jeweiligen Verfahren und Chirurgen ab. Eine hundertprozentige Gewißheit gibt es nicht. Sie sollten sich auch über mögliche Alternativen zu einer Operation, über Vor- und Nachteile verschiedener chirurgischer Techniken sowie über die zu erwartende Erholungsdauer informieren.

Kapitel 10

Haut- und Nagelschäden

Entzündete und blaue Zehennägel gehören vermutlich zu den häufigsten und am wenigsten beachteten Beschwerden eines Läufers. Der Kontakt mit der Schuhspitze führt manchmal zu Nagelreizungen oder -prellungen.

Was die Häufigkeit betrifft, folgen Blasen den Nagelbeschwerden auf dem Fuße. Weitere häufige Hautprobleme sind Fußpilz und Schwielen.

Wenngleich diese Beschwerden recht geringfügig erscheinen, können sie doch zu echten Problemen werden. Geschädigte Zehennägel sind schmerzhaft und bergen die Gefahr einer Infektion. Auch Blasen können sich entzünden, und sogar Fußpilz kann dem Sportler das Laufen verleiden.

Ich kenne da Läufer, die von ganzem Herzen wünschen, sie hätten ihre »Fußwehwehchen« früher behandelt. Die folgenden Beispiele geben Ihnen oder Ihrem Arzt einige Anhaltspunkte, wie solche Beschwerden vermieden oder kuriert werden können.

Wie man mit einer Blutblase nicht umgehen sollte

Zu einer Zeit, als tragbare Computer noch in den Kinderschuhen steckten, beriet ich einmal eine Firma mit dem Namen »Compute-a-Shoe«. Charles Boyer, ein Lehrer für Computerwissenschaft und Lauftrainer, war auf die Idee gekommen, seine beiden Interessensgebiete zu verbinden.

Mit Hilfe seines Computers brachte er verschiedene Laufeigenschaften mit den auf dem Markt verfügbaren Schuhen in Einklang und empfahl dann das passende Modell. Es wurde schnell klar, daß bestimmte Verletzungen, vor allem blaue oder entzündete Fußnägel, mit der zurückgelegten Strecke in Beziehung standen. Fast jeder Läufer, der in der Woche mehr als 35 km zurücklegte, kannte dieses Problem.

So war ich nicht überrascht, als Mark mich in der Praxis aufsuchte und über chronisch blaue Nägel an den Großzehen beider Füße klagte. Mark war ein Marathonveteran, der sein Laufpensum in den letzten Jahren auf etwa 50 km pro Woche zurückgeschraubt hatte.

Er erklärte mir: »Meine Zehennägel werden blau und fallen ab. Manchmal werden sie auch richtig dick. Als ich aktiv für Marathonläufe trainierte, lief ich in der Woche 90 bis 100 km.

Ich glaubte, daß das Problem leichter würde, wenn ich mein Laufpensum halbierte. Doch das war nicht der Fall.«
Mark schob die Nagelbeschwerden auf sein Schuhwerk und ärgerte sich über die Schuhhersteller. Die Nägel seiner Großzehen nahmen Schaden, ob er nun große, kleine oder genau passende Schuhe kaufte.

Er fuhr fort: »Ich habe erstaunliche Fertigkeit entwickelt, wenn es darum geht, eine erhitzte Heftklammer durch den Nagel zu stechen, um das Blut unter dem Nagel abfließen zu lassen. Ich weiß, das klingt widerlich. Aber es lindert die Schmerzen, so daß ich das Training fortsetzen kann.

Bei der Untersuchung von Marks Schuhen entdeckte ich eine Einkerbung im Oberbereich des Schuhes, wo die Großzehe gegen das Material stieß. Mark sagte mir, daß seine Zehe sich manchmal sogar vollständig durch den Stoff bohrte.

Es war klar, daß nicht die Länge des Schuhes für Marks Beschwerden verantwortlich war. Es war vielmehr die Großzehe, die gegen das Vorderteil des Schuhes stieß. Dies ist bei den meisten Läufern mit Nagelproblemen der Fall.

Bei der Untersuchung seines Fußes stellte ich fest, daß seine Großzehe nicht wie die anderen Zehen flach auf dem Boden, sondern ein wenig höher lag als der Rest. Dadurch drückte der Zehennagel in das Obermaterial des Schuhes und verursachte entzündete und manchmal blutige Zehennägel.

Also mußte die Korrektur entweder an Marks Schuh oder an seinem Zeh ansetzen. Den Schuh kann man leichter ändern als den Zeh. Mark stimmte dieser Einschätzung bereitwillig zu.

Eine bessere Schnürmethode

Manchmal kann das Problem eines blauen Zehennagels ganz leicht gelöst werden, indem man einfach eine andere Schnürmethode verwendet. Man führt den Schnürsenkel von der vorderen oberen Öse hinunter bis zur letzten unteren Öse und auf der anderen Seite wieder hinauf. Auf diese Weise wird der Zehenbereich des Schuhes nach oben gezogen und der Druck auf den Zeh vermindert.

Wir hätten einfach ein Loch in den Nylonstoff über der Großzehe schneiden können, um seine Beschwerden zu lindern. Doch das Ergebnis dieser Schuhoperation ist wenig ansehnlich und läßt Schmutz und Wasser in den Schuh eindringen.

Statt dessen zeigte ich Mark eine Schnürmethode, die sich in solchen Fällen bestens bewährt hat. Sie hebt

Was alles passieren kann

Haut- und Nagelschäden

Entzündete oder blaue Zehennägel: Durch den Aufprall am Vorderende oder im Oberbereich des Schuhes werden die Nägel gereizt oder geprellt. Meist liegt die Schuld bei schlecht sitzenden Schuhen.
In der Regel tritt das Problem bei übermäßig engen oder kleinen Schuhen auf. Doch auch zu große Schuhe können Beschwerden verursachen, da sie Bewegungen des Fußes zulassen. Durch ständiges Rutschen werden die Zehennägel dann gereizt.
Gelegentliche oder geringfügige Reizung der Fußnägel führt zu leichten Entzündungen, die nach ein bis zwei Tagen wieder vergehen. Doch zeigen sie, daß es bei längeren Strecken zu ernsthafteren Beschwerden kommen kann. Bei zunehmender Beanspruchung kommt es zu Blutungen unter dem Nagel. Dadurch nimmt der Nagel eine blau-violette Färbung an und verursacht beträchtliche Schmerzen.
Bei Blutungen unter dem Nagel kann es Tage, Wochen oder sogar Monate dauern, bis das Blut abgeflossen ist. Darüber hinaus bietet das Blut einen idealen Nährboden für Bakterien. Auf Grund der Infektionsgefahr sollte diese Verletzung auf keinen Fall ignoriert werden.

Häufige Fußbeschwerden

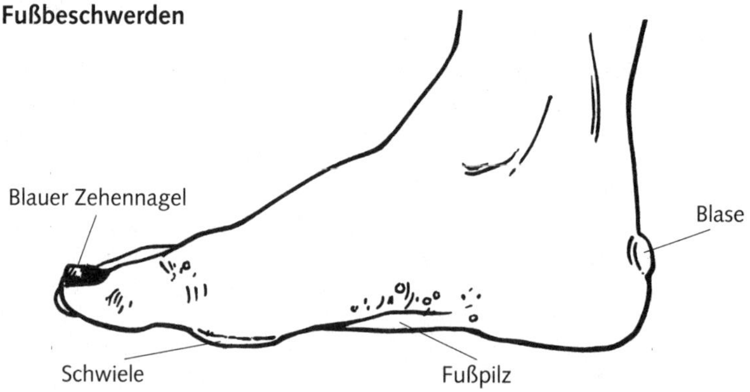

den Zehenbereich des Schuhs etwas nach oben und verschafft den Zehen dadurch mehr Platz. Die Methode funktioniert bei allen Zehen und besonders bei der Großzehe, bei der die Beschwerden meistens auftreten.

Blasen: Wir hatten alle schon einmal Blasen, die durch einen Wärmestau auf Grund von Reibung oder Druck entstehen. Wenn sich die Haut erwärmt, können sich die äußeren Schichten ablösen und Flüssigkeit in die Zwischenräume dringen. Diese Flüssigkeit erhöht den Druck und verursacht Schmerz.
Bei einem ernsthaften Hauttrauma kann Blut die Zwischenräume füllen, was die Schmerzen weiter verstärkt. Wie blaue Zehennägel sind auch Blutblasen infektionsgefährdet. Es dauert meist einige Tage, bis Blasen von selbst wieder vergehen. Wenn Sie Ihr Lauftraining fortsetzen, kommt es zu Rissen in den äußeren Hautschichten. Dies verlangsamt die Heilung und kann zu Komplikationen führen.

Fußpilz: Diese Pilzerkrankung manifestiert sich durch Brennen oder Juckreiz am Fuß und tritt besonders am Gewölbe und zwischen den Zehen auf. An den infizierten Stellen zeigen sich kleine rote Punkte oder ein Ausschlag. Fußpilz ist zwar meist kein ernsthaftes, doch ein recht unangenehmes Problem und sollte umgehend behandelt werden.

Schwielen: Schwielen gehören zu den häufigsten Hautproblemen, mit denen Läufer geplagt sind. Der Körper bildet an besonders beanspruchten Stellen Schwielen, um auf diese Weise Blasen zu verhindern.
Schwielen entstehen entweder unter dem Fußballen, auf der Innenseite des Großzehen oder an der Ferse. Manchmal übertreibt der Körper die Schwielenbildung und verdickt die Haut so sehr, daß es schmerzhaft wird. Schwielen kann man zu Hause behandeln. Man badet den Fuß 10 bis 15 Minuten, damit die Schwiele weich wird, und trägt sie dann mit Bimsstein oder Schmirgelpapier ab. Man darf die Schwiele jedoch nicht vollständig entfernen und keinesfalls eine Rasierklinge verwenden.

Und dann gab ich Mark noch einen guten Rat: Halten Sie Ihre Zehennägel immer möglichst kurz. Wenn die Nägel zu lang werden, schieben sie stärker gegen das Ende oder die Oberseite des Schuhes. Ein kürzerer Nagel widersteht

dem Druck, der dann Beschwerden macht. Im Idealfall sollte der Nagel mit der Zehenspitze abschließen. Bei einer größeren Länge besteht die Gefahr von Verletzungen.
Die neue Schnürmethode und das Kürzen der Nägel lösten Marks Problem. Abnehmende Beschwerden gingen Hand in Hand mit zunehmender Laufstrecke. Auch mußte er keine heiße Heftklammer mehr durch den Nagel treiben und dann warten, bis der Nagel abfiel.

Die Blase, die nicht aufgeben wollte

Gayle schämte sich fast, mich aufzusuchen. »Im Wartezimmer sah ich Leute, die operiert worden waren, Leute mit Krücken, und ein Mann sah aus, als sei er gegen eine Wand gelaufen«, sagte sie. »Mein Problem scheint so geringfügig, daß es mir peinlich war, als Ihre Mitarbeiterin danach fragte.«
Fast flüsternd gestand sie: »Es ist nur eine Blase. Aber ich werde sie einfach nicht los.«
Die Blase befand sich an der Innenseite von Gayles Großzehe und war während der letzten fünf Jahre immer wieder aufgetreten. Bei Rennen begann die Blase zu schmerzen, lange bevor Gayle die Ziellinie erreichte.
Sie versuchte alle möglichen Selbstbehandlungen und kaufte sich alle vier Monate neue Schuhe. »Ich habe alle Hausmittel versucht«, sagte sie. »Ich habe Vaseline und alle möglichen Salben aufgetragen. Ich habe unzählige blasenhemmende Einlegesohlen probiert, und mir sogar eine aus Europa schicken lassen. Auch zwei Lagen Socken haben nicht geholfen.«
Die hartnäckige Blase vermieste ihr das Laufen. Sie schloß ihre Ausführungen mit den Worten »wenn Sie dieses Problem nicht lösen können, muß ich das Laufen aufgeben«.
So setzt man einen Arzt unter Druck! Beim Betrachten ihrer Blase mußte ich zugeben, daß sie ziemlich harmlos aussah. Sie hatte die Größe eines Pfennigstückes und befand sich an der Innenseite der Großzehe.
Bei genauerer Befragung erfuhr ich, daß sich die Blase chronisch infizierte. Gayle mußte aufgrund der schmerzhaften Infektion jedes Jahr eine mehrmonatige Laufpause machen. Da ihr Hausarzt das Problem nicht hatte lösen können, hatte er sie an mich überwiesen.
Wir wissen, daß Blasen hauptsächlich durch einen Wärmestau auf der Haut verursacht werden. Es gibt noch andere Gründe, wie etwa bestimmte Infektionen und Krankheiten, doch meist ist eine solche »heiße Stelle« auf Druck, Reibung oder beides zurückzuführen.
Zuerst mußten wir also feststellen, ob Gayles Problem vor allem auf Druck oder Reibung zurückzuführen war. In ihrem Fall entwickelte sich die Blase an der Seite des Zehs, wo sich kaum übermäßiges Knochenwachstum in Form von Spornen, Kalkablagerungen oder Knochenfehlbildungen befindet. In dieser Gegend war alles in Ordnung.

Druck durch natürliche Ursachen war also nicht der Sündenbock. Dadurch war auch verständlich, warum Gayles bisherige Behandlungen mit Pflastern und Bandagen nicht angeschlagen hatten.

Dann überprüfte ich ihre Schuhe, um sicherzustellen, daß sie richtig paßten. Da sie es taten, schied auch diese Möglichkeit aus.

Gayles häufiger Schuhwechsel war bei der Bestimmung der Ursache für die Blasenbildung sehr hilfreich. Da sie so viele Schuhe probiert hatte (und die meisten mit in die Praxis gebracht hatte), konnten wir annehmen, daß die Blase nicht auf drückendes Schuhwerk zurückzuführen war. Bei Schuhen gibt es solch enorme Unterschiede, daß es ziemlich unwahrscheinlich ist, daß bei einer relativ normalen Fußstruktur alle an der gleichen Stelle reiben.

Nachdem wir Druck als mögliche Ursache ausgeschlossen hatten, konnten wir annehmen, daß übermäßige Beweglichkeit im betroffenen Fußteil für die Blase verantwortlich war. Bei Läufern kann diese Beweglichkeit die Vorwärts- und Rückwärtsbewegung (etwa bei zu großen Schuhen) betreffen. Sie kann auch auf Pronation und Supination aufgrund biomechanischer Abnormalitäten zurückzuführen sein.

Nachdem Gayle in den letzten fünf Jahren zwanzig verschiedene Paar Schuhe getragen hatte, konnte man die Vor- und Rückwärtsbewegung ausschließen. Es war einfach nicht zu erwarten, daß all diese Schuhe nicht richtig gepaßt hatten.

Mit dieser Ausschlußmethode stellten wir fest, daß die Blase durch abnormale Pronation und Supination im Vorfuß verursacht wurde. Ihr Fuß »schaukelte« im Schuh, wodurch zwischen der Großzehe und der Schuhseite enorme Reibung entstand.

Hier sind auch die Beobachtungen der Patientin höchst aufschlußreich. Gayle sagte: »Das Problem tritt erst auf, wenn ich mehr als 4,5 oder 5 km laufe.«

Aus diesem Grund waren die anderen Heilmittel erfolglos. Wenn sie Fettsalben auftrug, dann hielten diese ein paar Kilometer lang vor. Doch schließlich wurde die Vaseline flüssig und war nicht länger von Nutzen. Gayle brauchte eine langfristigere Lösung.

Die Antwort war eine Einlage zur Stabilisierung von Gayles Vorfuß. Meine Mitarbeiter und ich machten diese recht dünn und leicht. Sie bot gerade genug Halt, um die unerwünschte Bewegung zu verhindern. Gayle ist ihre Blase los und hat wieder Freude am Laufen.

Wenn der Schuh nicht paßt

Das Blasenproblem einer Läuferin namens Madeline war weniger leicht zu lösen. Sie hatte einen relativ langen schmalen Fuß und fand es fast unmöglich, passende Schuhe zu finden.

»Wenn ich einen Schuh finde, der an der Ferse gut sitzt, dann ist er zu kurz«, klagte sie. »Wenn ich ein Paar Schuhe kaufe, das lang genug ist, hat meine Ferse keinen Halt. Ich finde einfach keine Lösung.«

Als Madeline mich zum ersten Mal aufsuchte, hatte sie eine Blase an der Ferse. Ihr Problem wurde noch zusätzlich durch eine Vergrößerung des Fersenbeines nahe der Achillessehne erschwert.

Madelines Blase hatte also zwei Ursachen: Die Auf- und Abbewegung des Fußes in den übermäßig locker sitzenden Schuhen (das Paar, das sie gerade trug, hatte sie wegen der passenden Länge gekauft) und der Druck auf den Knochenvorsprung an der Ferse. Alles war gleichzeitig »zu locker« und »zu eng«.

»Ich bin am Verzweifeln«, sagte sie. »Ich mag gar keine Schuhe mehr anziehen, und laufen will ich schon zweimal nicht mehr.«

Wie bei Gayle ließ ich zuerst die Flüssigkeit aus der Blase ab. Sie bietet einen hervorragenden Nährboden für Infektionen; aus diesem Grund muß die Flüssigkeit mit sehr viel Vorsicht entfernt werden.

Ich rieb die betroffene Stelle großzügig mit einer Desinfektionslösung ab, bevor ich mit einer sterilen Nadel mehrere Löcher in die Blase stach. Ich ließ den Hautfetzen unangetastet und versorgte die Blase mit einem sterilen Pflaster. Dies ist auch die sicherste Methode, wenn Sie eine Blase selbst verarzten möchten.

Nun entwickelten wir einen Schlachtplan, um zukünftige Blasen zu vermeiden. Anfangs konzentrierten wir uns darauf, Schuhe zu finden, die enger waren als das frühere Paar. Auf diese Weise gelang es uns zwar, die Reibung an der Stelle zu verringern, doch vergrößerte sich der Druck und damit die Schmerzen.

Dann versuchten wir, das Problem des Fersensporns zu lösen, indem wir Schuhe und Fuß mit verschiedenen Schaumstoff- und Filzpolstern auskleideten. Doch dies hatte nur wenig Einfluß auf die Auf- und Abbewegung des Fußes im Schuh.

Ihre Straßenschuhe stellten ein weiteres Problem dar. Sie boten nicht einmal genug Platz für ihre Ferse, geschweige denn für Polster.

Mit konservativer Behandlung kamen wir in diesem Fall nicht weiter, und am Ende war ein chirurgischer Eingriff nötig. Ich entfernte den Knochenvorsprung an der Ferse. Nachdem die Heilung abgeschlossen war, fand Madeline Laufschuhe, die im Fersenbereich so eng waren, daß sie keine übermäßige Beweglichkeit und damit auch keine Blasenbildung zuließen.

Sechs Wochen nach der Operation lief Madeline ohne Schmerzen. Auch konnte sie jetzt in ihre Straßenschuhe schlüpfen, ohne die Zähne zusammenzubeißen.

Etwa ein Jahr nach der Operation traf ich Madeline bei einem Rennen. »Ich weiß nicht, warum ich nicht früher zum Arzt gegangen bin«, sagte sie. »Ich dachte wohl, das Problem sei zu geringfügig.«

Wie man Fußpilz los wird

Nur wenige Beschwerden sind so chronisch und lästig wie Fußpilz.

Diese Infektion liebt es feucht und dunkel. Da Läufer meistens mehr schwitzen als weniger aktive Menschen, sind ihre Füße oft feucht. Die Kombination aus feuchten Füßen und dunklen Schuhen bietet ein Klima, in dem der Fußpilz bestens gedeiht.

Terrys Problem begann genau auf diese Weise. Er verstand sich eher als »Jogger« und weniger als »Läufer«, da er nie mehr als 5 km am Stück lief und auch eher gemächlich unterwegs war. Doch sagte er, daß seine Füße sehr schwitzten und praktisch immer naß seien.

Da Terry sich nicht als richtigen Sportler betrachtete, glaubte er auch nicht, daß der Juckreiz und die Rötung an seiner Fußsohle auf Fußpilz hinweisen könnte. Er hatte nicht einmal die handelsüblichen Arzneien probiert, sondern hatte das Problem einfach schleifen lassen, wie die meisten Leute es tun.

Schließlich wurde der Juckreiz so schlimm, daß er zu kratzen begann. Bei jeder Gelegenheit zog er die Schuhe aus und kratzte seine Fußsohlen. Am Ende kratzte er so heftig, daß seine Füße bluteten.

Bakterien drangen in die entstandenen Kratzwunden ein, und Terry zog sich eine Infektion zu. In diesem Zustand suchte er mich dann endlich auf – doch leider nicht sofort. Er wartete, bis die Infektion ernst geworden war. Als er zu mir in Behandlung kam, verliefen an seinem Bein bereits rote Streifen.

Als erstes mußten wir die bakterielle Infektion in Griff bekommen. Bakterien sind schlimmer als Pilzerkrankungen und haben verheerendere Auswirkungen.

Wir behandelten die Infektion mit warmen Fußbädern und Antibiotika. Nach einer Woche hatten wir die Infektion praktisch unter Kontrolle und konnten uns dem Fußpilz zuwenden.

Bei Pilzkrankheiten muß man klare Lösungen verwenden. Welches Präparat man verwendet, ist gleichgültig; es muß nur eine Lösung, Salbe oder Gel sein. Cremes, Puder und Sprays sollte man auf jeden Fall vermeiden. Cremes backen sich zusammen und werden schnell wirkungslos. Puder und Sprays helfen bei Fußpilz praktisch überhaupt nicht.

Doch Lösungen schaffen bei Fußpilz schnell Abhilfe. Es macht keinen Unterschied, ob die Lösung rezeptfrei oder (wie in Terrys Fall) verschreibungspflichtig ist. Alle haben mehr oder weniger die gleiche Wirkung.

Nachdem ich Terry das Rezept für das Fußpilzmedikament gegeben hatte, sagte er, daß er diese Lösung früher schon probiert habe. »Sie wirkte eine Weile«, meinte er. »Doch nach einem oder zwei Monaten waren die Rötung und der Juckreiz wieder da.« Er wollte eine dauerhaftere Lösung. »Ich möchte mich nicht bis an mein Lebensende mit diesem Zeug einreiben«, fügte er hinzu.

Ich erklärte ihm, daß das Problem darin läge, daß er die Arznei nur so lange verwendet hatte, bis Rötung, Juckreiz und Brennen aufgehört hatten. Dann hatte er angenommen, daß

Symptome und Behandlungsmöglichkeiten

Schäden an Haut und Zehennägeln

Folgende Symptome weisen auf Haut- und Nagelschäden hin:
Blaue Zehennägel
Blasen
Fußpilz
Schwielen

In solchen Fällen verschreibt der Arzt:
Geänderte Schnürmethode
Moleskin und Polster
Schuhwechsel
Medikamente zur Pilzbehandlung
Einlagen
Einlegesohlen aus Neopren

Wie man diese Probleme vermeiden kann:
Halten Sie die Nägel kurz und gerade
Tragen Sie Schuhe, die gut sitzen
Tragen Sie doppellagige Socken
Verwenden Sie eine Einlegesohle aus Neopren oder eine Anti-Blasen-Sohle
Halten Sie die Füße trocken

das Problem behoben sei. Doch das war falsch. Der Fußpilz ist ein mikroskopischer Organismus, der sich auch dann noch am Fuß hält, wenn die Symptome abgeklungen sind. Nach einer Weile vermehrt er sich wieder und verursacht erneut Probleme.

Aus diesem Grund muß man die Lösung noch zwei volle Wochen nach Abklingen aller Symptome auftragen. Nur so kann man sicher sein, daß der Pilz auf Dauer ausgemerzt ist.

In den letzten beiden Jahren flackerte die Infektion bei Terry nur noch einmal kurz auf, und zwar nach einem einwöchigen Wanderurlaub, bei dem er ständig schwere, luftundurchlässige Wanderstiefel trug.

Kapitel 11

Mittelfußverletzungen: Hinter den Zehenknochen

Fernando lief seit 22 Jahren. Wie viele begeisterte Läufer hatte er erst mit 40 Jahren mit dem Laufen begonnen. Damals wog er über vier Zentner und war nach seiner eigenen Aussage »ein richtiger Stubenhocker«.

Doch das änderte sich an einem Sommertag im Jahre 1972, als er sah, wie Frank Shorter die olympische Goldmedaille im Marathonlauf gewann. Als der amerikanische Läufer seinen Triumph feierte, erkannte Fernando, daß der Bewegungsmangel sein geistiges und körperliches Wohlbefinden stark beeinträchtigte.

Er beschloß, auf der Stelle fit zu werden. Er wollte seinem Vorbild Frank Shorter nacheifern und auch einmal einen Marathon laufen. Um seinen Vorsatz zu besiegeln, warf Fernando die halbvolle Chipstüte weg und schüttete den Rest seines Biers in den Ausguß.

Fernandos »Knochenprellung«

Jetzt saß ein Mann vor mir, der mit dem übergewichtigen Kerl von früher nicht mehr die geringste Ähnlichkeit hatte. Hier saß ein sportlicher Mann Anfang sechzig, der bei einer Größe von 1,80 m lediglich 70 Kilo wog.

Laufen war für Fernando zu einer Leidenschaft geworden und hatte seine ganze Lebenseinstellung geändert. Doch leider litt er seit kurzem an Beschwerden, die sein Laufen – und damit sein psychisches Wohlbefinden – bedrohten.

»Ich habe das Gefühl, daß ein Stein unter meinem Fußballen sitzt«, sagte Fernando. »Selbst wenn die Schuhe ganz weich sind, und ich Polster einlege, hilft das nichts.« Es machte nicht einmal einen Unterschied, ob er lief oder nicht. Das Gefühl war immer da.

»Es begann vor einigen Monaten und fühlte sich anfangs wie eine leichte Prellung an«, fuhr er fort. »Zuerst dachte ich an eine Falte im Socken oder einen kleinen Nagel im Schuh; aber daran lag es nicht.«

»Ich wollte nicht zu Ihnen kommen, da ich das Laufen nicht aufgeben will. Ich kenne Euch Ärzte. Es ist immer das gleiche: Wenn es schmerzt, muß man eben aufhören zu laufen.«

Im Laufe der Jahre hatte Fernando ein ganz vernünftiges Trainingsprogramm entwickelt. Er hatte sein ursprüngliches

Was alles schiefgehen kann

Mittelfußverletzungen

Viele Läufer leiden unter Schmerzen unter den Mittelfußköpfchen. Metatarsalgia (Schmerzen unter den Mittelfußknochen) wird meistens durch ein Absenken der Mittelfußknochen verursacht.
Wie sich das gewöhnliche Fußgewölbe manchmal senkt, kann auch das weniger bekannte Metatarsalgewölbe kollabieren. Es besteht aus den Mittelfußköpfchen und bildet den Fußballen. Man bezeichnet den Zustand als Spreizfuß.
Wenn sich ein Mittelfußknochen senkt, liegt übermäßig viel Druck auf diesem einen Metatarsalköpfchen. Meistens ist das zweite betroffen (beim Zählen beginnt man mit der Großzeh); manchmal kann es auch das dritte oder vierte sein. Unter dem abgesenkten Knochen bildet sich häufig eine Schwiele.
Leider sind Belastungsfrakturen des zweiten, dritten oder vierten Mittelfußknochens außerordentlich häufig. Diese Knochen sind verhältnismäßig lang, aber dünn. Durch wiederholte Belastung werden sie geprellt und der Körper versucht, den Knochen zu verdicken.
Bei diesem Vorgang wird der Knochen zuerst abgebaut und dann neu aufgebaut, wobei verlorenes Knochengewebe ersetzt wird. Wenn man während der Abbauphase trainiert, kann – scheinbar plötzlich – eine mikroskopische Fraktur auftreten.
Die Fraktur befindet sich meist hinter dem Mittelfußköpfchen an einer Stelle, die man als »Metatarsalnacken« bezeichnet. Hier ist der Knochen am dünnsten und damit auch am schwächsten.
Läufer mit einem hohen Fußgewölbe leiden auch bisweilen an einer Sehnenentzündung über dem ersten Mittelfußknochen. Normalerweise

Ziel noch übertroffen und an mehr als zwei dutzend Marathons teilgenommen. Gegenwärtig lief er vier- bis fünfmal in der Woche etwa zehn Kilometer. Während der letzten Monate war er aufgrund der Verletzung meistens auf weichem Untergrund oder um einen Golfplatz gelaufen.
Als ich Fernandos Fuß zum erstem Mal untersuchte, konnte ich nichts Ungewöhnliches entdecken. Er trug gute Schuhe mit ausreichender Polste-

wird dies durch Knochenaufbau an der Unterseite des Mittelfußknochens verursacht und zeigt sich als Höcker in dieser Gegend. Die Sehne reibt dann an dieser Stelle und verursacht heftige Schmerzen.

Wie sich das Mittelfußgewölbe senkt

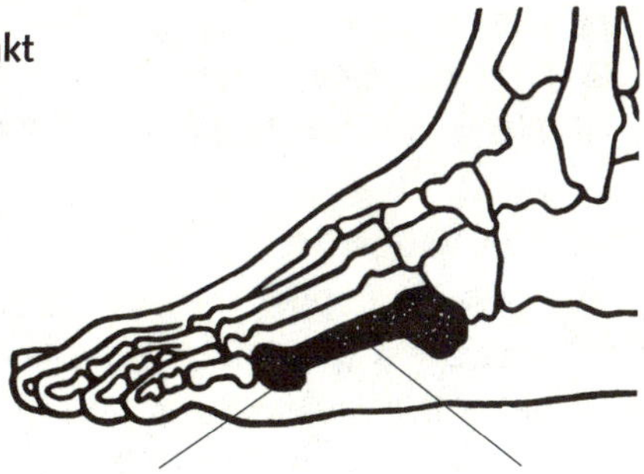

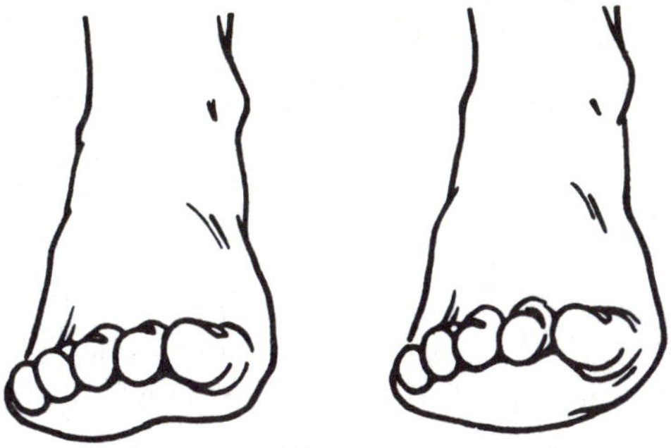

Normales Mittelfußgewölbe

Abgesenktes Mittelfußgewölbe (Spreizfuß)

rung. Auch sein Lauf auf der Tretmühle ergab keine Ganganomalien. Fernando hatte sogar einen fast idealen Gang.
Dann tastete ich die Gegend unter den Mittelfußköpfchen ab. Als ich das zweite (neben der Großzehe) berührte, sprang Fernando fast vom Stuhl.
Die Röntgenaufnahme zeigte, daß einer von Fernandos Mittelfußknochen (und zwar der zweite) sich unter das Niveau der anderen abgesenkt hatte.

Dadurch war ein Mittelfußknochen der gesamten Belastung ausgesetzt, die sich normalerweise über den ganzen Fußballen verteilt. So hatte sich schließlich eine hartnäckige Knochenprellung entwickelt.
Diesem Problem begegne ich recht häufig. Meist senkt sich der zweite Mittelfußknochen, manchmal auch der dritte oder vierte. Den Grund dafür kennen wir nicht genau. Wir wissen jedoch, daß es nicht plötzlich geschieht, sondern das Ergebnis einer monate- oder sogar jahrelangen Entwicklung ist. Es verhält sich ähnlich wie mit der Verschlechterung des Augenlichts. Man braucht nicht von einem Tag auf den anderen eine Brille. Die Muskeln um die Augen lassen allmählich nach. Dies gilt auch für Metatarsalknochen. Nur die Symptome treten dann »plötzlich« auf.
Fernandos Behandlung war recht einfach. Ich schnitt ein U-förmiges Filzpolster aus und klebte es an seinem Fuß fest. Dies linderte die Mittelfußschmerzen auf der Stelle. Dann sagte ich zu Fernando, er solle laufen gehen. Diese unerwartete Aufforderung begeisterte ihn.
Drei Tage später kam er wieder in meine Praxis. Anfangs hatte er schmerzfrei laufen können, doch während des letzten Laufs waren die Beschwerden wieder aufgetreten.
Das lag lediglich daran, daß der Filz auf ein Viertel seiner Originalstärke zusammengepreßt worden war. Aber da wir wußten, daß die Polsterung bei seinem Problem Abhilfe schaffte, mußte ich nur ein dauerhaftes Kissen herstellen, das er in die verschiedenen Schuhe einlegen konnte.
Orthopädische Einlagen wären hier übertrieben gewesen. Statt dessen befestigte ich ein Material aus Kork und Gummi an einer Einlegesohle aus Neopren. Fernando mußte diese einfache Einlage nur beim Laufen tragen, und er war seine Beschwerden los.

Brians Belastungsfraktur

Brian, der ebenfalls an Schmerzen im Mittelfußbereich litt, hatte weniger Glück als Fernando. Als Brians Schmerzen zum ersten Mal auftraten, bereitete er sich gerade auf einen 10-km-Lauf vor. Normalerweise lief er pro Woche 15 Kilometer, die sich auf drei Läufe verteilten. Jetzt lief er viermal in der Woche 6 bis 8 Kilometer und brachte es somit auf 24 bis 32 Wochenkilometer.
Die schnelle Steigerung der Distanz blieb nicht ohne Folgen. Bereits in der zweiten Trainingswoche verspürte Brian Schmerzen unter dem vierten Mittelfußköpfchen. Doch er verringerte sein Laufpensum nicht; im Gegenteil, er erhöhte seine Wochenkilometer noch weiter.
Dann stellten sich zusätzlich zu den Beschwerden unter dem Mittelfußknochen auch noch Schmerzen über der betroffenen Stelle ein. Als Brian mich aufsuchte, hinkte er, und der Fuß war im Bereich des vierten Mittelfußknochens angeschwollen.
Als ich unter den vierten Mittelfußknochen drückte, verzog sich Brians Ge-

sicht vor Schmerz. Als ich dann die Gegend über dem Knochen leicht berührte, schrie er auf.
»He, nicht so fest!« rief er. »Wollen Sie mir den Knochen brechen?«
Die Röntgenaufnahme bestätigte, daß Brian eine Belastungsfraktur des vierten Mittelfußknochens erlitten hatte. Diese Art von Bruch ist ein mikroskopischer Riß im Knochen. Die Fraktur selbst ist auf der Röntgenaufnahme kaum zu sehen. Doch innerhalb von 10 bis 14 Tagen nach dem Bruch bildet sich Kallus (Sekundärheilung) um die Fraktur; diesen Kallus kann man auf dem Röntgenbild sehen.
Brian hatte einfach zu lange gewartet. Wie bei Fernando hatte sich auch bei ihm ein Mittelfußknochen gesenkt. Aber anstatt die warnenden Schmerzen auf der Fußunterseite ernst zu nehmen, hatte Brian sein Training noch verstärkt. Dies war sein größter Fehler. Der Knochen konnte mit der Laufbelastung nicht mehr fertigwerden, ermüdete und brach.
So erwarteten Brian eine gute und eine schlechte Nachricht. Die schlechte teilte ich ihm zuerst mit:
»Sie werden einen Monat lang nicht laufen. Das bedeutet, daß Ihr wichtiger 10-km-Lauf ins Wasser fällt. Wir haben wirklich keine andere Wahl – der Knochen braucht einfach Zeit, um zu heilen.«
Ich machte ihn auch auf die Bedeutung einer gesunden Ernährung aufmerksam. Viele Menschen werden deprimiert, wenn sie verletzt sind. Sie verlieren den Appetit, oder sie reduzieren die Kalorienaufnahme, da sie fürchten, während der Trainingspause zuzunehmen. Doch ist es notwendig, die Quantität und Qualität der Nahrungszufuhr sogar zu erhöhen, um den Heilungsprozeß zu beschleunigen.
Nun kam die gute Nachricht. »Durch den Bruch hat sich das strukturelle Problem praktisch gelöst.« Ich erklärte ihm, daß der kollabierte Mittelfußknochen für die Verletzung verantwortlich war. Der Knochen brach, weil das Metatarsalköpfchen nach oben drückte.
Aus diesem Grund verlief der Bruch nach oben. Da der Knochen durch die Fraktur leicht angehoben wurde, würde er auch in einer erhöhten Position heilen.
»Dies ist nicht die ideale Art, ein Problem zu lösen«, sagte ich ihm. »Neben den Schmerzen muß man auch an die potentiellen Nebenwirkungen einer Fraktur denken. Der Bruch heilt unter Umständen nur schlecht, oder es entsteht Narbengewebe, das jahrelang Schmerzen verursacht.«
Zum Glück brauchte Brian keinen Gips. Mit Hilfe eines Spezialschuhes wurde der gebrochene Mittelfußknochen auf ungefähr dem gleichen Niveau gehalten wie die anderen Knochen. Die Streßfraktur heilte normal, und er hatte keine Probleme mehr mit dem Fuß. Doch dann stellten sich an der gleichen Stelle am anderen Fuß Schmerzen ein. Dies überraschte mich nicht: Der Körper versucht, Symmetrie zu wahren, wenngleich diese Bemühungen nicht immer erfolgreich sind.

Dieses Mal ging Brian die Sache vorsichtiger an. Er polsterte die schmerzende Stelle und reduzierte sein Laufpensum, so daß ihm eine Belastungsfraktur dieses Mal erspart blieb. Auch war er so vernünftig, den Heilungsprozeß nicht durch irgendwelche Rennen zu gefährden.

Ellens Großzehverletzung

Ellen ist Tänzerin und Läuferin. Sie tanzt seit ihrem fünften Lebensjahr und besucht Kurse in Aerobic, Jazz, Steptanz und Ballett.

Um ihre Ausdauer beim Tanzen zu verbessern, fing sie vor einigen Jahren mit dem Laufen an. Der Laufsport machte ihr so viel Spaß, daß er ihr zur lieben Gewohnheit wurde.

Dann stellten sich Schmerzen unter dem Fußballen direkt hinter der Großzehe ein. Da sie viele Tanzkurse macht und jede Woche über 20 Kilometer läuft, wußte sie nicht, welcher Sport die Schmerzen auslöste und wodurch sich die Beschwerden verschlimmerten. Sie wußte nur, daß der Schmerz bei jeder Aktivität eintrat.

Auch weichere Laufschuhe brachten keine Erleichterung. Sie probierte elastische Einlegesohlen, um den Fußballen zu polstern; doch auch dies half nur wenig.

An ihren Tanzschuhen konnte sie nur wenig ändern. Es gelang ihr zwar, eine Neoprensohle in ihre Jazz- und Stepschuhe zu legen, doch der Erfolg blieb aus.

Ellen war ein interessanter Fall. Man könnte sie mit einem Triathleten vergleichen, dessen Beschwerden beim Laufen, Radfahren und Schwimmen auftreten. Welche Sportart verursacht die Schmerzen?

Um dies herauszufinden, hätte ich Ellen bitten können, eine der beiden Aktivitäten einige Wochen lang einzustellen. Wenn die Beschwerden dann leichter geworden wären, hätte ich annehmen können, daß die zur Zeit nicht ausgeübte Sportart für die Schmerzen verantwortlich war. Wenn keine Besserung eingetreten wäre, hätte ich davon ausgehen können, daß die ausgeübte Aktivität die Beschwerden auslöste.

Doch Ellen wollte weder das Laufen noch das Tanzen aufgeben. Also untersuchte ich ihren Fußtyp. Sie hatte einen sehr unbeweglichen Fuß mit einem hohen Gewölbe, was für das Tanzen gut, für das Laufen aber denkbar schlecht ist. Der Fuß absorbiert keinen Schock. Beim Auftreten auf dem Boden wird der Stoß durch den Fuß ins Bein weitergeleitet.

Meine Untersuchung zeigte ein weiteres strukturelles Problem. Ellens erster Mittelfußknochen stand tiefer als die anderen. Normalerweise ist der erste Metatarsalknochen etwas beweglich, so daß er beim Auftreten ausweichen kann. Doch bei Ellen war er fest. Wenn sie auftrat, blieb der Knochen an Ort und Stelle. Dadurch wirkten die meisten Kräfte, die beim Tanzen und Laufen frei wurden, auf das Gelenk der Großzehe.

Diese Kräfte sind beim Tanzen stärker als beim Laufen, da die meisten Tanzbewegungen auf dem Fußballen ausgeführt werden. Wenngleich Ellens Füße nicht ideal für den Laufsport waren, konnten ihre gepolsterten Laufschuhe doch die Stöße im Fersenbereich ausgleichen.

Eine weitere mögliche Komplikation in diesem Bereich betrifft zwei kleine Knochen, die sogenannten Sesambeine, unterhalb des Großzehgelenks. Diese Knochen unterstützen die lange Sehne der Großzehe und haben eine gewisse Hebelwirkung. Die Sesambeine können sich entzünden und manchmal Risse bekommen oder sogar brechen. Doch Ellen hatte Glück: Das Röntgenbild zeigte keine Fraktur.

Da ich ihren Fußtyp nicht ändern konnte, versuchte ich die zweitbeste Lösung, nämlich die Entwicklung eines Fußpolsters. Dieses fing die Stöße im Großzehgelenk (und vor allem auf die Sesambeine) ab und verteilte die Kraft auf die übrigen Mittelfußknochen.

Das Polster kompensierte Ellens Strukturproblem, indem es den Druck von Stellen, wo er unnötig war, auf solche verteilte, wo er erforderlich war. Es gelang uns, die meisten ihrer Schuhe mit einem solchen Polster auszustatten. Wenn sie in Ballettschuhen oder barfuß tanzt, klebt sie ein Filzpolster direkt auf die Fußsohle.

Ellen läuft und tanzt wieder ohne Probleme. Nun erwägt sie, ihren vollen Fitnessplan noch durch Radfahren zu ergänzen.

Marla litt unter Mortons Neurom

Marla suchte mich mit einer etwas verwirrenden Geschichte auf. Sie sagte: »Ich laufe nun seit zwei Jahren jeden zweiten Tag drei Kilometer. Ich laufe vor allem, um abzunehmen. Ich habe das Hochgefühl des Laufens bisher noch nicht erlebt. Aber vielleicht kommt es ja noch.«

Das Ungewöhnliche an ihrer Geschichte war, daß sie am liebsten barfuß lief. »Immer wenn ich Schuhe trage«, erzählte sie, »habe ich das Gefühl, daß sie meinen Fuß so einschnüren, daß es schmerzt.«

Dies war unabhängig von der Marke der Laufschuhe. Alle Schuhe, auch ihre Straßenschuhe, verursachten Schmerzen. Sie mußte in die Arbeit Schuhe tragen. Aber auf Wald- und Wiesenwegen konnte sie barfuß laufen.

Marla suchte mich hauptsächlich deshalb auf, weil die anderen Läufer, die sie barfuß sahen, komische Bemerkungen machten. Sie glaubte, es sei an der Zeit, erträgliche Schuhe zu finden.

Anfangs wollte sie nur wissen: »Welche Schuhe sind am weitesten? Ich will ein Paar, das nicht weh tut.«

Ihre Füße waren etwas breiter als normal, aber nicht so breit, daß es keine Schuhe mehr dafür gab. Als ich mich genauer nach ihren Beschwerden erkundigte, sagte sie, sie verspüre einen brennenden Schmerz an der Fußsohle. Sie zeigte auf den Mittelfußbereich und fügte hinzu: »Wenn ich Schuhe trage, werden die Schmerzen manch-

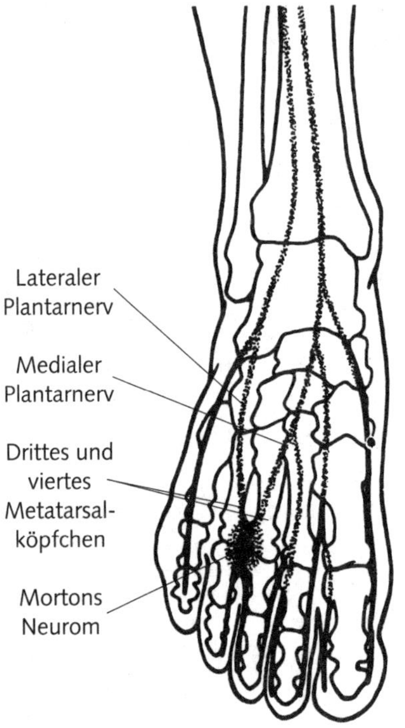

Mortons Neurom

Diese Nervenentzündung verursacht Schmerzen, die in die dritte und vierte Zehe ausstrahlen. Enge Schuhe verschlimmern die Beschwerden.

mal so schlimm, daß ich die Schuhe ausziehen und die Stelle massieren muß. Aber wenn ich barfuß laufe, spüre ich niemals Schmerzen.«

Als ich die Gegend zwischen dem dritten und vierten Mittelfußknochen berührte, ging Marla fast an die Decke. Sie berichtete von »einem prickelnden Gefühl«, das bis zum Ende der dritten und vierten Zehe ausstrahlte.

Als ich ihren Fuß vom großen bis zum kleinen Zeh abdrückte, hörte ich in der Gegend des dritten Zehs ein »Klicken«. All diese Symptome sind typisch für Mortons Neurom.

Bei diesem Neurom handelt es sich um eine Nervenentzündung. Manchmal bildet sich Narbengewebe um den Nerv, vor allem in der Gegend der dritten und vierten Mittelfußknochen. Dieser Nerv wird von den Mittelfußknochen zusammengedrückt; aus diesem Grund ist es schmerzhafter, mit Schuhen als ohne zu gehen. Auch wenn der Schuh noch so breit ist, übt er einen stärkeren Druck auf den Nerv aus, als wenn man barfuß geht. Diese Neurome reagieren wesentlich empfindlicher auf gleichmäßigen Druck als auf abrupte Stöße und Schläge.

Wir können nicht sicher sagen, wodurch Mortons Neurom ausgelöst wird. Doch wir wissen, daß es eine hartnäckige Nervenentzündung verursacht, und daß sich um den Nerv Narbengewebe bildet. Sobald die Vernarbung eingetreten ist, wird es schwierig, dieses Problem zu lösen.

Zuerst muß die Entzündung um den Nerv gelindert werden. Dies geschieht hauptsächlich durch entzündungshemmende Steroidinjektionen. Wenn die Entzündung nicht übermäßig lange besteht und sich noch kein Narbengewebe gebildet hat, reicht oft eine einzige Spritze.

Doch Marla hatte zu lange gewartet. Sie hatte das Problem mehrere Jahre unbehandelt gelassen, und die Injektionen brachten keine Linderung.

Marlas Ganganalyse ergab eine starke Pronation ihrer lockeren, übermäßig beweglichen Füße. Also stellte ich

Symptome und Behandlungsmöglichkeiten

Mittelfußverletzungen

Sie haben dieses Problem möglicherweise, wenn Sie an folgenden Beschwerden leiden:
Schmerzen, die sich wie eine Prellung anfühlen
Geschwulst, Prickeln oder Brennen im Fußballen

Ihr Arzt verschreibt unter Umständen:
Eis
Entzündungshemmende Injektionen
Breitere Schuhe
Gepolsterte Einlegesohle
Ausgleichssport
Orthopädische Einlagen
Gips

Wie man diese Beschwerden vermeiden kann:
Einsatz von Metatarsalpolstern
Verwendung von Einlegesohlen und Gewölbestützen
Verwendung weicherer Schuhe (mit besserer Polsterung)

orthopädische Einlagen mit starkem Halt im Mittelfußbereich her, um ihren Fuß zu stabilisieren. Diese schränkten auch die Beweglichkeit der Knochen im Bereich des Neuroms ein und verringerten dadurch die Reizung.
Ich hoffte, daß die Einlagen, die zusätzlichen Halt im Vorfußbereich gaben, helfen würden. Andernfalls blieb uns nur noch das operative Entfernen des vernarbten Nervs. Wenngleich es sich hierbei um einen relativ einfachen Eingriff handelt, lasse ich nichts unversucht, um eine Operation zu vermeiden.
Glücklicherweise funktionierten die Einlagen. Es dauerte etwa zwei Monate, bis Marlas Symptome völlig verschwunden waren, doch ging es während dieser Zeit stetig aufwärts.
Jetzt läuft sie viel lieber mit Schuhen als ohne und kann sich nicht mehr vorstellen, barfuß gelaufen zu sein. Auch ihre Kollegen in der Arbeit sind glücklicher, da sie ihre Schuhe nicht mehr in Besprechungen auszieht.

Kapitel 12

Das Tarsaltunnelsyndrom: Ein Nervenleiden

Als ich Dr. Jeff Bronson zum ersten Mal traf, war ich ziemlich beeindruckt. Er war fast zwei Meter groß und wog an die vier Zentner. Doch noch mehr als seine Maße beeindruckte mich die Intensität, mit der er den Gang seiner Patienten studierte.

Ich hatte noch nie einen Orthopäden getroffen, der sich so für Biomechanik interessierte, daß er den Gang eines Menschen routinemäßig prüfte. Er verfügte auch über die unheimliche Fähigkeit, Einzelheiten auf einen Blick zu sehen, die mir erst bei der Zeitlupenaufnahme auf dem Videogerät auffielen. Dr. Bronson hatte sich intensiv mit der Kinesiologie (Mechanik und Anatomie des Menschen) befaßt, und kannte sich mit Fußchirurgie aus. Auf diese Weise sah er den Gang unter verschiedenen Aspekten. Er befaßte sich nicht nur mit den Bewegungen der Knochen und Gelenke, wie es in der Biomechanik üblich ist, sondern konnte auch die Nervenreaktionen auf eine Verletzung beurteilen.

Anfangs fand ich diese Methode der Gangbeurteilung etwas eigentümlich. Das hatte ich in meinen Kursen nicht gelernt, und auch meine medizinischen Fachbücher schwiegen sich zu diesem Thema aus.

Doch Dr. Bronson war überzeugt, daß ein geschädigter Nerv ein anderes Gangbild verursacht als verletzte Muskeln, Gelenke oder Sehnen. Er war in meine Praxis gekommen, um mich bei der Arbeit mit meinen Patienten zu beobachten. Er kam gerade zur rechten Zeit, um die Ganganalyse einer jungen Läuferin, namens Leslie, zu erleben.

Die Untersuchung der Verletzungsgeschichte

Leslie war eine zwanzigjährige Querfeldeinläuferin, die in den letzten 2½ Jahren immer wieder an Schienbeinbeschwerden gelitten hatte. Sie hatte alle üblichen Behandlungen versucht – Eis, Ruhe, Tapen, Schuhwechsel, Stärkungsübungen, Einlagen.

Zu ihren Beschwerden gehörten auch Knieschmerzen, mehrmaliges Auftreten von Plantarfasziitis und chronische Entzündung der Achillessehne. Sie suchte mich fast jeden Monat auf, und meine Unfähigkeit, ihr zu helfen, begann mich allmählich zu frustrieren.

Was schiefgehen kann

Das Tarsaltunnelsyndrom

Das Tarsaltunnelsyndrom ist eine Laufverletzung, die erst in jüngster Zeit diagnostiziert wurde. Es handelt sich hierbei um eine Schädigung an einem Nerv, der an der Innenseite des Knöchels verläuft. Diese Verletzung ähnelt dem Carpaltunnelsyndrom am Handgelenk, dessen Beschwerden meist mit wiederholten Bewegungen, wie Tippen, in Verbindung gebracht werden. Früher nahm man an, daß sich das Tarsaltunnelsyndrom durch Taubheit oder Prickeln an der Knöchelinnenseite oder Fußsohle bemerkbar machen müsse. Doch jetzt wissen wir, daß ein Schmerz, der durch Druck hinter dem Fersenbein ausgelöst werden kann, bereits ein sicheres Indiz für dieses Beschwerdebild ist.

Tarsaltunnelgegend

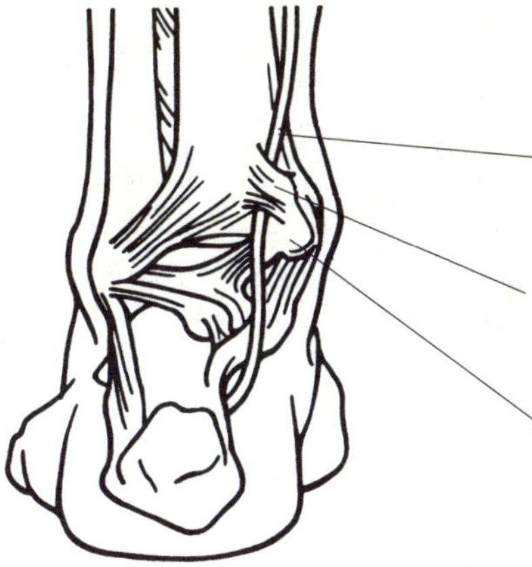

Als Dr. Bronson eintraf, prüfte ich gerade Leslies Gang (zum vermutlich fünften Mal), um festzustellen, ob ich etwas übersehen hatte, oder ob sich seit ihrem letzten Besuch eine Abnormalität entwickelt hatte.

Mit Leslies Gang war tatsächlich etwas nicht in Ordnung – eine Abnormalität, die mir in meinen biomechanischen Fachbüchern noch nie begegnet war. Leslie hob die Ferse sehr früh vom Boden ab. Ihre Ferse schien einfach nicht am Boden bleiben zu wollen. Sobald sie auf dem Boden aufsetzte, hob sie auch schon wieder ab.

Gewöhnlich bleibt die Ferse etwa 20 Prozent der Aufsetz- und Abdrückphase auf dem Boden. Leslies Fuß blieb nicht mehr als 5 Prozent dieser Zeit auf dem Boden.

Der häufigste Grund für ein frühes Abstoßen ist eine übermäßig straffe Achillessehne. Wenn die Sehne nicht flexibel genug ist, verursacht sie ein schnelles Abheben der Ferse. Aber ich hatte festgestellt, daß Leslies Achillessehne über ausreichende Beweglichkeit verfügte.

Beim Betrachten der Videoaufnahmen von Leslies Laufstil bemerkte ich noch eine weitere eigentümliche Bewegung. Sie wackelte mit dem belasteten Fuß. »Wackeln« ist zwar nicht gerade ein medizinischer Fachausdruck, aber dieses Wort beschreibt ihr Laufen am besten. Nach dem Aufsetzen der Ferse auf dem Boden, rollte der Fuß nicht weiter als erwünscht. Doch dann rollte er schnell wieder nach außen, nochmals nach innen und schließlich wieder nach außen. Dies geschah innerhalb einiger Zehntel Sekunden. Man hatte fast den Eindruck, sie gehe auf glühenden Kohlen, oder sei aus Versehen auf einen harten Gegenstand getreten und wolle diesem nun ausweichen.

Dies war mit Sicherheit ein ungewöhnlicher Gang. Aber ich konnte mir das Geschehen nicht erklären.

Die Diagnose des Experten

Während ich Leslie untersuchte, sagte Dr. Bronson nur wenig. Doch als wir uns setzten, meinte er: »Ihre Patientin hat Knieprobleme, stimmt das?« Das war richtig, wenngleich ich nicht verstand, wie Dr. Bronson das wissen konnte.

Dann fragte er: »Hat sie je unter Schmerzen an der Achillessehne oder Plantarfasziitis gelitten?« Ich war verblüfft – er hatte schon wieder recht.

»Woher wußten Sie das?« fragte ich. »Aber da wir schon dabei sind, könnten Sie mir noch erklären, warum Leslie immer wieder Schienbeinbeschwerden hat.«

»Das ist einfach«, sagte Dr. Bronson. »Sie leidet unter einem Tarsaltunnelsyndrom.«

Das verwirrte mich – zumindest anfangs. Zu meiner Zeit erwarteten Ärzte, die dieses Krankheitsbild kannten, spezifische Symptome für eine Nervenreizung.

Das klassische Tarsaltunnelsyndrom ist gekennzeichnet durch Schmerzen an der Knöchelinnenseite, die dann gewöhnlich in das Gewölbe und die Fußsohle ausstrahlen. Typische Symptome für eine Verschlimmerung der Nervenirritation sind Schmerz, Brennen und Prickeln.

Aber Leslie wies keines dieser Symptome auf. Während all ihrer verschiedenen Verletzungen hatte sie nie unter Schmerzen an der Knöchelinnenseite gelitten.

»Aber wie konnten Sie das wissen?« fragte ich Dr. Bronson ebenso verwundert wie Dr. Watson Sherlock Holmes. »Sie haben die Patientin doch nie untersucht?«

Er bat mich, alle Untersuchungen durchzuführen, die für die Bestimmung des Tarsaltunnelsyndroms notwendig seien. Er sagte, daß er aufgrund der Beobachtung von Leslies Gang annähme, daß dies die wahrscheinlichste Diagnose sei. Aber es bestünde ja immer die Möglichkeit, daß noch andere Probleme vorlägen.

Ich war freilich etwas skeptisch. Doch führte ich die Untersuchung des Tarsaltunnelsyndroms durch und klopfte auch den Schienbeinnerv ab. Wie erwartet sprang Leslie fast an die Decke, als ich die Gegend an der Innenseite des Knöchels, wo der Tibianerv sehr nahe an der Oberfläche liegt, berührte. Dies ist auch die Stelle, wo der Nerv häufig eingeklemmt oder gereizt wird, da er dort kaum von Fett oder anderem Bindegewebe geschützt wird. Da ich immer noch nicht vollkommen überzeugt war, verordnete ich eine Prüfung der Nervenleitung. Die Ergebnisse ergaben eindeutig einen Nervenschaden.

Dr. Bronson hatte absolut recht gehabt: Die Patientin litt unter einem Tarsaltunnelsyndrom. Sie hatte nur deshalb keine Schmerzen am Nerv selbst verspürt, weil ihr Körper diese Beschwerden kompensierte. Der ungewöhnliche Gang war Leslies Art, mit der Nervenschädigung umzugehen. Sie glich das Problem aus, indem sie die Ferse im Gangzyklus sehr schnell wieder vom Boden abhob, um den Druck auf den Hinterfuß, und damit auf den verletzten Nerv, zu verringern. Doch ist es sehr mühsam, die Ferse vom Boden abzuheben, wenn das gesamte Körpergewicht auf dieser Ferse liegt. Dies gelingt nur mit Hilfe einiger anderer Muskeln, wie etwa der Knie- und Hüftmuskulatur. Diese Muskelgruppen müssen »schwächer werden«, um das Abheben der Ferse zu ermöglichen.

Wenn diese Muskeln ihre normale Funktion einstellen, versuchen andere Muskeln ihre Arbeit zu übernehmen. Sie müssen diese neuen Aufgaben zusätzlich zu ihrer gewöhnlichen Arbeit ausführen. Auf diese Weise kommt es zu einem enormen Ungleichgewicht, das die Gefahr zahlreicher Verletzungen in sich birgt.

Dr. Bronson hatte also schon eine Erklärung für Leslies wackeligen Gang. »Anfangs proniert sie – was ganz normal ist. Doch während der Pronation schiebt sich der Hinterfußknochen gegen den Nerv, und der Körper reagiert durch Supination, d. h. der Fuß rollt zurück, um den Tarsaltunnel zu entlasten. Dies führt zu einem instabilen Zustand, den sie durch erneute Pronation auszugleichen sucht. Wieder wird der Nerv gereizt und wieder kommt es zur Supination.«

Dies erklärte die Schaukelbewegung. Aufgrund der neuen Diagnose ergab der eigentümliche Gang plötzlich Sinn. Tatsächlich waren Leslies gegenwärtige Schienbeinbeschwerden nun auch leicht zu erklären. Die Muskeln auf der Innenseite des Beines versuchten den Fuß nach oben zu heben, um das Einwärtsrollen zu verhindern, das immer dann auftrat, wenn die Gefahr bestand, daß der Schienbeinnerv gereizt werden könnte. Diese ungewohnte

Arbeit führte zu einer Ermüdung der betroffenen Muskeln.
Ihre früheren Kniebeschwerden waren das Ergebnis der Überdrehung, die aufgrund des »Wackelns« (Pronation und Supination) bei jedem Schritt auftrat. Das Knie wußte nicht, aus welcher Richtung die Kräfte wirksam werden würden, da der Richtungswechsel zu schnell erfolgte.
Sie duldete die zusätzliche Schwächung der Quadricepsmuskeln, um das frühe Abheben der Ferse zu erlauben. Dies verursachte zusätzliches Ungleichgewicht in einer bereits instabilen Situation, da die Kniescheibe aufgrund des ungewöhnlichen Zugs der Quadricepsmuskeln nach einer Seite gezogen wurde.
Ich werde den Tag nie vergessen, als ich Dr. Bronson zu zeigen glaubte, wie man den Gang analysiert. (Mittlerweile ist er landesweit zu einer Kapazität bei der Behandlung des Tarsaltunnelsyndroms geworden.) Er hat mich gelehrt, daß man immer noch etwas lernen kann, auch wenn man glaubt, alles über Biomechanik zu wissen.

Auf dem Wege der Besserung

Leslie hatte Glück, daß Dr. Bronson genau diesen Tag gewählt hatte, um meine Patientenbehandlung »zu beobachten«. Ohne seine neuro-orthopädischen Fachkenntnisse wäre ich wie die meisten Sportmediziner vorgegangen und hätte die Schienbeinbeschwerden auf mechanische Art behandelt anstatt mich auf die wirkliche Ursache zu konzentrieren.
Nachdem wir Leslies Tarsaltunnelsyndrom diagnostiziert hatten, machten wir uns an die Behandlung. Der erste Behandlungsschritt zielte darauf ab, die Bewegung an der Knöchelhinterseite einzuschränken, damit die Hinterfußknochen nicht mehr auf den Nerv drücken konnten. Dies erforderte eine spezielle Einlage, die den Nerv schützte und nicht nur biomechanische Funktionen erfüllte. Wir verwendeten die gleiche unbelastete Methode für den Abdruck, die auch bei normalen Einlagen üblich ist. Zusätzlich dazu bauten wir noch eine weitere Korrektur ein, um den Nerv zu entlasten. In Leslies Fall geschah dies durch eine Erhöhung, um die Ferse etwas anzuheben.
Bei der Behandlung des Tarsaltunnelsyndroms ist auch Physiotherapie äußerst wichtig. Bei Leslie verwendeten wir eine Behandlung, die man Phonophorese nennt. Bei dieser Methode verbindet man Ultraschall mit Hydrokortisoncreme, um den entzündeten Nerv zu beruhigen.
Der Therapeut versuchte auch Leslies Muskeln (und Gehirn) umzuerziehen, um auf diese Weise die Kompensationsmuster, die sie sich angewöhnt hatte, abzubauen und wieder ein normales Geh- und Laufverhalten hervorzubringen.
Da das Tarsaltunnelsymptom meist schon viele Jahre besteht, bevor sich die Symptome entwickeln, konnten ihre schlechten Angewohnheiten nicht über Nacht abgestellt werden. Doch

bereits nach drei- bis vierwöchiger Behandlung stellten sich beachtliche Erfolge ein.

Als Leslies Nervenprobleme gelöst waren, waren auch die Schienbeinbeschwerden wie weggeblasen. Die gesamte Behandlung dauerte weniger als einen Monat, und die Heilung trat ein, obwohl sich unsere Bemühungen nicht direkt auf die schmerzenden Schienbeine richteten.

Diese lohnende und erkenntnisreiche Behandlung liegt nun schon viele Jahre zurück. Abgesehen von gelegentlichen Blasen oder blauen Zehennägeln, kommt Leslie nur noch ab und zu in meine Praxis, um »Guten Tag« zu sagen oder ihre neuesten Medaillen bewundern zu lassen.

Die Schutzreaktion

Viele Läufer suchen mich mit zahlreichen Symptomen auf, die alle auf ein Tarsaltunnelsyndrom zurückzuführen sind. Früher wären die vordringlichen Beschwerden dieser Läufer auf die herkömmliche Weise behandelt worden, und die Probleme wären immer wieder aufgetreten, da das eigentliche Leiden nicht gelöst worden war.

Heute wissen wir, daß das Tarsaltunnelsyndrom eine Vielzahl von Abnormalitäten auslösen kann. Die vermutlich seltensten Beschwerden sind Schmerzen an dem Nerv, der für die Misere verantwortlich ist.

Das Tarsaltunnelsyndrom zeigt, daß Schmerz – im Gegensatz zu Sehen, Riechen und Hören – keine primäre Sinneswahrnehmung ist. Schmerz kann blockiert oder verändert werden, oder der Körper kann bestimmte Beschwerden einfach »vorziehen«.

Der Körper scheint ein Prioritätensystem zu haben, das besagt, daß die Nerven um jeden Preis geschützt werden müssen. Aus diesem Grund opfert der Körper Muskeln, Sehnen, Gelenke und manchmal sogar Knochen, um bestimmte Nerven zu schützen. Man kann unter Schienbeinbeschwerden, Knie- oder Achillessehnenproblemen oder Plantarfasziitis leiden, ohne zu wissen, daß der Tarsaltunnelnerv geschädigt ist.

Stellen Sie sich vor, Sie haben genau unter der Ferse ein Steinchen im Schuh. Es reizt die Fußsohle, und Sie fangen normalerweise an zu hinken. Das ist eine natürliche und fast unwillkürliche Reaktion, da sie versuchen, möglichst wenig Gewicht auf das Steinchen zu legen.

Nach einer Weile tut die Ferse vielleicht überhaupt nicht mehr weh, doch sie verspüren plötzlich anderswo – etwa im anderen Bein – Schmerzen, da es hier zu einer Überlastung kommt. Der Schutzmechanismus hat somit unerwünschte Nebenwirkungen.

Lassen Sie uns nun annehmen, daß der Stein nach einigen Tagen entfernt wird. Erstaunlicherweise hinken Sie dann immer noch, da das Gehirn weiterhin glaubt, den Fuß schützen zu müssen. Physiotherapie kann dazu beitragen, daß der Körper seine Funktionen wieder auf eine normale Art und Weise ausführt.

Symptome und Behandlungsmöglichkeiten

Tarsaltunnelsyndrom

Sie haben dieses Problem möglicherweise, wenn Sie an folgenden Beschwerden leiden:
Schienbeinbeschwerden
Achillessehnenentzündung
Plantarfasziitis
Brennen oder Prickeln an der Innenseite des Knöchels
Knochensporn
Beschwerden, die bei Bewegung zu- und bei Ruhe abnehmen

Ihr Arzt verschreibt unter Umständen:
Gewölbestützen
Orthopädische Einlagen
Physiotherapie
Gips
Operativen Eingriff

Wie man diese Beschwerden vermeiden kann:
Einsatz stützender Schuhe
Knöchelmassage
Handtuchübungen, siehe Seite 135
Warme Bäder

Bevor wir eine genaue und vollständige Diagnose des Tarsaltunnelsyndroms stellen können, führen wir einen speziellen Nervenleitungstest durch, um den Schmerz zu lokalisieren. Die gewöhnlichen Methoden zur Prüfung der Impulsübertragung sind wenig hilfreich, da sie den Nervenschaden gewöhnlich erst anzeigen, wenn er sehr weit fortgeschritten ist oder Schmerz, Taubheit, Brennen und Prickeln auftreten.

Neu sind die Methoden des »Somatosensorisch Evozierten Potentials« (SSEP), das die sensorischen Nerven prüft und der üblichere Test zur Bestimmung der Nervenleitungsgeschwindigkeit, der die motorischen Nerven stimuliert. Keine dieser Testmethoden arbeitet mit Nadeln, sondern die Nerven werden mit Hilfe einer Oberflächenelektrode stimuliert.

Die Füße müssen in drei verschiedenen Positionen getestet werden: Mittelstellung, Biegung nach oben und Biegung nach unten. Dies sind die Bewegungen, die beim Laufen ausgeführt werden; in der Regel verursacht lediglich eine dieser Positionen Probleme. Wenn der Test nur in einer Position durchgeführt wird, und dies zufällig die falsche ist, kann es zu einer Fehldiagnose kommen.

Bei der Auswertung durch einen qualifizierten Neurologen wird deutlich, ob das Beschwerdebild tatsächlich besteht. Wenn dies der Fall ist, können wir die Symptome mit Hilfe der Ergebnisse deuten und Beschwerden heilen, die wir vorher nur symptomatisch behandeln konnten. Das bedeutet, daß sowohl Patient als auch Arzt weniger Frustrationen erleben.

Janets Knochensporne

Nun da ich besser gerüstet bin, um ein Tarsaltunnelsyndrom zu diagnostizieren, bin ich auf einige Varianten gestoßen. Eine der häufigsten tritt auf, wenn sich hinter dem Knöchel am Tibianerv ein Knochensporn befindet.

Janet hatte solch einen Sporn. Wenn sie lief (oder ging) drückte dieser Knochensporn namens *os trigonum* auf den Nerv. Dies verursachte eine so starke Narbenbildung um den Nerv, daß die Stelle einem Schweizer Käse ähnelte.

In Janets Fall halfen weder Einlagen noch ausgiebige Physiotherapie. Ein operativer Eingriff war unumgänglich. Meist schlitzt man einfach das Band, das den Schienbeinnerv umgibt, um dem Nerv so mehr Bewegungsraum zu verschaffen.

Doch haben wir bei chirurgischen Eingriffen jetzt auch eine Geheimwaffe: Nervenprüfung während der Operation. Wenn der Nerv befreit worden ist, erwacht er fast sofort wieder zum Leben. Der Test kann uns auf der Stelle sagen – bevor wir die Wunde wieder schließen –, ob der Eingriff erfolgreich war.

Als Janets Band aufgeschnitten war, und der Nerv freilag, zeigte der Test der Impulsübertragung keine Änderung. Doch als meine Kollegen und ich auch den Knochensporn entfernten, leitete der Nerv plötzlich ganz normal. In anderen Fällen mußten wir erweiterte Venen, die den Nerv umgaben, oder Narbengewebe, das am Nerv haftete, entfernen. Bei fast allen Eingriffen, reichte es nicht aus, einfach nur das Band zu schlitzen.

Janet brauchte einige Wochen Physiotherapie, bevor sie wieder laufen konnte. Dann machte leider auch noch ein Knochensporn am anderen Fuß die gleiche Operation notwendig. Danach konnte sie endlich wieder schmerzfrei laufen und blieb von weiteren Komplikationen verschont.

Kapitel 13

Plantarfasziitis: Schmerzen im Fußgewölbe

Ich möchte wetten, daß fast jeder Läufer schon von diesem Leiden gehört hat. Plantarfasziitis ist die am häufigsten besprochene, beschriebene und vermutlich meistgefürchtete Laufverletzung.

Statistisch gesehen betrifft die Plantarfasziitis (Zerren oder Reißen des Fasergewebes am Fuß) lediglich acht Prozent der Läufer. Doch hat man manchmal den Eindruck, daß jeder schon einmal unter dieser Verletzung gelitten hat, oder jemanden kennt, den dieses Leiden ereilt hat. Manche Läufer behaupten, daß man Plantarfasziitis nie wieder los wird und das Laufen damit ein Ende hat.

Die Trainer des japanischen Olympiateams baten mich einmal, eine Reihe von Läufern, die aufgrund von Verletzungen ausgeschieden waren, zu untersuchen. Zu meinem großen Erstaunen stellte ich fest, daß fast 60 Prozent von ihnen den Sport wegen Plantarfasziitisschmerz aufgegeben hatten.

Sie hatten einen Sport, den sie liebten bzw. in dem sie hervorragende Ergebnisse erzielten, an den Nagel hängen müssen, weil ihr Leiden jeder Therapie gegenüber resistent war. Doch wir werden sehen, daß es auch hier Antworten gibt. Doch sind sie oft schwer zu finden. Wie die folgenden Fallstudien zeigen, gehört die Plantarfasziitis zu den Verletzungen, die man fast nie ohne gezielte Behandlung heilen kann. Eine Trainingspause bringt selten Linderung, und auch Schuhwechsel oder andere Veränderungen helfen kaum.

Wie es uns gelang, Joes Problem auf den Grund zu kommen

Joes Fall war besonders schwierig. Joe, ein Rechtsanwalt, der sich durch Laufen fit hält, hatte schon zwei Jahre nicht mehr laufen können, als er mich aufsuchte.

Wenn er morgens aus dem Bett stieg, verspürte er heftige Schmerzen. Er hatte das Gefühl, sich unter der Ferse eine Quetschung zugezogen zu haben, die ihm Tag für Tag, Woche für Woche und Monat für Monat das Laufen vergällte. Er sagte: »Es bringt mich fast um, wenn ich aufstehe, nachdem ich, wie etwa im Kino, eine Weile gesessen bin.« Er konnte nicht einmal gehen, ohne zu hinken.

Was schiefgehen kann

Plantarfasziitis

Die Plantarfaszie ist ein langes, fasriges Gewebeband, das sich von der Ferse zum Fußgewölbe zieht. Dort spaltet es sich und setzt an den Metatarsalköpfchen am Fußballen an.

Ein verborgenes Band
Man kann die Plantarfaszie nicht sehen; zeichnerisch läßt sie sich als dichtes Faserband darstellen, das vom Fußende bis zu den Zehen reicht.

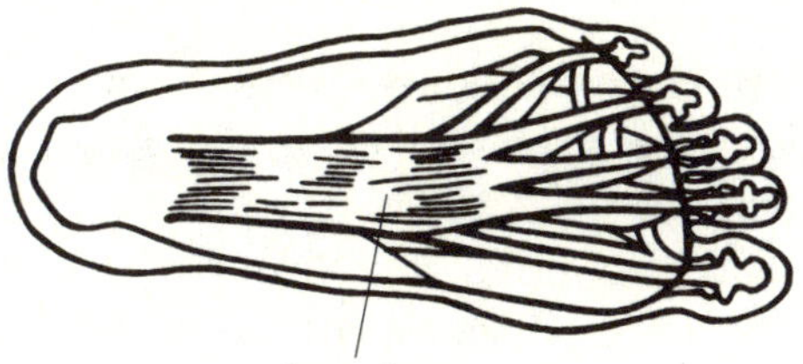

Die Plantarfaszie ähnelt in vieler Hinsicht einer Sehne oder einem Band. Wenn man übermäßig proniert oder das Gewölbe sich spreizt, übernimmt die Plantarfaszie zusätzliche Belastung und versucht dem Fuß zu helfen. Da sie an der Ferse nur eine Ansatzstelle hat (im Gegensatz zum Ballen, wo es fünf Ansatzpunkte gibt), manifestiert sich die Belastung meist unter dem Fersenbein.

Da die Plantarfaszie kaum dehnbar ist, reißt sie bei Belastung. Wenn die Risse verheilen, bleibt immer Narbengewebe zurück, das zu Entzündungen neigt. So entsteht ein Teufelskreis: Da das Narbengewebe noch weniger dehnbar ist als das ursprüngliche Gewebe, kann es dem übermäßigen Zug auf die Plantarfaszie noch weniger standhalten, und es kommt zu weiteren Rissen. Das Narbengewebe stellt auch kein ordentliches Flickwerk dar, sondern bildet ein dichtes Netz, das an anderem Gewebe befestigt ist. Hierdurch entsteht zusätzlicher Zug von anderen Teilen des Fußes.

Eine chronische leichte Belastung der Plantarfaszie kann auch zur Entwicklung eines Fersensporns führen. Der Körper versucht auf diese Weise, das Fersenbein, an dem die Plantarfaszie ansetzt, zu stärken.

Die von Plantarfasziitis verursachten Schmerzen treten meist direkt unter der Ferse auf und sind am schlimmsten, wenn man morgens aus dem Bett steigt oder nach längerem Sitzen aufsteht. Beim Gehen oder Laufen bessern sich die Beschwerden häufig.

Gepolsterte Einlagen und weiche Fersenverstärkungen waren erfolglos. Auch vom Arzt verabreichte Kortisonspritzen brachten keine Erleichterung. Joe wußte, daß er unter Plantarfasziitis litt. Einer seiner Kollegen, den ich wegen des gleichen Leidens erfolgreich behandelt hatte, verwies ihn schließlich an mich.

Er schien pessimistisch, was den Behandlungserfolg anging. Doch wollte er noch einen Arzt konsultieren, bevor er sich in sein Schicksal fügte und das Laufen für immer aufgab.

Joe hatte aufgrund des Bewegungsmangels etwas Übergewicht. Doch abgesehen davon war er bei guter Gesundheit und hatte keine ernsthaften biomechanischen Probleme. Sein Fuß war recht beweglich, was die Plantarfaszie belastet. Doch schienen Beweglichkeit – und die dadurch verursachte Überpronation mit Spreizfuß – nicht so ernsthaft, daß sie zu solch einer schmerzhaften und hartnäckigen Verletzung führen könnten.

Beim Betrachten der Röntgenbilder entdeckte ich einen kleinen Knochensporn am Ansatzpunkt der Plantarfaszie an der Ferse. Ein Knochensporn bildet sich nicht ohne Grund. In diesem Fall hatte der Zug der Plantarfaszie am Ansatzpunkt zur Ferse vermutlich zur Entwicklung des Sporns geführt. Normalerweise verursacht der Sporn selbst keine Schmerzen; er ist lediglich eine Langzeitfolge der Belastung auf die Plantarfaszie.

Einer der Ärzte, die Joe aufgesucht hatte, schlug vor, den Knochensporn operativ zu entfernen. Doch Joe war von solch einer drastischen Maßnahme nicht begeistert. Außerdem hatte er von anderen Läufern gehört, daß »solche Eingriffe sowieso fehlschlagen«. Da Knochensporne nur selten schmerzhaft sind, braucht man sie gewöhnlich auch nicht zu entfernen.

Als ich Joes Fuß untersuchte, spürte ich eine Verdickung aus hartem Fasergewebe, wo die Plantarfaszie an der Ferse ansetzte. Dabei handelte es sich vermutlich um Narbengewebe, das sich im Laufe der Jahre aufgrund von Entzündungen und Belastungen aufgebaut hatte.

Neben einem beweglichen Fuß und der Neigung zu Überpronation hatte Joe eine relativ feste Achillessehne. Normalerweise sollte es möglich sein, den Fuß vom Knöchel etwa 10 bis 15 Grad nach oben zu biegen; bei Joe waren es nur ungefähr 5 Grad. Diese mangelnde Beugung vergrößerte den Zug auf die Plantarfaszie noch weiter.

Um Joes Faszie von den Folgen von Überpronation und Spreizfuß zu entlasten, tapte ich seinen Fuß während der ersten Konsultation.

»Wir können noch nicht mit vollkommener Erleichterung rechnen«, sagte ich. »Aber das Tapen sollte zumindest eine gewisse Linderung bringen.«

Als Joe drei Tage später wieder in die Praxis kam, berichtete er niedergeschlagen, daß das Tapen nicht geholfen hatte. »Es hat nicht funktioniert«, meinte er. »Die Schmerzen sind so schlimm wie zuvor.« Wenngleich er es

Symptome und Behandlungsmöglichkeiten

Plantarfasziitis

Sie haben dieses Problem möglicherweise, wenn Sie an folgenden Beschwerden leiden:
Schmerzen wie bei einer Quetschung unter der Ferse
Schmerz am Morgen, der im Tagesverlauf nachläßt

Ihr Arzt verschreibt unter Umständen:
Eis
Tapen
Orale Gabe oder Injektion von Entzündungshemmern
Fersenpolster
Orthopädische Einlagen
Physiotherapie
Dehn- und Streckübungen
Operativen Eingriff

Wie man diese Beschwerden vermeiden kann:
Einsatz stützender Schuhe
Handtuchübungen, siehe Seite 135
Übungen zur Stärkung der Wadenmuskulatur, siehe Seiten 222 und 223
Vereisung der Ferse unmittelbar nach Aktivität
Verwendung von Gewölbestützen oder Fersenverstärkung
Streckübungen für die Plantarfaszie, siehe Seite 135
Wiederholt von der flachen Fußsohle auf die Zehenspitzen drücken, siehe Seite 135

nicht aussprach, konnte ich mir doch vorstellen, daß er im Geiste ein »wie erwartet« hinzufügte.

Doch im Gegensatz zu Joe ließ ich mich nicht entmutigen. Die Tatsache, daß das Tapen nicht geholfen hatte, sagte mir schon eine Menge. Fehlgeschlagene Behandlungen sagen einem oft ebensoviel wie erfolgreiche. Da das Tapen keine Linderung gebracht hatte, wußte ich, daß auch eine stützende Einlage zu diesem Zeitpunkt nichts bringen würde. Dies enttäuschte Joe noch mehr, da ihm eine Kollegin berichtet hatte, daß ihre Probleme durch orthopädische Einlagen gelöst worden waren.

Nun wandte ich meine Aufmerksamkeit Joes Narbengewebe zu. Da ich vermutete, daß es den Heilungsprozeß verhinderte, verschrieb ich physikalische Therapie.

Ultraschall sollte das Narbengewebe weicher machen. Durch sogenannte »Reibungsmassage« versuchte der Therapeut die Ansatzpunkte des Narbengewebes am übrigen Gewebe zu lockern und die vernarbten Teile so auszurichten, daß sie in Richtung der Muskeln und nicht mehr wahllos Zug ausübten. Der Therapeut verbesserte auch die Flexibilität von Joes Kniesehnen und Wadenmuskeln. Durch verschiedene Übungen stärkte er Joes Fuß- und Beinmuskeln, die in den letzten beiden Jahren aufgrund mangelnder Beanspruchung schlaff geworden waren.

Nach neun Sitzungen war das Narbengewebe erheblich geschmeidiger geworden. Joes Schmerz konzentrierte sich nun auf eine kleinere Region und breitete sich nicht mehr über die ganze Fußsohle aus. Die Intensität hatte jedoch noch nicht nachgelassen.

Nachdem Joes Narbengewebe verringert und die Muskelkraft des Fußes wieder etwas hergestellt war, bestand unsere nächste Aufgabe darin, die Entzündung zu bekämpfen.

Ich injizierte Kortison direkt in die schmerzhafte Stelle. Es bedurfte meiner ganzen Überredungskunst, um Joe von dieser Behandlung zu überzeugen, da die früheren Kortisonspritzen ohne Erfolg geblieben waren.

Doch die Situation hatte sich geändert. Die früheren Kortisongaben konnten die Entzündung aufgrund des Narbengewebes gar nicht lindern.

Eine einzige Kortisoninjektion befreite Joe fast von allen seinen Symptomen. Er konnte nun schmerzfrei gehen und morgens aus dem Bett springen, ohne die Zähne zusammenzubeißen. Er war begeistert (obwohl er von Natur aus skeptisch ist); doch so ganz wollte er noch nicht an eine dauerhafte Lösung glauben.

Zu diesem Zeitpunkt konnte ich die Symptome durch einen Tapeverband, der Joes Spreizfuß unterstützte und die Überpronation verhinderte, noch weiter bessern. Nun lag die Lösung auf der Hand: orthopädische Einlagen. Nachdem die Komplikationen durch Narbengewebe und Entzündung beseitigt waren, konnten Einlagen Joes übermäßige Flexibilität und die resultierende Belastung der Plantarfaszie korrigieren.

Ich kann mit Freude sagen, daß Joe schmerzfrei ist, ein Gehtraining betreibt und bald wieder laufen wird. Sein Fall war schwierig und bestätigt, daß man manchen Verletzungen nur mit Geduld und Hartnäckigkeit beikommen kann. Schnelle Heilung ist nicht immer möglich.

Ein Wettlauf mit der Zeit

Julie Brown war 1980 und 1984 im Olympiateam gelaufen und wollte sich für den olympischen Marathon 1988 qualifizieren. Als ehemaliges Teammitglied mußte sie sich nicht mehr für die olympischen Testläufe qualifizieren. Das war ihr Glück, da sie seit fast einem Jahr unter Plantarfasziitis litt.

Julies Fall belegt die Hartnäckigkeit dieses Leidens und zeigt auch die verschiedenen Behandlungsmöglichkeiten. Julie hatte Eismassage, weiche Fersenverstärkung, gepolsterte Einlegesohlen und weiche Schuhe probiert – doch ihre Symptome ließen einfach nicht nach. Als sie mich aufsuchte, lief ihr die Zeit bereits davon. Die Qualifikation fand in wenigen Monaten statt. Wir stellten zwei verschiedene Einlagen her – ein Paar für Sportschuhe und ein zweites für normale Straßenschuhe. Die Einlagen für gewöhnliches Schuhwerk waren etwas fester, während die Laufeinlagen »nachgiebiger« waren. Dies half ein wenig, aber nicht genug.

Als nächstes versuchten wir eine orale Gabe von Entzündungshemmern zusammen mit Eisbehandlung. Zwei Wochen lang behandelte sie ihre Ferse sechsmal täglich (jedes Mal zwanzig Minuten lang) mit Eis und nahm die Arznei ein. Diese Behandlung war erfolglos.

Dann unterzog sie sich einer einmonatigen physikalischen Therapie: Ultraschall und Reibungsmassage, sowie Übungen für Kraft, Flexibilität, Gleichgewicht und Koordination.

Doch beim Training verschlimmerten sich ihre Beschwerden wieder. Dann verabreichte ich ihr einige Kortisoninjektionen in der Schmerzregion am Ansatz der Plantarfaszie. Ich ergänzte die Kortisongabe noch durch Ultraschall, um das Kortison im Gewebe zu verteilen.

Doch nichts half. Julies Schmerzen hinderten sie am Training – und die Hoffnung, an den Olympischen Spielen teilzunehmen, schwand ebenso wie die Zahl der Behandlungsmöglichkeiten.

Ich hatte Julie auf verschiedene andere mögliche Verletzungen, wie Belastungsfraktur der Ferse, Tarsaltunnelsyndrom und andere Nervenverletzungen, untersucht. Alle waren negativ ausgefallen. Ich hatte sogar an Bursitis unterhalb der Ferse gedacht; doch auch dies war ausgeschieden.

Es blieb uns nur noch eine Möglichkeit: Operation. Bei einem solchen Eingriff wird die Plantarfaszie von ihrem Ansatz an der Ferse gelöst. Wenn die Faszie nicht mehr an der Ferse zieht, verschwinden in der Regel auch die Symptome (der chirurgische Eingriff ist in 8 von 10 Fällen erfolgreich).

Die Operation wird ambulant unter Lokalanästhesie vorgenommen. Der Patient geht etwa eine Stunde vor dem Eingriff in die Klinik und wird ungefähr eine Stunde nach der Operation wieder entlassen.

Bei Julie legte ich die Plantarfaszie durch einen ungefähr 2,5 cm langen Schnitt frei und nahm den notwendigen Eingriff vor. Nach wenigen Tagen begann sie mit Krankengymnastik, um eine unerwünschte Ausbildung von Narbengewebe zu verhindern. Auf diese Weise konnten auch Entzündung und Geschwulst verringert und der Heilungsprozeß beschleunigt werden.

Nach drei Wochen war Julie schmerzfrei. Nachdem die Ausscheidungsrennen nahten, nahm sie langsam ihr Lauftraining wieder auf. Da die Ferse nicht mehr schmerzte, erhöhte sie Geschwindigkeit und Distanz vermutlich schneller als es gut war.

Die Plantarfaszie hielt sich gut. Doch einige Wochen vor den Ausscheidungskämpfen zog sich Julie leider eine Belastungsfraktur zu, und die Chancen, sich für die olympischen Spiele zu qualifizieren, schwanden dahin.

Wenngleich wir bei diesen Verletzungen gute Erfolge erzielen, weiß man nie, was sonst noch alles schiefgehen kann – wie etwa Julies Belastungsfraktur, die wohl auf die plötzliche Steigerung der Trainingsintensität zurückzuführen war.

Tapen befreit Jim von seinen Sorgen

Jim lief den Marathon in weniger als 2,5 Stunden, bevor ihn eine Plantarfasziitis ereilte. Er betrieb ein Geschäft für orthopädische Schuhe und hatte wegen seiner Verletzung schon jede Menge Ratschläge von anderen Läufern erhalten.

Es fiel ihm nicht im Traum ein, einen Arzt aufzusuchen. Er probierte verschiedene Schuhe und Einlegesohlen und versuchte ansonsten mit dem Problem zu leben.

Als ich zu ihm in den Laden kam, berichtete er mir von seiner achtzehnmonatigen Plantarfasziitis. Ich führte auf der Stelle eine schnelle Untersuchung durch und bestätigte seine Diagnose.

Wie Joe hatte auch er einen flexiblen Fuß und einen ausgeprägten Spreizfuß. Ich tapte das Gewölbe, um die Plantarfaszie zu entlasten.

Da ich kein Stofftape und keine Schaumstoffunterlage zur Hand hatte, brachte ich das Plastiktape direkt auf der Haut an. Dies ist keine ideale Lösung, da das Tape Blasen und Hautreizungen verursachen kann. Doch im Moment war dies die einzige Möglichkeit, und Jim wollte nicht länger warten.

Ich sagte Jim, er solle das Tape einen Tag lang am Fuß lassen, da es gewöhnlich nicht länger wirkungsvoll ist. Er rief mich eine Woche später an und erzählte mir begeistert: »Doktor, mein Fuß tut nicht mehr weh. Die Schmerzen sind vollkommen vorbei! Ich kann es einfach nicht glauben.« (Er gab auch zu, daß der Fuß immer noch getapt war.)

Als er das Tape schließlich abnahm, blieb er weiterhin schmerzfrei. Nach 18 Monaten mit Schmerzen konnte er wieder problemlos laufen. Jim machte sich nicht die Mühe, sich bei mir in der Praxis die Einlagen anpassen zu lassen, die ich ihm empfohlen hatte.

Einige Jahre später trat die Plantarfasziitis erneut auf. Dieses Mal kam er gleich zu mir in die Praxis – nicht um sich Einlagen zu holen, sondern nur um sich den Fuß tapen zu lassen. Wieder

Handtuchübung

Zur Stärkung des Fußes legt man ein Handtuch auf den Boden und zieht es langsam in Richtung Körper, indem man es mit den Zehen greift. Das Bein wird dabei nicht bewegt. Dann läßt man los und streckt die Zehen nach vorne, um noch mehr Handtuch zu greifen. Wenn man das ganze Handtuch zu sich gezogen hat, dreht man die Bewegung um und schiebt das Handtuch von sich weg.
Man kann diese Übung variieren, indem man das Handtuch links vom Fuß ablegt. Durch Drehung des Fußes greift man das Handtuch mit den Zehen, zieht es um den Fuß nach rechts und setzt diese Übung fort, bis man das Ende des Handtuchs erreicht hat. Dann dreht man die Übung um, indem man das Handtuch um den Fuß wieder nach links zieht.

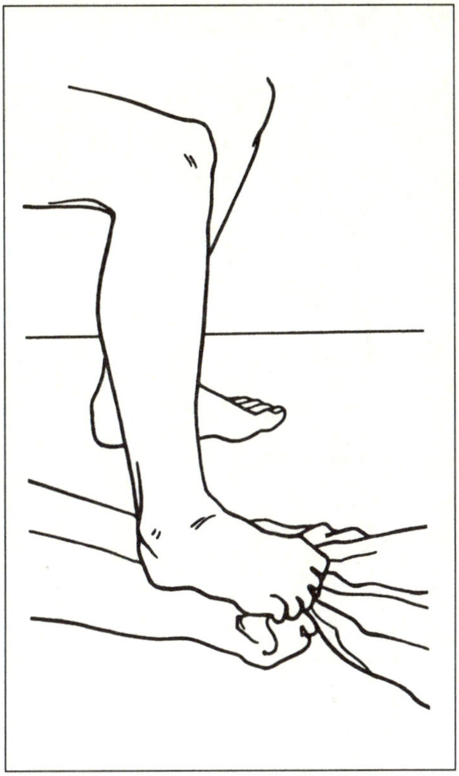

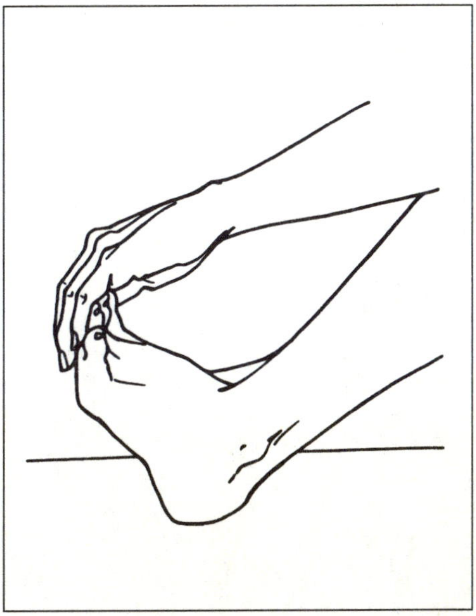

Dehnen der Plantarfaszie

Bei angezogenem Knie und leicht gebeugtem Knöchel zieht man die Zehen zurück zum Knöchel. Man zählt bis zehn und läßt wieder los. Diese Übung sollte zehnmal am Tag wiederholt werden.

Hochdrücken auf die Zehen

Drücken Sie sich langsam auf die Zehen hoch, und senken Sie die Fersen dann wieder auf den Boden ab. Zehnmal wiederholen.

vergingen die Schmerzen, als das Tape am Fuß war, und kehrten nach Abnahme des Tapes langsam zurück.

So beschloß er, sich doch Einlagen anpassen zu lassen. Die meisten Sporteinlagen sind aus Polypropylen. Sie geben den Fuß genug Halt und sind dennoch »nachgiebig« genug, um sich für den Laufsport zu eignen.

Anfangs gefiel Jim der Gedanke, Einlagen zu verwenden, überhaupt nicht. Er mochte beim Laufen nicht einmal Socken tragen. Und dann hatte er auch noch gehört, daß Einlagen die Füße schwächten.

Ich zeigte ihm, daß seine Füße schon schwach waren, und daß er zum Laufen Einlagen brauchte, wie er zum Lesen eine Brille benötigte. Die Einlagen schwächten seine Füße nicht, sondern sie ermöglichten ihm das Laufen.

Ich umgab die Einlagen mit Neopren, so daß er sie ohne Socken tragen konnte. Damit war Jim dann endlich zufrieden. Jetzt freut er sich auf viele Jahre, in denen er schmerzfrei laufen kann.

Bei den meisten Fällen von Plantarfasziitis verspricht eine schnelle Behandlung den größten Erfolg. Jim hatte Glück, daß seine Beschwerden so schnelle Linderung fanden. Im allgemeinen wird die Behandlung der Plantarfasziitis um so langwieriger, je länger die Symptome bestehen.

Kapitel 14

Beschwerden mit der Achillessehne

Nach einer alten Sage war Achilles der stärkste und schnellste aller Griechen. Jeder Teil seines Körpers war unverwundbar – außer einer kleinen Stelle an seiner Ferse.
Während des Kampfes um Troja soll ihn ein Pfeil an der Ferse, und damit an seiner einzigen verwundbaren Stelle, getroffen haben. So wurde der Begriff »Achillessehne« identisch mit einer Schwäche am menschlichen Körper.
Es hat sich gezeigt, daß die Achillessehne bei vielen Läufern ein wunder Punkt ist. Wie Achilles halten sich viele Läufer anfangs für unbesiegbar. Wenn diese Fersenverletzung dann zuschlägt, werden sie mit ihrer eigenen Verwundbarkeit konfrontiert.

Ununterbrochenes Laufen kann riskant sein

Ann lief ununterbrochen. Sie führte Buch über die Zahl der Tage, die sie ohne Unterbrechungen laufen konnte. Sie trainierte sieben Tage die Woche und 365 Tage im Jahr. Sie war keine leidenschaftliche sondern eine besessene Läuferin.
Anns normale Laufstrecke war etwa 7 km lang und führte von ihrer Vordertüre, durch die Nachbarschaft zurück zu ihrer Hintertüre. Sie nahm nur selten an Rennen teil und lief nur gegen sich selbst und die Uhr.
Ann hatte dieses Laufpensum sechs Jahre ohne Beschwerden durchgehalten. Regen, Krankheit oder kleinere Eingriffe konnten sie nicht aufhalten. Zum Glück war sie während dieser Zeit nicht schwanger geworden!
Eine Baustelle auf Anns gewöhnlichem Kurs veranlaßte sie ihren Weg zu ändern. Während sie vorher drei Viertel der Strecke auf Wald- und Wiesenpfaden und nur ein Drittel auf hartem Untergrund zurückgelegt hatte, mußte sie nun fast ausschließlich auf Asphalt und Beton laufen.
Am Ende ihres täglichen Pensums verspürte sie leichte Schmerzen in der linken Achillessehne. Der Schmerz verlief etwa 5 bis 7 cm oberhalb des Fersenbeins, und verstärkte sich, wenn sie die Sehne zusammendrückte.
Ann hatte an dieser Stelle schon früher ähnliche Schmerzen verspürt, doch diese ebenso wie andere kleinere Beschwerden einfach ignoriert. Sie nahm

an, daß auch dieser Schmerz wieder vergehen würde.

Also lief Ann weiter. Wie zu erwarten, wurden die Beschwerden an der Achillessehne mit jedem Tag stärker.

Schon bald hinkte sie nicht nur beim Laufen, sondern auch beim Gehen. Morgens und wenn sie eine Weile gesessen war, waren die Schmerzen am schlimmsten.

Sie versuchte, die Achillessehne zu vereisen, doch ohne großen Erfolg. Auch neue Schuhe brachten keine Linderung. Dann probierte Ann Ibuprofen Tabletten und legte eine Elastikbinde um Knöchel und Sehne. Nichts konnte die Eskalation der Schmerzen verhindern.

Nun befand sich Ann in einem Dilemma. Sie wollte keinesfalls einen Achillessehnenabriß riskieren, auf den ihre Lauffreunde sie aufmerksam gemacht hatten. Doch wollte sie auch das Laufen nicht unterbrechen.

Drei Monate nachdem die Schmerzen eingesetzt hatten, suchte mich Ann schließlich in der Praxis auf. Sie legte den Termin auf den Nachmittag, so daß sie vormittags noch laufen konnte. Für den Fall, daß ich ihr das Laufen verbat, hatte sie ihr tägliches Pensum dann schon absolviert. Dann hätte sie bis zum nächsten Tag Zeit, einen Grund zu finden, warum sie meinen Rat ignorieren und das Laufen fortsetzen sollte.

Als Ann in meine Praxis kam, hinkte sie stark. Ich wußte sofort, daß dies keine Bagatelle war. Sie hatte sich eine ernsthafte Verletzung zugezogen.

Die Rückseite ihres Knöchels war so rot und geschwollen, daß ich die Achillessehne nicht sah. Wenn sie den Fuß nach oben oder unten beugte, fühlte man ein Knirschen in der Sehne, das an eine rostige Türangel erinnerte.

Zu meinem Entsetzen entdeckte ich ein großes Defizit in der Sehne – ein richtiges Loch in der Achillessehne, wo sich normalerweise Sehnenmaterial befindet. Dies weist fast immer auf einen Riß in den Sehnenfasern hin. Nach der Größe des Defekts zu schließen, war ein Großteil der Sehne gerissen.

Mit Hilfe einer Kernspintomographie verschaffte ich mir einen genauen Eindruck vom Ausmaß der Verletzung. Bei diesem schmerzlosen Test liegt der Patient in einer Röhre, während ein Magnet um den Knöchel kreist und dabei die Signale, die von den verschiedenen Geweben ausgehen, mißt. Diese Untersuchung ergab einen mehr als 90-prozentigen Riß in der Achillessehne. Dies bedeutete, daß die Sehne nur noch an wenigen Fasern hing. Noch ein paar Läufe – oder ein Ausrutscher am Randstein –, und der Abriß wäre komplett gewesen.

Nun bestand kein Zweifel mehr – Anns Laufphase war unterbrochen. Ich konnte ihr das Laufen unmöglich erlauben, bevor die Verletzung behoben war.

Ann schluchzte vor Enttäuschung, als ich den Gips anlegte. Ich versuchte sie aufzumuntern: »Eine Teilruptur der Achillessehne – und sei sie noch so schlimm – ist immer besser als ein vollständiger Abriß. Sie werden viel schnel-

Was schiefgehen kann

Probleme mit der Achillessehne

Die Achillessehne verbindet die beiden großen Wadenmuskeln – Gastrocnemius und Soleus – und befestigt sie an der Rückseite des Fersenbeins. Diese Muskeln haben die Aufgabe, den Fuß kräftig nach unten zu ziehen und bieten gleichzeitig genug Flexibilität, um den Fuß beim Laufen nach oben zu biegen.

Gastrocnemius und Soleus ermöglichen die Vorwärtsbewegung. Doch beim Laufen werden diese Muskeln – und damit die Achillessehne – verkürzt. Wenn die notwendige Beweglichkeit nicht gegeben ist, muß die Achillessehne mehr leisten, als ihr tatsächlich möglich ist.

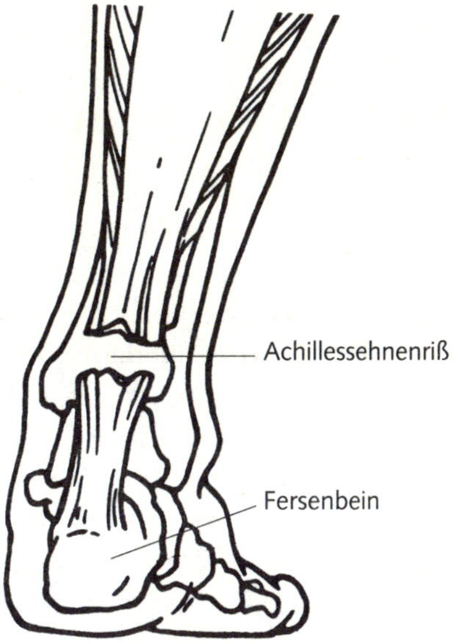

Dadurch kommt es zu einer Achillessehnenentzündung (Tendinitis), die bei weiterer Beanspruchung zu einem Abriß führen kann. Wie alle Sehnen heilt die Achillessehne mit Narbengewebe. Dadurch wird sie schwächer und neigt noch mehr zu Verletzungen. Achillessehnenverletzungen müssen schnell behandelt werden, bevor zu viele Risse mit Narbenbildung auftreten können.

ler wieder genesen, wenn wir uns jetzt gleich diesen Problems annehmen.«

Der Knöchel blieb zwei Monate lang im Gips (wenngleich ich den Gips mehrmals wechselte). Auf diese Weise konnten die Fasern mit Narbengewebe verheilen. Hätte sie die Sehne vollkommen abgerissen, wäre nur noch eine Operation geblieben.

Ann war wie ein Pferd, das unbedingt wieder auf die Koppel wollte. Doch nach der Gipsabnahme ließ ich sie nicht sofort laufen. Anfangs waren nur Schwimmen und Radfahren erlaubt.

Ich verordnete noch sechs Wochen physikalische Therapie, um Narbengewebe und Schwellung zu verringern. Erst dann durfte sie wieder laufen. Anfangs mußte sie ihr Training auf eine Geh-Laufrunde jeden zweiten Tag beschränken.
Dann konnte Ann endlich wieder ihr gewohntes Programm aufnehmen. Doch hat sie das ununterbrochene Laufen aufgegeben und setzt ab und zu auch einen Tag aus. Wenn sie Grippe hat, bleibt sie jetzt sogar im Bett.

Burts Problem: Zu »beschäftigt«, um sich zu dehnen

Nicht alle Achillessehnenverletzungen sind so dramatisch wie bei Ann. Burts Beschwerden sind typischer.
Burt versuchte viermal in der Woche insgesamt 30 Kilometer zu laufen. Wenn er die angestrebte Kilometerzahl nicht erreichte, hatte er Schuldgefühle. Aus diesem Grund verstärkte er beim nächsten Mal dann seine Bemühungen, das gesteckte Ziel zu erreichen.
Burt führte keine Dehnübungen aus, da er nach seinen eigenen Worten »keine Zeit« hatte. Da er meist in der Mittagspause lief, hatte er sowieso kaum genug Zeit, sich umzuziehen, zu laufen, zu duschen und dann schnell ein belegtes Brot runterzuschlingen, bevor er wieder an den Schreibtisch zurückkehrte. Diese Hetze bedeutete auch, daß sich Burt weder richtig aufwärmte noch abkühlte.
Etwa ein Jahr bevor er mich schließlich aufsuchte, verspürte er zum ersten Mal Schmerzen in der Achillessehne. Er sagte sich: »Es ist ein dumpfer Schmerz, der beim Laufen nachläßt. Also kann es nicht so schlimm sein.«
An manchen Tagen waren die Schmerzen schlimmer als an anderen; manchmal wurden sie auch so heftig, daß er mit dem Laufen aufhören mußte. Doch nach einigen Tagen Pause waren die Schmerzen so erträglich, daß er erneut laufen konnte. Dann machte sich sein schlechtes Gewissen wieder bemerkbar: Beim nächsten Lauf versuchte er, die verlorene Zeit wieder aufzuholen.
Nach einem solchen Lauf waren die Beschwerden schlimmer als sonst. Er hörte sofort auf zu laufen und ging nach Hause. Doch die Schmerzen dauerten an. Am nächsten Tag schmerzte der Fuß beim Gehen, und seine Beschwerden besserten sich auch in den folgenden Tagen nicht.
Burt setzte einen Monat lang aus. Als er wieder laufen wollte, kehrte auch der Schmerz zurück. Da meinte ein Freund von Burt, es wäre an der Zeit, mich aufzusuchen.
Als Burt zu mir in die Praxis kam, hinkte er nicht – was immer ein gutes Zeichen ist. Doch als ich seine Achillessehne untersuchte, entdeckte ich mehrere kleine Knoten. Eine Sehne sollte schön glatt sein und keine Höcker aufweisen.
Diese kleinen Knoten, die etwa die Größe einer Erbse haben, weisen auf Narbengewebe hin. Narben können

sowohl Freund als auch Feind sein. Mit diesem Material heilt der Körper Wunden; doch es weist auch auf Entzündung und Schmerz hin.

Das Narbengewebe in Burts Sehne zeigte, daß sie im vergangenen Jahr kleine Risse erlitten hatte. Diese waren sicher nicht so schlimm wie bei Ann, aber sie zeigten doch, daß Sehnenfasern gerissen waren und sich Narbengewebe gebildet hatte.

Wie Sie vermutlich erraten haben, hatte Burt ein Problem mit der Flexibilität. Normalerweise sollte man den Fuß in einem 90-Grad-Winkel zum Bein halten und den Fuß dann noch um weitere 15 Grad nach oben beugen können. Burt erreichte kaum 90 Grad und war von einer weiteren Beugung meilenweit entfernt. Die vielen Jahre, in denen er ohne Dehn- und Aufwärmübungen gelaufen war, hatten ihre Spuren hinterlassen. Burts Wadenmuskeln und Achillessehne waren für das Laufen viel zu stark verkürzt. Sie waren sogar zum Gehen zu kurz, wodurch sich das Sehnenproblem noch verschlimmerte.

Um zu verhindern, daß diese Verletzung schlimme Formen annahm, empfahl ich ihm, das Laufen für eine Weile aufzugeben und andere Sportarten zu betreiben. Nachdem er Streck-, Aufwärm- und Abkühlübungen gegenüber abgeneigt war, wunderte ich mich nicht, daß er wenig Begeisterung zeigte.

»Während meiner Mittagspause habe ich keine Zeit für etwas anderes«, sagte er. »Und wenn ich abends heimkomme, möchte ich mich meiner Familie widmen.«

Als ich vorschlug, er solle morgens trainieren, antwortete Burt: »Ich bin froh, wenn ich rechtzeitig in die Arbeit komme.« Ich schlug vor, er solle mittags gehen anstatt zu laufen. Doch Burt sagte, seine Lauffreunde würden das als »Schwäche« deuten.

Hartnäckig bohrte ich weiter. Er könnte vor dem Abendessen mit seiner Familie einen einstündigen Spaziergang machen, um auf diese Weise sanfte körperliche Betätigung und Familienleben zu verbinden. Er meinte, das sei möglich, und ich befestigte eine Fersenerhöhung in seinem Schuh, um die Sehne zu entlasten.

Glücklicherweise hatten Burt und seine Familie an diesen Spaziergängen Spaß. So verbanden sie Bewegung mit gemeinsamer Freizeit.

Dann verringerten wir die Symptome, indem wir Burts Achillessehne mit Eis und entzündungshemmenden Medikamenten behandelten. Er führte in der Mittagspause und nach seinen Abendspaziergängen eine 20-minütige Eisbehandlung durch.

Danach wandten wir uns dem Narbengewebe zu. Ein Therapeut richtete die vernarbten Teile mit Hilfe von Ultraschall und Reibungsmassage des tieferliegenden Gewebes neu aus.

Schließlich packten wir das Übel an seiner Wurzel: Wir nahmen Burts mangelnde Flexibilität in Angriff. Ein Krankengymnast zeigte Burt geeignete Dehnübungen für Achillessehne, Waden und Kniesehnen. Die Übungen nahmen jeden Tag etwa zehn Minuten in Anspruch, und Burt konnte sie vor dem Fernseher machen. Dies war eine gute Zeit, da seine Muskeln durch die Aktivitäten des Tages schon etwas angewärmt waren.

Etwa ein Monat nach der Verletzung gab ich ihm grünes Licht: Er konnte wieder vorsichtig mit dem Laufen anfangen. Doch durfte er auf keinen Fall Aufwärm-, Dehn- und Abkühlübungen vergessen.

»Falls nötig, müssen Sie eben kürzere Strecken laufen«, sagte ich ihm. »Aber Sie müssen die Streckübungen durchführen und sich aufwärmen und abkühlen. Es ist besser, eine kürzere Distanz zu laufen, als einen Achillessehnenabriß zu riskieren.«

Und schließlich fügte ich noch hinzu: »Versuchen Sie nie, verlorene Zeit aufzuholen. Vergessen Sie das. Es hat keine Folgen, wenn Sie einen oder zwei Läufe auslassen. Doch Sie haben selbst gesehen, daß es schlimme Konsequenzen haben kann, wenn Sie das Training übertreiben.«

Jetzt läuft Burt ein- bis zweimal in der Woche während der Mittagspause. Vor dem Abendessen läuft er gelegentlich mit der Familie. Sie hatten die abendlichen Spaziergänge so genossen, daß sie gemeinsame Läufe begonnen haben.

Jedes Familienmitglied läuft für sich eine bestimmte Strecke. Vor dem Laufen wärmen sie sich gemeinsam auf, und nach dem Lauf treffen sie sich zu einigen Abkühlübungen.

Eine Sehne stößt an ihre Grenzen

Leider lassen einige Läufer ihre Probleme mit der Achillessehne eskalieren – und aus irgendeinem Grund sind das immer Männer.

Kenneth ist ein gutes Beispiel. Er ist nicht nur Läufer, sondern ein begeisterter Allroundsportler. Von Hockey bis Rugby – Kenneth läßt keine Sportart aus. Darüber hinaus betrachtet er sich gerne als »Macho«.

Laufen war seine liebste Sportart. Mehrere Monate lang hatte er beim Laufen in der Achillessehne einen ziehenden Schmerz verspürt. Die Beschwerden verschlimmerten sich allmählich, aber er war nicht bereit, eine seiner Aktivitäten – und schon gar nicht das Laufen – aufzugeben.

Während eines 10-km-Laufes über hügeliges Gelände spürte Kenneth einen stechenden Schmerz in der Achillessehne. Aber da er mit Freunden lief, biß er die Zähne zusammen und kämpfte sich bis ins Ziel.

Er hoffte, der Schmerz würde sich beim Gehen legen, doch verschlimmerten sich seine Beschwerden nur noch weiter. Als er zu seinem Auto ging, gab sein Fuß nach, als er über die Bordsteinkante stieg, und Kenneth fiel zu Boden. Er litt zwar unter keinen starken Schmerzen, aber er hatte vollkommen die Kontrolle über den Fuß verloren.

Kenneths Freunde trugen ihn zu mir in die Praxis. Doch war er mittlerweile zu der Überzeugung gelangt, daß die an-

Symptome und Behandlungsmöglichkeiten

Probleme an der Achillessehne

Sie haben dieses Problem möglicherweise, wenn Sie an folgenden Beschwerden leiden:
Sehnenentzündung
Stechendem Schmerz in der Sehne

Ihr Arzt verschreibt unter Umständen:
Fersenerhöhung
Orale Gabe von Entzündungshemmern
Ausgleichssport
Änderungen im Trainingsprogramm
Gips
Physikalische Therapie
Dehnübungen
Chirurgischen Eingriff

Wie man diese Beschwerden vermeiden kann:
Verwendung stützender Schuhe
Dehnübungen für die Waden, siehe Seiten 222 und 223
Weniger Lauftraining in hügeligem Gelände
Verringerung von Sprints und Läufen auf der Aschenbahn

deren übertriebenes Aufhebens um seine Verletzung machten. Er protestierte: »Ich habe hier eigentlich nichts zu suchen. Ich könnte aufstehen und weggehen.«
Ich führte den »Wadendrück-Test« durch. Wenn man den Muskel drückt, bewegt sich der Fuß normalerweise nach unten. Kenneths Fuß rührte sich nicht. Das ist das schlimmste Zeichen, das man bei einer Achillessehnenverletzung finden kann: Es bedeutet, daß die Sehne vollkommen abgerissen ist. Die Schmerzen, unter denen der Verletzte leidet, sind kein verläßliches Indiz für den Schaden an der Achillessehne; doch wenn der Fuß nicht mehr nach unten gebeugt werden kann, weiß man, was die Stunde geschlagen hat.
Meine Kollegen und ich operierten Kenneth am nächsten Morgen und

stellten fest, daß seine Sehne einer Spaghetti ähnelte. Jahrelange Überbeanspruchung hatte ihre Spuren hinterlassen, und schließlich war die Achillessehne vollkommen abgerissen.

Zuerst mußten all die ausgefransten Teile der Sehne entfernt werden, um die guten Enden freizulegen. Daraufhin verlängerte ich die Sehne etwas, indem ich sie spaltete und nähte die beiden Enden dann zusammen.

Sehnen sind nur schlecht durchblutet, was den Heilungsprozeß erheblich verlangsamt. Da das gesamte Körpergewicht auf der Achillessehne lastet, muß diese Sehne sehr kräftig sein. So mußte Kenneth fast zwei Monate einen Gips tragen und konnte sich nur auf Krücken fortbewegen. Die anschließende Rehabilitationstherapie dauerte weitere drei Monate. Erst sechs Monate nach seiner Verletzung konnte er langsam wieder ans Laufen denken.

Wie zu erwarten war, ist Kenneths Achillessehne auch Jahre nach der Operation durch Narbengewebe verdickt und macht häufig Beschwerden. Die operierte Achillessehne ist eindeutig schwächer als die Sehne an seinem gesunden Bein – und das wird auch so bleiben. Er wird sie immer wie ein rohes Ei behandeln müssen, da sie auf Beanspruchung empfindlicher reagiert und Verletzungen gegenüber empfänglicher ist als die andere Sehne.

Kenneth kann zwar laufen und andere Sportarten ausüben, doch nicht in dem Maße, wie er es früher konnte oder gerne möchte. Doch schätzt er seine Verletzung realistisch ein und paßt jetzt besser auf sich auf.

Kapitel 15

Verstauchungen des Knöchels

Jedes Mal, wenn ein Läufer meine Praxis auf Krücken betritt, wird mir das Herz schwer. Nur wenige Laufverletzungen sind so gravierend, daß ein Läufer nicht mehr ohne Hilfe gehen kann.

Ich leide schon mit Läufern, wenn sie das Training aufgrund von Verletzungen einschränken oder einstellen müssen. Doch es ist noch schlimmer, wenn die Verletzung auch das tägliche Leben beeinträchtigt.

Eine Verletzung, die solch schlimme Folgen haben kann, ist ein verstauchter Knöchel, der von Entzündungen unterschiedlichen Ausmaßes und Abriß der Knöchelbänder begleitet sein kann. Die Erstbehandlung ist für die Heilung von entscheidender Bedeutung. Die folgenden zwei Bespiele von verstauchten Knöcheln zeigen, wie wichtig es ist, diese Verletzungen rasch und richtig zu behandeln.

Der Preis einer kurzen Unaufmerksamkeit

Kathleen humpelte auf geborgten Krücken in meine Praxis. Die zwanzigjährige Freizeitläuferin hatte am Morgen vorher an einem 20-km-Lauf teilgenommen.

»Es war ein herrlicher Morgen für einen Lauf«, sagte sie, »und ich konzentrierte mich mehr auf den blauen Himmel und auf die Bäume als auf meinen Weg.« Nach etwa 7 Kilometern stolperte sie über eine Straßenschwelle.

»Gerade hatte ich noch die Bäume bewundert, als ich plötzlich auf der Nase lag.«

Sie hatte sich den Knöchel vertreten. Sie hörte auf den Rat wohlmeinender Zuschauer und erreichte die Ziellinie, indem sie abwechselnd ging und lief.

Bis sie zuhause war, waren die Schmerzen schon erheblich schlimmer geworden. Sie wußte, daß sie den Knöchel entweder mit Hitze oder Kälte behandeln sollte, konnte sich aber nicht mehr erinnern, welches die richtige Therapie war. Da ein heißes Bad wesentlich einladender war als ein Eimer mit Eis, entschied sie sich für die Wanne.

Später am Abend konnte sie den Knöchel nicht mehr belasten, und die Außenseite zeigte eine deutliche Schwellung. Als sie am nächsten Morgen aufstand, hatten sich Fußoberseite und Außenknöchel verfärbt, und der ganze Fuß war stark angeschwollen.

Was schiefgehen kann

Knöchelverstauchungen

Da man normalerweise mit der Außenseite der Ferse auf dem Boden auftrifft, vollzieht der Fuß eine Drehung nach innen, um flach auf dem Boden zum Liegen zu kommen. Gelegentlich dreht sich der Fuß aber versehentlich nach außen. Dies verursacht eine Knöchelverstauchung oder -zerrung.
Es gibt auch noch eine Knöchelverstauchung, die in der Gegenrichtung auftritt. Hierbei dreht sich der Knöchel nach innen, was sehr selten vorkommt.

Knöchelbänder

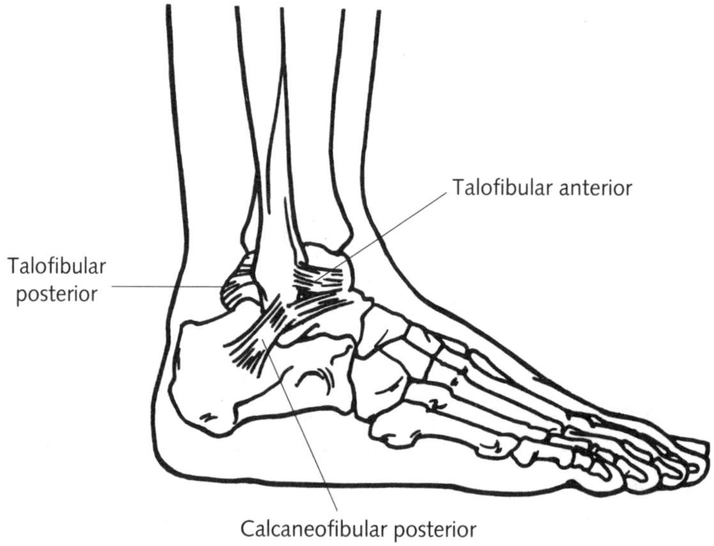

Ihre Zehen waren kühl, und sie konnte den Fuß nicht belasten.
Nun war sie doch beunruhigt. Sie rief ihre Mutter an, die in der Nähe wohnte. Die Mutter brachte ihr Krücken und fuhr sie zu mir in die Praxis.
Kathleen trug an dem verletzten Fuß nur eine Socke und keinen Schuh. Ihre Schmerzen waren so groß, daß wir fast eine Minute brauchten, um ihr den Socken auszuziehen.
Als sie ihre Geschichte erzählte, bemerkte sie mein Stirnrunzeln, als sie das heiße Bad erwähnte. »Heißes Wasser ist im Augenblick angenehm«, er-

Knöchelverstauchungen werden nach dem Grad der Schmerzen und Beeinträchtigung eingestuft. Eine Verstauchung ersten Grades bedeutet eine Überdehnung und Entzündung der Bänder, verursacht leichte Schmerzen und geringe Schwellung und vergeht meist nach einigen Tagen wieder.
Eine Verstauchung zweiten Grades ist schlimmer und bedeutet den Abriß oder teilweisen Riß von einem oder mehreren Bändern. Das Narbengewebe braucht Wochen, um den Riß auszuheilen. Da das Narbengewebe weniger geschmeidig ist als das normale Bandmaterial, bleibt der Knöchel immer schwächer und verletzungsanfällig.
Eine Verstauchung dritten Grades ist die schlimmste Verletzung und bedeutet den vollständigen Abriß aller drei Bänder. Dadurch entsteht eine beträchtliche Instabilität des Knöchels, und für einen aktiven Menschen ist eine Operation unausweichlich.
Ein verstauchter Knöchel kann auch noch andere Folgen haben. Dazu gehören ein Riß in der Gelenkkapsel und, was häufiger ist, eine Fraktur an einem oder mehreren Knochen in der Knöchelgegend. Meist bricht das Wadenbein (der dünnere Knochen im Unterschenkel), doch kann auch die Basis des fünften Mittelfußknochens betroffen sein. Aus diesem Grund müssen Fuß und Knöchel bei ernsthaften Verstauchungen geröntgt werden.
Der Laie kann den Schweregrad der Verletzung häufig nur schwer beurteilen. Doch ein guter Arzt kann schnell eine Diagnose stellen und die angemessene Behandlung einleiten, so daß der Heilungsprozeß rasch in Gang kommt und die erneute Verletzungsgefahr minimiert wird.

klärte ich ihr. »Doch es verschlimmert eine frische Verletzung.«
Das Eintauchen des verletzten Fußes in warmes oder heißes Wasser, verstärkt Blutung und Geschwulst. Da wäre es noch besser gewesen, überhaupt nichts zu machen. Bei den meisten Knöchelverletzungen kommt es zu Rissen und Blutungen in Bändern und Bindegewebe. Dies ist auch der Grund für die grüne und blaue Verfärbung. Im allgemeinen gilt, daß die Blutung um so stärker ist, je dunkler und tiefer die Farben, die der Knöchel annimmt.
Unmittelbar nach der Verletzung ist Vereisen die einzig wahre Behandlung.

Eis verringert Blutung, Schwellung und Entzündung und lindert die Schmerzen. Neben Eis sind Ruhe, Kompression und Hochlagern noch von großer Bedeutung. Die Kombination dieser vier Elemente ist die beste erste Hilfe für verstauchte Knöchel und sichert schnellere Heilung und weniger Komplikationen.

Leider hatte Kathleen mit dem Wannenbad die falsche Wahl getroffen. Aus diesem Grund sahen wir uns noch mit einer stärkeren Blutung und Schwellung als normal konfrontiert. Auch die Untersuchung wurde durch diese Faktoren schmerzhafter und schwieriger.

Ich machte eine Röntgenaufnahme, um eine Fraktur auszuschließen. Kathleen war froh, daß kein Bruch vorlag, doch ich betrachtete dies mit gemischten Gefühlen: Manchmal ist ein gebrochener Knöchel einem verstauchten vorzuziehen. Bei einem Bruch gibt es eine definitive Diagnose und eine eindeutige Behandlung. Bei einem Knochenbruch bekommt der Läufer einen Gips, der Knochen heilt, und nach wenigen Wochen ist der Sportler wieder auf den Beinen. Abgesehen von möglichen Problemen bei der Knochenheilung, gibt es nur wenige Komplikationen und Folgebeschwerden.

Doch bei einer Verstauchung können alle möglichen Probleme nicht oder unzureichend diagnostiziert werden. Gewöhnlich kommt es zu Rissen in den lateralen (äußeren) Bändern und manchmal auch in den medialen (inneren) Bändern. Auch werden Muskeln und Sehnen gezerrt, gerissen oder überdehnt, und die Gelenkkapsel kann überdehnt sein oder einen Riß aufweisen.

Manchmal ist es schwierig, diese Verletzungen zu entdecken. Eine bestimmte Bindegewebsverletzung kann so schlimm sein, daß sie alle anderen überschattet. Die Geschwulst erschwert die Diagnose noch weiter. Jedes nicht erkannte Problem wird nicht angemessen behandelt und kann zur Ausbildung von Narbengewebe und Folgeschmerzen führen.

Da ich Kathleens Knöchel aufgrund der enormen Schwellung und ihrer starken Schmerzen nicht richtig untersuchen konnte, sahen wir uns den Fuß unter dem Bildwandler an. Dies ergab einen vollständigen Abriß aller drei lateralen Bänder, doch keine Risse in den medialen Bändern. Das Knöchelgelenk und verschiedene Sehnen an Fuß und Knöchel waren erheblich angeschwollen.

Aufgrund dieser genauen Diagnose standen wir nun vor einer schwierigen Entscheidung. Bei einem vollständigen Abriß der drei Außenbänder gibt es im Grund zwei Behandlungsmöglichkeiten. Die konservative Methode arbeitet mit Gips und physikalischer Therapie. Der Fuß wird mehrere Wochen lang in Gips gelegt, damit die Bänder heilen können. Dann behandelt ein Physiotherapeut den Knöchel vier bis acht Wochen lang, um das Narbengewebe abzubauen und Kraft sowie Funktion wiederherzustellen.

Bei Läufern ist die konservative Methode jedoch nicht immer erfolgreich.

Die Bänder bleiben immer lockerer als vor der Verletzung, und viele Läufer ziehen sich später noch schwerere Knöchelverletzungen zu.
Die zweite Möglichkeit ist ein chirurgischer Eingriff, um die Bänder zu flicken. Der Patient braucht zwar auch einen Gips und Krankengymnastik. Doch nach Abschluß der Behandlung, die etwa so lange dauert wie die konservative Methode, sind die Bänder viel straffer, und die Gefahr einer erneuten Verstauchung erheblich geringer.
Kathleen entschied sich für die Operation. Sie wußte, daß Monate mit Gipsverband und Physiotherapie vor ihr lagen. Doch sie wollte am Ende einen möglichst stabilen Knöchel haben, so daß sie weiterhin Sport treiben konnte und in der Lage war, uneingeschränkt zu laufen und Fußball zu spielen.
Ich operierte ihren Knöchel zusammen mit Dr. John Beck, einem bekannten Orthopäden. Auch er ist von der Bedeutung postoperativer Physiotherapie überzeugt und meinte vor dem Eingriff: »Wenn ein Anfänger die Operation durchführte und Kathleen dann zur Krankengymnastik schickte, wäre das besser, als wenn ich sie operierte, und sie sich keiner Physiotherapie unterzöge.« Und das aus dem Munde des Großmeisters der Knöchelchirurgie!
Operation und Rehabilitation verliefen erfolgreich. Kathleen hat ihr normales Laufprogramm wieder aufgenommen. Sie riecht beim Laufen zwar immer noch an Rosen, doch paßt sie jetzt besser auf den Weg auf.

Ein Fall von wiederholter Verstauchung

Bei den meisten Knöchelverstauchungen handelt es sich nicht um plötzliche, schwerwiegende Verletzungen wie bei Kathleen. Chronische Knöchelverstauchungen als Folge wiederholter kleinerer Verstauchungen treten bei Läufern viel häufiger auf.
Laurie war so ein Fall. Sie ist fünfunddreißig Jahre alt und hat zwei Kinder. Seit etwa acht Jahren läuft sie fünfmal pro Woche je 7–8 Kilometer in ihrer näheren Umgebung.
Laurie suchte mich wegen Schmerzen an der Außenseite ihres rechten Knöchels auf. Die Beschwerden waren in den letzten fünf Jahren immer wieder aufgetreten. »Ich scheine mir alle paar Jahre den Knöchel zu vertreten«, erklärte sie. »Der Schmerz hält etwa sechs Monate lang an und verschwindet dann wieder.«

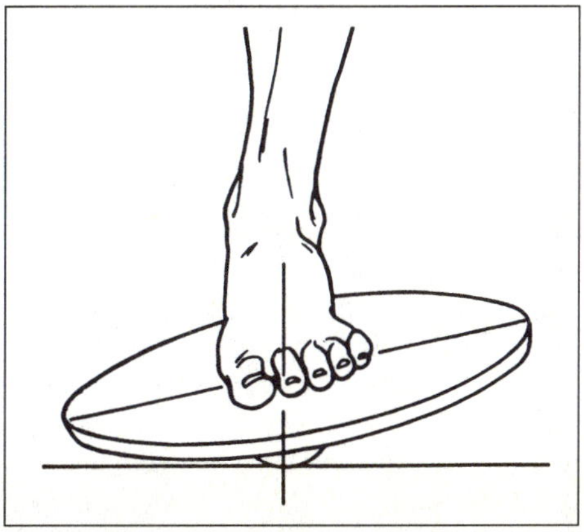

Übung auf dem Schaukelbrett

Diese Scheibe, die auf einem Halbkreis steht, verbessert das Gleichgewicht nach Knöchelverletzungen.

»Dann geht etwa ein Jahr lang alles gut, bis ich mir ohne einen bestimmten Grund den Knöchel wieder verstauche und einige Monate lang außer Gefecht bin.«

Sie erinnerte sich noch an die erste Knöchelverstauchung: »Das war während unserer Schulmeisterschaft. Beim Sackhüpfen vertrat ich mir den Knöchel, und es bildete sich eine ziemlich starke Schwellung.«

Freunde brachten sie zur zuständigen Krankenschwester, die ihr empfahl, den Knöchel zu vereisen und nicht zu belasten. Da nichts gebrochen war, glaubte die Krankenschwester nichts anderes tun zu können. Wenn Laurie sich dann später den Knöchel wieder verstauchte, verordnete sie sich immer Eis und Ruhe und legte eine Bandage an.

»Ich bin heute da«, erzählte sie mir, »weil ich mir den Knöchel vor einigen Wochen wieder verstauchte und allmählich die Nase voll habe. Ich habe ihn mir bei meinem normalen Lauf vertreten, und als ich heimkam, habe ich mich einfach hingesetzt und geheult.«

»Ich weinte nicht wegen der Schmerzen – nun, vielleicht ein wenig – sondern vor allem aus Frustration. Immer wenn ich gut laufe, passiert dies, und ich habe das Gefühl, erneut von vorne anfangen zu müssen. Ich will nicht wieder ein halbes Jahr damit verbringen, diese Verletzung zu kurieren, die einige Monate später dann doch wieder auftritt.«

Lauries Verletzung erinnerte mich an eine Zeit, als ich im Gesundheitscenter einer örtlichen Universität Sprechstunden abhielt. Ich stellte fest, daß viele Krankenschwestern und Ärzte Studenten mit Knöchelverletzungen behandelten.

Leider beschränkte sich die Diagnose meist darauf, eine Fraktur auszuschließen und Eis und Bandagen zu empfehlen. Ich bemühte mich sehr,

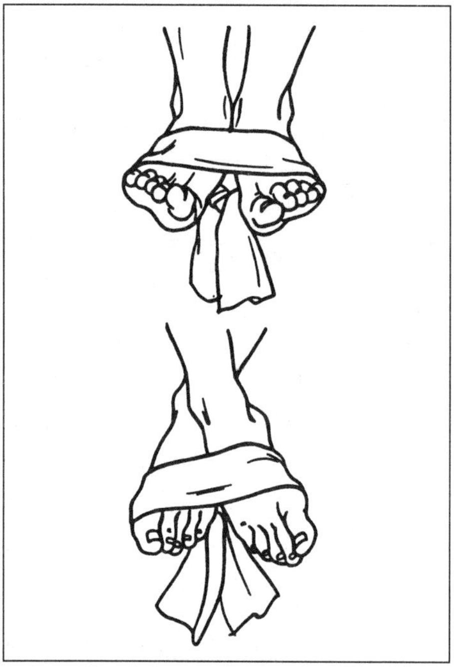

Bandübungen

Halten Sie Knie, Füße und Knöchel geschlossen und binden Sie ein Gummiband locker um die Füße (siehe Abbildung oben). Ziehen Sie die Vorderfüße auseinander, und lassen Sie dann wieder locker. Wiederholen Sie diese Übung zehnmal. Binden Sie das Band dann um die gekreuzten Füße (siehe Abbildung unten). Ziehen Sie einen Fuß zur Seite und lassen Sie dann wieder locker. Wiederholen Sie diese Übung zehnmal mit dem anderen Fuß. (Anstatt eines Gummibandes können Sie auch einen Fahrradschlauch verwenden.)

diesen Therapeuten einzubleuen, daß ihre Patienten früher oder später Probleme haben würden (wie dies bei Laurie der Fall war), wenn sie keine umfassendere Behandlung in Angriff nähmen, doch behaupteten sie, daß es an Zeit und Finanzen für aufwendigere Therapien fehlte.

Knöchelverstauchungen wie bei Laurie sind häufig. Ohne angemessene Erstbehandlung kommt es in der Folgezeit sicherlich zu weiteren Zerrungen und Verstauchungen. Doch die meisten Läufer erhalten bei der Erstverletzung nur eine unzureichende Therapie.

Als sich Laurie den Knöchel vor vielen Jahren zum ersten Mal vertrat, war es sicherlich zu einem Abriß der Außenbänder gekommen. Diese halten den Knöchel zusammen und verleihen ihm Stabilität.

Wenn die Bandfasern reißen, füllt Narbengewebe die Lücke und »heilt« so die Verletzung. Doch heilen die Bänder meist lockerer zusammen als vor der Verletzung, wodurch Stabilität und Kraft des Knöchels geschwächt werden. Da Fuß und Knöchel sich aufgrund der Bandinstabilität in einer anderen Stellung befinden, ist man sich auch möglicher Unterschiede im Untergrund weniger bewußt.

Als Laurie beim nächsten Mal auf eine Unebenheit auftraf, verstauchte sie sich den Knöchel leichter als vorher. Nach der zweiten Verstauchung füllte noch mehr Narbengewebe den neuen Riß, und weitere schwächere Fasern versuchten die neue Verletzung auszugleichen. Dieser Kreis setzte sich fort und führte zu immer größerer Instabilität und Verletzungsneigung.

Doch zum Glück kann man diesen Kreis durchbrechen und die Funktionsfähigkeit des Knöchels wiederherstellen.

Laurie verspürte den größten Schmerz am vorderen Talofibularband, dem Außenband, das am häufigsten reißt. Geringfügigere Beschwerden bereitete ihr das Calcaneofibularband, das meistens als zweites reißt. Das dritte Band, das hintere Talofibularband, war schmerzfrei.

Ein Krafttest zeigte, daß Lauries Wadenbeinmuskulatur sehr schwach war. Diese Muskelgruppe unterstützt die Einwärtsdrehung des Fußes nach dem Aufsetzen und trägt dadurch zur Verhinderung von Knöchelverstauchungen bei. Zumindest sollte das so sein.

Wenn man sich den Knöchel verstaucht, haben die Muskeln und Sehnen am Wadenbein ihre Aufgabe nicht erfüllt und sich bei ihren erfolglosen Bemühungen vermutlich eine Verletzung zugezogen. Wenn Muskeln verletzt werden, versucht der Körper, ihnen Ruhe zu geben, um weiteren Schaden abzuwenden und die Heilung zu ermöglichen. Aus diesem Grund werden gezerrte oder verletzte Muskeln wenig beansprucht und verlieren ihre Kraft. Die geschwächten Muskeln können eine Knöchelverstauchung dann noch weniger verhindern. Dies war bei Laurie der Fall gewesen.

Ich verschrieb Laurie Krankengymnastik, da dies bei einer Knöchelverstauchung unabdingbar ist.

Symptome und Behandlungsmöglichkeiten

Knöchelverstauchung

Sie haben dieses Problem möglicherweise, wenn Sie an folgenden Beschwerden leiden:
Verstauchtem Knöchel

Ihr Arzt verschreibt unter Umständen:
Ruhe, Eis, Druck, Hochlagern
Physiotherapie
Schiene
Gips
Chirurgischen Eingriff

Wie man diese Beschwerden vermeiden kann:
Handtuchübung, siehe Seite 135
Alphabetübung, siehe folgende Seite
Bandübung, siehe Seite 150
Laufen Sie nicht auf unebenem Grund, wie am Strand oder auf Wiesen

Laurie wurde in einer Klinik mit dem Namen »Progressive Sporttherapie« behandelt. Die Therapeutin untersuchte Lauries Knöchel und stellte auf der lateralen (äußeren) Seite eine beträchtliche Schwäche fest. Sie bestimmte dieses Ungleichgewicht, indem sie Laurie mit geschlossenen Augen auf dem verletzten Fuß balancieren ließ. Normalerweise hätte Laurie in der Lage sein müssen, 60 Sekunden das Gleichgewicht zu halten, doch es gelang ihr nur fünf Sekunden lang.

Darüber hinaus bestätigte die Krankengymnastin, daß die Bänder aufgrund der wiederholten Zerrungen und Risse des Außenbandes locker waren. Sie war sogar überrascht, daß sich Laurie noch keine schlimmere Verstauchung zugezogen hatte.

Zuerst wurde versucht, die Schwellung am Knöchel zu verringern, um dadurch die Schmerzen zu lindern und die Funktion zu verbessern. (Eine Schwellung verhindert die vollständige Beweglichkeit des Knöchelgelenks, um weitere Verletzungen zu vermeiden.) Man behandelt die Schwellung mit elektrischer Stimulation, sowie Eis, Druck und sanfter Massage. Bei elektrischer Interferenzstimulation verwendet man bestimmte elektrische Wellenmuster, die mit Hilfe einer »Pumpwirkung« die überschüssige Flüssigkeit aus dem Knöchel treiben.

Dann bearbeitete die Therapeutin das Narbengewebe mit Ultraschall und Reibungsmassage. Ultraschall macht das Narbengewebe geschmeidiger, so daß es durch Massage gestärkt und in Richtung der einwirkenden Kräfte ausgerichtet werden kann.

Als nächsten Schritt bemühte sich die Krankengymnastin, Lauries Beweglichkeit zu verbessern. Die Anfangsübung bestand lediglich darin, die Buchstaben des Alphabets mit den Zehen nachzuzeichnen und den ganzen Fuß dreimal täglich zu bewegen. Dadurch wurden alle Muskeln am Knöchelgelenk beansprucht. Mit zunehmender Besserung wurden die Übungen gezielter und intensiver.

Die Therapeutin half Laurie, Gleichgewicht und Koordination zu verbessern. Nach einer Knöchelverletzung verlieren sich diese Fähigkeiten, und das Gelenk wird ungeschickt. Durch erhöhte Koordination konnte sich Laurie vor zukünftigen Verstauchungen schützen, da sie sich der Position des Knöchels wieder besser bewußt war.

Dies geschah unter anderem mit einem Schaukelbrett, auf dem Laurie balancieren sollte. Es besteht aus einem runden Brett, das auf einer Halbkugel liegt und wird auf Seite 149 näher beschrieben. Während Laurie auf dem Brett stand, drehte sie den Fuß in verschiedene Richtungen. Als sich der Fuß an

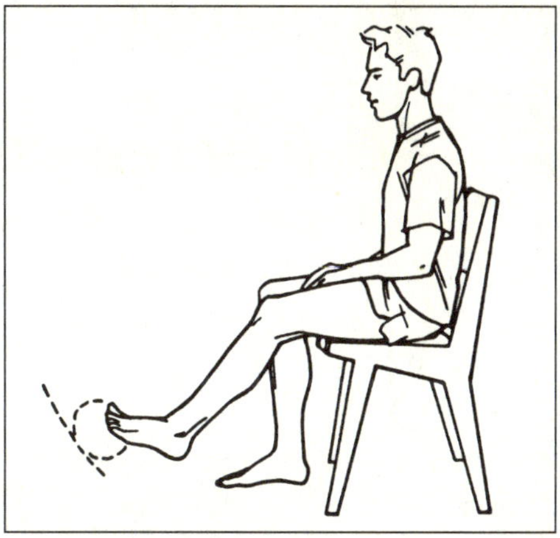

Schreiben des Alphabets

Benützen Sie den Großzeh als »Stift«, um das Alphabet in der Luft zu schreiben, wobei sie die Buchstaben durch Knöchelbewegung formen. Wiederholen Sie diese Übung dreimal.

diese Übung gewöhnte, wurde die Halbkugel unter dem Brett durch immer größere ersetzt, wodurch diese Drehbewegungen zunehmend mehr Gleichgewichtsgefühl erforderten.

Nach einer sechswöchigen Therapie konnte Laurie ihre gewohnten Aktivitäten wieder aufnehmen und die Übungen zuhause fortsetzen. Ihr Knöchel war kräftig, der Schmerz vergangen und Gleichgewicht, Propriozeption sowie Kraft waren ausgezeichnet.

Die Behandlung liegt mehr als fünf Jahre zurück. Laurie hat seither keine Beschwerden mit dem Knöchel mehr. Sie schickt uns nun andere Patienten, die unter chronischen Verstauchungen oder Schmerzen am Knöchel leiden. Sie hat erkannt, daß sie ohne Behandlung weiterhin mehr Zeit mit Verletzungen als mit Laufen zugebracht hätte.

Kapitel 16

Schmerzen am Schienbein

Dieser Begriff ist mir aufgrund seiner Ungenauigkeit denkbar zuwider.

Läufer (und auch viele Ärzte) verwenden diese Bezeichnung wie eine definitive Diagnose. Für mich ist es alles andere als eine Diagnose und sagt mir überhaupt nichts. Der Ausdruck »Schienbeinschmerzen« bezieht sich auf alle Arten von Beinbeschwerden. Man kann genauso gut von »Fußschmerzen«, »Knieschmerzen« oder »Rückenschmerzen« sprechen. Der Begriff gibt lediglich die generelle Region des Schmerzes, nicht aber die Ursache an.

Schienbeinschmerzen können auf ein halbes dutzend Beschwerden von Belastungsfrakturen über Tendinitis zu Nervenreizung zurückzuführen sein. Eine angemessene Behandlung beginnt mit einer genauen Diagnose.

Der vernünftige Sam und sein durchdachtes Laufprogramm

Sam hält sich für einen »Durchschnittsläufer«. Er läuft etwa 35 km in der Woche und trainiert vernünftig. Er steigert weder Strecke noch Geschwindigkeit von einem Tag zum anderen und nimmt nur an zwei oder drei 10-km-Läufen sowie an einigen 5-km-Läufen im Jahr teil. Er kauft sich alle sechs Monate neue Schuhe, wärmt sich vor dem Laufen auf und führt seine Dehn- und Streckübungen mit größter Gewissenhaftigkeit durch. Wenn er Schmerzen verspürt oder verletzt ist, setzt er aus, bis er sich besser fühlt.

Sam entspricht meiner Vorstellung von einem vorbildlichen Läufer, der alles richtig machen will. Als Sam unter Schienbeinbeschwerden zu leiden begann, tat er, was er für logisch hielt.

Er verringerte seine Trainingsstrecke und kaufte neue Schuhe – die weichsten, die er finden konnte. Auf diese Weise glaubte er, die Belastung seiner Scheinbeine herabsetzen zu können. Dann erwarb er stoßdämpfende Einlagen, um die Polsterung noch weiter zu verbessern.

Leider ließen die Schmerzen am Schienbein nicht nach. Er ging noch einen Schritt weiter und lief nur noch auf der Grasfläche einer Golfanlage.

Aber seine Beschwerden verschlimmerten sich weiter. Da Sam ein vorsichtiger Mann ist, hörte er auf zu laufen und suchte mich auf.

Nachdem er mir sein Problem in allen Einzelheiten geschildert hatte, fügte er noch hinzu: »Beim Laufen scheine ich die Schmerzen fast zu vergessen. Aber wenn ich nach Hause fahre und aus dem Auto steige, sind sie wieder da.« Der Computerfachmann Sam berichtete ferner, daß seine Schienbeine auch schmerzten, wenn er bei der Arbeit aufstand, um eine Pause einzulegen.

Die Untersuchung von Sams Bein zeigte, daß die Schmerzen sich auf die Innenseite des Schienbeins konzentrierten. Sie begannen etwa 2,5 cm über dem Knöchel und strahlten bis zu ungefähr 5 cm unter dem Knie aus.

Er hatte Plattfüße und krumme Beine. Die Ganganalyse auf der Tretmühle zeigte, daß er übermäßig pronierte. Er war sehr beweglich, was bei Sams Umsicht – er machte gewissenhaft seine Dehnübungen – kein Wunder war.

Ich erklärte ihm: »Ihr Hauptproblem ist eine Sehnenentzündung am Schienbein. Bei Bewegung werden die Sehnen warm und dehnen sich. Nach der Abkühlphase verkürzen sie sich und verursachen wieder Schmerzen. Darum verspüren Sie beim Laufen weniger und beim Sitzen mehr Schmerzen.«

Sams Überpronation stellte für die Muskeln und Sehnen auf der Beininnenseite eine große Belastung dar. Durch die starke Drehung werden die Sehnen, die diese Bewegung einschränken sollen, gedehnt, entzündet und schmerzhaft.

Ein weiterer Schlüssel für die Diagnose von Sams Problem war seine Reaktion auf die verschiedenen Behandlungsversuche. All seine Bemühungen zielten auf weicheren Untergrund und stärkere Polsterung ab. Die weichen Schuhe, gepolsterte Einlagen und Grasflächen verringerten Stöße und Schock ganz beträchtlich; doch diese Experimente erhöhten auch die Bewegungen des Fußes. Da sein Fuß bereits übermäßig beweglich war, verschlimmerten seine Bemühungen das Problem anstatt es zu lindern.

Es galt also, die Überpronation zu minimieren. Zu diesem Zweck verschrieb ich Sporteinlagen aus Polypropylen, die Sam zum Laufen tragen sollte.

Er ergänzte sein Trainingsprogramm noch durch eine 20-minütige Eisbehandlung, die er zweimal täglich durchführte, sowie durch einige Übungen zur Stärkung der Beinmuskulatur. Zwei Wochen, nachdem Sam die Einlagen erhalten hatte, nahm er das Laufen wieder auf und ist seither beschwerdefrei. Ich bin mir sicher, daß der gewissenhafte Sam das Richtige macht: Er hält sich an sein sorgfältig geplantes Trainingsprogramm und achtet auf die Signale seines Körpers.

Das Syndrom des Samstagssportlers

Sams Geschichte steht ganz im Gegensatz zu Marks Erfahrungen. Mark ist Präsident eines großen Unternehmens und alles andere als ein vernünftiger Läufer.

Was schiefgehen kann

Schmerzen am Schienbein

Diese Beschwerden können an der Vorder-, Innen- oder Außenseite des Unterschenkels auftreten und die folgenden Ursachen haben:

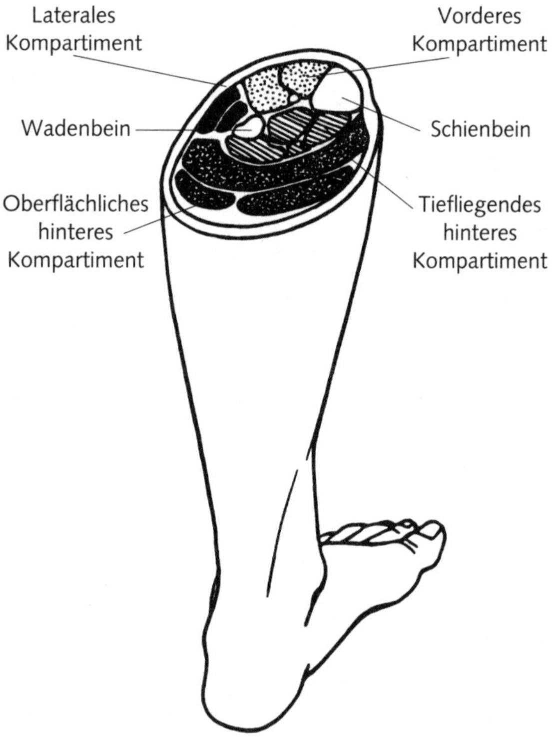

Kompartimente des Beines
Die Beinmuskulatur ist in verschiedenen Kompartimenten untergebracht. Probleme entstehen dann, wenn die Muskeln für die Kompartimente zu groß werden oder sich die Kompartimente mit Flüssigkeit füllen.

Er lief nur am Wochenende, da er wochentags keine Zeit fand. Sein ganzes wöchentliches Trainingsprogramm bestand aus einem 10-km-Lauf am Samstag und einem weiteren am Sonntag.
Um die Motivation zu wahren, nahm er etwa zweimal im Monat an Rennen, meist über 10 km, teil. Bei diesen Wettbewerben lief er so schnell wie er nur konnte. Seine Zeiten über 10 km schienen nie sehr viel besser zu werden. Doch dies veranlaßte ihn nur, sich beim nächsten Rennen noch stärker zu verausgaben. Er lief immer mit Stoppuhr

Sehnenentzündung am Unterschenkel
Dies ist die Folge von Überbelastung oder übermäßiger Pronation. Der Schmerz tritt meist an der Innenseite des Schienbeins auf, kann sich aber auch an der Vorder- oder Außenseite manifestieren.

Entzündung der Knochenhaut
Das Periost ist die Haut, die die Knochen überzieht. Bei übermäßiger Stoßbelastung entzündet es sich meist an der Innenseite des Schienbeins.

Belastungsfrakturen
Diese treten im Bein oder Fuß auf. Normalerweise zeigt sich die Fraktur unten am Wadenbein, wo der Knochen am dünnsten ist.

Nervenreizung
Der Tibianerv verläuft an der Innenseite des Beines und um die Innenseite des Knöchels. Er kann sich im unteren Bereich des Beines entzünden, wenn er zwischen vergrößerten Muskeln oder Venen eingeklemmt wird.

Kompartmentsyndrom
Die Muskeln, Sehnen, Nerven, Venen, Arterien und Knochen des Beines verlaufen in vier verschiedenen Kompartimenten. Jedes ist von einer cellophanartigen Faszie umgeben. Wenn sich Flüssigkeit im Kompartiment staut oder die Muskeln sich zu schnell vergrößern, baut sich ein Druck auf, der die Durchblutung einschränkt und Schmerzen verursachen kann.

und ging bei jedem Trainingslauf bis an seine Grenzen.

Als Mark Schmerzen im Schienbein verspürte, lief er einfach weiter. Am Montag morgen hinkte er meist zur Arbeit. Doch bis Samstag hatten sich die Beschwerden gelegt, und er konnte sein intensives Wochenendtraining wieder aufnehmen.

Dies ging etwa einen Monat lang gut. Dann wurden die Schmerzen so schlimm, daß sie sich bis zum Wochenende nicht mehr legten. Mark suchte eine Sportmassseuse auf und ließ sich dreimal die Woche die Beine massieren. Doch die Schmerzen dauerten an, und so suchte er mich auf.

Bei der Untersuchung stellte ich fest, daß Mark ein sehr hohes Gewölbe und starre Füße hatte, also Füße, die kaum Schläge absorbieren. Aufgrund der mangelnden Beweglichkeit wird der Stoß beim Aufsetzen der Ferse fast ungedämpft ins Bein weitergeleitet.

Mark hatte auch extrem unbewegliche Wadenmuskeln. Bei gestrecktem Knie sollte man den Knöchel 10 bis 15 Grad nach oben biegen können. Bei Mark war es höchstens ein Grad, und das war noch großzügig geschätzt.

Die Röntgenaufnahme zeigte sehr deutlich, daß Mark am gesamten Bein unter einer Knochenhautentzündung litt.

Viele Gewebe sind von einer Art Hülle überzogen. Sehnen haben eine Sehnenscheide, Muskeln haben eine Faszie und die Knochen haben Knochenhaut oder Periost. Wenn der Knochen übermäßig großen Erschütterungen ausgesetzt ist, entzündet sich das Periost und löst sich sogar etwas vom Knochen. Marks Röntgenaufnahme zeigte dies ganz deutlich.

Seine Knochenhautentzündung war auf übermäßige Stoßbelastung zurückzuführen. Dies war im Grunde ein Problem der Überbeanspruchung. Wenngleich Massage bei vielen Bindegewebsbeschwerden hilfreich ist, verstärkt sie eine Periostitis durch zusätzliche Entzündung der Knochenhaut. Ich sagte Mark, er solle die Behandlung umgehend einstellen.

Zuerst mußten wir die Entzündung um Knochen und Knochenhaut eindämmen. Ich verschrieb Mark entzündungshemmende Medikamente und regelmäßige Eisbehandlung. Er mußte den gesamten Unterschenkel vier- bis fünfmal täglich vereisen, auch wenn er noch soviel zu tun hatte. Außerdem sollte er das Laufen einstellen, bis die Entzündung abgeklungen war.

Dies war auch eine gute Gelegenheit, um Mark die Grundlagen eines vernünftigen Trainingsprogramms zu vermitteln und seine Beweglichkeit zu verbessern. Ich verordnete ihm sofort Dehn- und Streckübungen, damit er keine Probleme mit seiner verkürzten Wadenmuskulatur hatte, wenn er wieder mit dem Laufen begann.

In der Zwischenzeit konnte Mark Ausgleichssport betreiben, da die Periostitis Aktivitäten zuläßt, die nicht mit einer Stoßbelastung verbunden sind. Ich ließ ihn wählen zwischen Schwimmen, einem Langlaufgerät, Radfahren und Inline Skaten (Laufen mit Rollschuhen, bei denen die Rollen auf einer Reihe liegen). Er entschied sich für letztere Aktivität, da er dabei schnell laufen konnte, ohne die Knochen einer Erschütterung auszusetzen.

Als Mark das Laufen wieder aufnahm, legte er sich weiche, gepolsterte Schuhe zu. Er hatte stützende Schuhe getragen, die die Bewegung einschränkten – also genau die falschen Schuhe für seinen Fußtyp.

Innerhalb weniger Wochen hatte sich Marks Knochenhautentzündung gelegt. Dann stand eine andere Entscheidung an: Wie sollte er in Zukunft trainieren?

»Wenn Sie nur zweimal in der Woche laufen wollen, können Sie das schon machen«, erklärte ich ihm. »Aber Sie müssen die Intensität herabsetzen und nicht mehr als fünf bis sechs Kilometer am Stück laufen.«

»Und keine Rennen, wenn Sie Ihr Trainingsprogramm nicht ändern!« warnte ich ihn. »Zweimal wöchentlich trainieren ist keine Basis für Rennen.« Dies war auch der Hauptgrund, warum er seine 10-km-Zeiten nie verbessern konnte.

Mark läuft am Wochenende immer noch ein paar Meilen. Doch machte ihm das Rollschuhfahren soviel Spaß, daß er jetzt mehrmals in der Woche Skaten geht und auch an Rennen teilnimmt. Laufwettbewerbe hat er aufgegeben. Ich hatte ihm zwar nie gesagt, er solle sich an Rennen für Inline Skater beteiligen, doch wenigstens setzt er seine Knochen nicht länger der Stoßbelastung des Laufens aus.

Der Bruch, der keiner war

Beverly, eine 27jährige Flugbegleiterin, suchte mich wegen wiederholter Belastungsfrakturen im rechten Bein auf. Sie erzählte, daß ihr Arzt, immer wenn sie Schmerzen im Schienbein verspürte, behauptete, sie habe eine Belastungsfraktur und müsse drei Monate mit dem Laufen aussetzen.

Die erste Streßfraktur war vor einigen Jahren aufgetreten. Etwa ein Jahr später litt sie an den gleichen Beschwerden. Ihr Arzt meinte, sie habe sich nun schon wieder eine Belastungsfraktur zugezogen. Alle »Brüche« befanden sich ungefähr an der gleichen Stelle am Bein. Sie litt auch bei der Arbeit unter Schmerzen und fürchtete ihre Stelle zu verlieren, da sie sich aufgrund der Verletzungen häufig krank meldete.

Sie sagte, daß auf den Röntgenaufnahmen keine Fraktur zu sehen sei, und der Stapel von 15 Röntgenbildern, die sie mitbrachte, bestätigte dies. Es gab keinen sichtbaren Hinweis auf einen Bruch oder die damit verbundene Kallusbildung.

Ihr Arzt hatte die Diagnose mit Hilfe einer nuklearmedizinischen Knochenuntersuchung erstellt. Beverlys Schmerzpunkt, den der Arzt für eine Fraktur hielt, war auf der oberen Innenseite des Schienbeins klar und deutlich zu sehen gewesen.

Aber im Falle einer Fraktur hätte sich an dieser Stelle Kallus gebildet. Ich bezweifelte außerdem, daß sich Beverly gerade in dieser Schienbeinregion eine Fraktur zuziehen würde, da der Knochen dort sehr dick ist. Ein Bruch tritt meist an der dünnsten Stelle des Knochens auf.

Die Diagnose eines Bruchs war falsch gewesen. Beverlys Schmerzpunkt befand sich zwar an der angenommenen Stelle, aber es lag keine Fraktur vor. Die hintere Schienbeinsehne und die Soleussehne setzen im oberen Tibiabereich an, und ich vermutete eine Sehnenzerrung.

Die Untersuchung zeigte, daß Beverlys Wadenmuskulatur wenig dehnbar war, und sie stark überpronierte. Diese Kombination hatte die Muskeln so sehr belastet, daß die Soleussehne begonnen hatte, sich von ihrem Ansatzpunkt am Knochen zu lösen. Durch diese Ablösung zog die Sehne auch die Knochenhaut vom Knochen ab. Dies verursachte eine heftige Knochenreizung, was sich bei der nuklearmedizinischen Untersuchung als Schmerzpunkt dargestellt hatte.

Beverlys Behandlung war relativ einfach. Ich verschrieb ihr ein intensives Flexibilitätstraining, das besonders Wadenmuskeln und Soleus kräftigen sollte. Dadurch verringerte sich die Belastung dieses Muskels an seinem Ansatzpunkt am Schienbein.

Ich verordnete auch festere Schuhe zur besseren Kontrolle der Beweglichkeit. Das neue Modell war nach dem Preßleistenverfahren hergestellt, hatte eine doppeldichtige Zwischensohle und eine stützende Außensohle. Dann paßten wir ihr zwei Paar Einlagen an, um Überbeweglichkeit und Überpronation einzuschränken. Ein Paar war für das Laufen und das andere für die Arbeit, da sie in ihrem Beruf als Flugbegleiterin viel im Flugzeug auf- und abgehen mußte.

Nach einem Monat waren Beverlys Symptome vollkommen verschwunden. Sie litt unter keinen weiteren »Belastungsfrakturen«.

Beverlys Fall zeigt, daß man den Körper in seiner Ganzheit behandeln muß und sich nicht ausschließlich auf bestimmte Schmerzpunkte konzentrieren darf. Ohne ihre Biomechanik, Flexibilität und Gangart zu kennen, wäre ich nie in der Lage gewesen, das chronische Problem zu lösen.

Wenn alles schiefgeht

Eine Schienbeinverletzung, die unter dem Namen Kompartmentsyndrom bekannt ist, kann schreckliche Folgen haben, wenn die richtige Diagnose nicht sofort gestellt wird. Fragen Sie nur Terry.

Terry, ein hervorragender Läufer, führte das Feld in einem Marathon an, als er einen starken Schmerz im rechten Bein verspürte.

Die Schmerzen wurden so heftig, daß er bei der 36-km-Marke nur noch gehen konnte. Nach einigen Minuten ließ der Schmerz nach, und er versuchte wieder zu laufen, worauf sich der Schmerz erneut einstellte. Er mußte aus dem Rennen ausscheiden und glaubte, unter den schlimmsten Schienbeinbeschwerden zu leiden, die man sich nur vorstellen konnte.

Innerhalb einer Stunde wurde sein rechter Fuß kalt und nahm eine violettblaue Färbung an. Terry erkannte, daß er ein größeres Problem hatte und rief mich zuhause an.

Sobald ich ihn sah, wußte ich, daß er unter einem Kompartmentsyndrom litt, das entsteht, wenn sich im Bein übermäßiger Druck aufbaut. Der Unterschenkel besteht aus vier Kompartimenten, von denen jedes von einer engen Hülle – einer Art Plastiküberzug – umgeben ist. Bei Überbeanspruchung können die Muskeln für das Komparti-

Symptome und Behandlungsmöglichkeiten

Schienbeinschmerzen

Falls Sie Schmerzen an der Vorderseite oder den Außenseiten des Beines verspüren, verordnet der Arzt möglicherweise:
Orale Gabe von Entzündungshemmern
Eis
Tapen
Einlagen
Dehn- und Streckübungen
Kräftigungsübungen
Schuhwechsel
Physikalische Therapie

Warnung: Wenn der Fuß kalt wird und sich violett oder blau verfärbt, ist umgehend eine Nothilfestation aufzusuchen.

Wie man diese Beschwerden vermeiden kann:
Tragen Sie Schuhe, die Ihrem Fußtyp entsprechen (siehe Kapitel 4 und 5)
Erhöhen Sie die Distanz höchstens um 10 Prozent pro Woche
Trainieren Sie Sprints in einem vernünftigen Maße
Erhöhen Sie nicht gleichzeitig Distanz und Sprints
Führen Sie Bandübungen durch, Seite 150

ment zu groß werden oder Flüssigkeit aufgrund von Muskel- und Sehnenbelastung kann das Kompartiment auffüllen. Der Druck entsteht, da das Kompartiment sich nicht ausdehnen kann.

Durch den starken Druck werden Nerven, Arterien und Venen komprimiert. Dies verursacht nicht nur starke Schmerzen, sondern drückt auch auf Blutgefäße und schränkt die Durchblutung im Unterschenkel ein. Die fehlende Durchblutung schafft eine Notfallsituation, die zum Verlust des Beines führen kann.

Wir lagerten Terrys Bein hoch und behandelten es mit Eis und elektrischer Stimulation. Langsam nahm der Fuß wieder Farbe an, und die Schmerzen ließen nach.

Oftmals ist ein chirurgischer Eingriff notwendig, um die Faszie mit Löchern

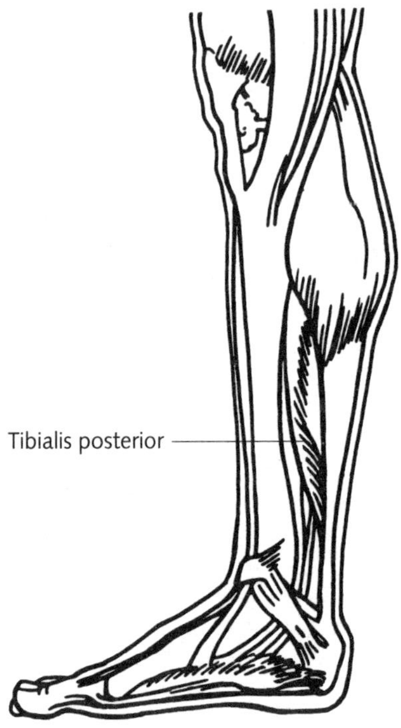

Schmerzen am Schienbein

Sehnenentzündungen, wie etwa des Tibialis posterior, können zu Schmerzen am Schienbein führen.

oder Schlitzen zu versehen, so daß die Flüssigkeit entweichen kann und der Druck nachläßt. Zum Glück waren bei Terry solch drastische Maßnahmen nicht notwendig. Andere Läufer, wie die Doppelweltmeisterin Mary Decker Slaney, kamen nicht so glimpflich davon.

Terry konnte das Laufen langsam wieder aufnehmen, aber die Symptome traten immer wieder auf. Er mußte sein Trainingsprogramm beträchtlich abändern und fuhr sehr viel Rad, da dies das Kompartiment nicht belastet. Allmählich wurden die Abstände zwischen dem Auftreten der Symptome größer und weniger schmerzhaft.

Es dauerte sechs Monate, bis Terry wieder normal laufen konnte. Glücklicherweise sind die Beschwerden nicht wieder aufgetreten. Sein Beispiel zeigt die enorme Belastung, die auf das Bein ausgeübt werden kann und die möglichen Folgen, wenn ein Problem nicht beachtet wird, das zu viele Läufer (und einige Ärzte) immer noch als »simplen Fall« abtun.

Kapitel 17

Chondropathia patellae: Läuferknie

Viele Läuferkarrieren beginnen mit einer Wette. Vor etwa zwanzig Jahren erkannte ich, daß dies nicht die ideale Basis ist. Doch zu jener Zeit dachten meine Kommilitonen, daß ich gute Aussichten hatte, einen Studenten aus einem höheren medizinischen Semester beim Breakers Rennen in der Bucht von San Francisco zu schlagen.

Mein Lauftraining für diesen Wettbewerb über 12 km bestand darin, daß ich morgens drei Kilometer in die Uni lief und abends die gleiche Strecke wieder nach Hause lief. Das tat ich sechs Wochen lang, und ab und zu trainierte ich am Wochenende noch auf der Bahn. Damit glaubte ich, für den Wettbewerb gewappnet zu sein.

Leider war mein Gegner ein richtiger Läufer, der schon seit Jahren lief und wußte, wie man sich auf einen Wettbewerb vorbereitet. Obwohl ich im vorderen Teil des Feldes aus 10.000 Läufern startete und er irgendwo in der Mitte begann, überholte er mich auf halber Strecke, ohne sich auch nur einmal umzuschauen.

Nach diesem verantwortungslosen Anfang lief ich mehr Meilen und Rennen als mir lieb war. Wenngleich ich versuchte, vernünftig zu trainieren, zog ich mir dennoch zahlreiche Laufverletzungen zu. An keine kann ich mich besser erinnern als an das wohlbekannte »Läuferknie«.

Dieses Krankheitsbild ist nicht auf Läufer beschränkt – Tennisspieler nennen es »Tennisknie«. Der medizinische Ausdruck lautet »Chondropathia patellae« und bezieht sich auf die Auflösung des Knorpelgewebes unter der Kniescheibe (Patella).

Wenn der Arzt zum Patienten wird

Meine persönliche Erfahrung mit dieser Verletzung sammelte ich während des Trainings auf den Boston Marathon. Ich lief jede Woche an die einhundert Kilometer, und dachte, daß ich vernünftig und mit Bedacht vorginge.

Mitten in einem 25-km-Lauf durch hügeliges Gelände verspürte ich ein Stechen unter der Kniescheibe. Der Schmerz war nicht heftig, doch gab mir der Gedanke, an Chondropathia patellae zu leiden, ein ungutes Gefühl. Wie Sie aus diesem Buch wissen, hätte ich sofort aufhören müssen zu laufen.

Was schiefgehen kann

Chondropathia patellae

Die Chondropathia patellae oder das »Läuferknie« ist eine Auflösung des Knorpelgewebes an der Unterseite der Kniescheibe, das die Gleitbewegung am Oberschenkel zuläßt.
Das Krankheitsbild entsteht auf Grund einer Fehlbewegung der Kniescheibe. Sie soll im Bein glatt nach oben und unten gleiten, um die Hebelwirkung der Quadricepsmuskeln zu ermöglichen. Doch bei übermäßiger Pronation weicht die Patella nach innen ab.
Dies führt zu Erosion und Abbau des Knorpelgewebes an der Innenseite der Kniescheibe. Bei Belastung werden die Knorpel weicher und entwickeln allmählich Risse. Dadurch kann es zu knirschenden oder krachenden Geräuschen, einem rauhen Gefühl in der Patella, sowie zu Schmerzen kommen.
Leider kann abgenütztes Knorpelgewebe nicht heilen oder ersetzt werden. Es ist für immer verloren, und das geschädigte Knie ist nun ein arthritisches Knie, das sich entzündet, da das polsternde Knorpelgewebe fehlt, das das Gelenk bei Kniebewegungen schützt. Das Ausmaß des Schadens hängt natürlich davon ab, wie stark das Knorpelgewebe abgenützt ist. Mit Hilfe eines chirurgischen Eingriffs kann man Abfallprodukte von der Kniescheibe entfernen und die Schmerzen in manchen Fällen lindern. Man nennt diesen Vorgang »Glätten des patellaren Gleitlagers«.

Läuferknie

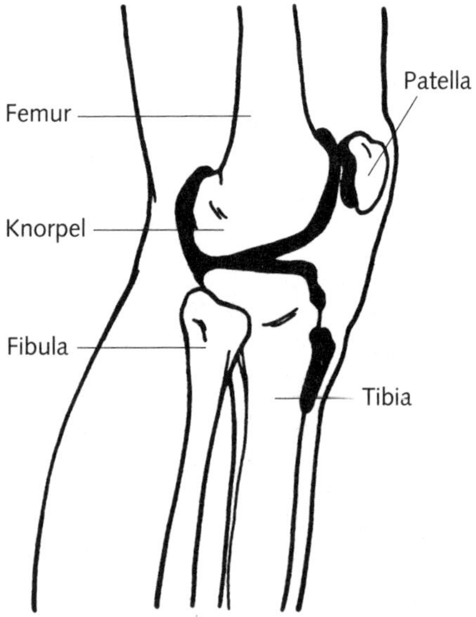

Doch leider war ich am entferntesten Punkt eines Rundkurses, und das Ziel war weit weg. Außerdem trainierte ich mit einigen anderen Läufern und wollte mir keine Blöße geben. Also lief ich die Runde zu Ende.

Am nächsten Morgen konnte ich kaum aufstehen. Während ich herumhinkte, spürte ich ein Knirschen hinter der Kniescheibe. Ein schlechtes Zeichen! Ich durchlebte ein Wechselbad der Gefühle, doch versuchte ich nicht, die Wahrheit zu verdrängen. Es war klar, daß ich an Chondropathia patellae litt und sofort etwas unternehmen mußte. Gewöhnlich setzen die Beschwerden allmählich ein. Sie erscheinen nur dann plötzlich, wenn das Knie einem heftigen Schlag oder Trauma ausgesetzt ist. Doch normalerweise ist es ein schleichender Prozeß, der gewöhnlich erst nach Monaten oder Jahren Schmerzen verursacht. Ich erinnerte mich, daß ich nach dem Laufen ein leichtes Ziehen im Knie verspürt hatte, das ich aber weiter nicht beachtete. Doch jetzt weiß ich, daß dies ein Hinweis auf einen entstehenden Knorpelschaden war, der sich abzeichnete, seit ich mein Training verstärkt hatte und über hügeliges Gelände lief. Ich erkannte, daß sich das Knorpelgewebe langsam abgenützt hatte, während ich meine Laufstrecke verlängerte.

Unter Medizinern heißt es, daß Ärzte, die sich selbst behandeln, die dümmsten Patienten sind. Wenngleich ich mich unbedingt selbst behandeln wollte, wußte ich, daß ich mein denkbar schlechtester Patient wäre.

Zufällig sollte ich am nächsten Tag beim Portland Marathon einen Vortrag halten. Während des Fluges nach Oregon ging es mir gut, doch das Aufstehen, nachdem ich 2½ Stunden gesessen war, bereitete mir Höllenqualen. Ich hatte das Gefühl, Steine und Kies unter der Kniescheibe zu haben.

Noch schwieriger war es, die Treppen vom Flugzeug zum Flughafengebäude hinunterzusteigen. Die anderen Passagiere müssen Augen gemacht haben, als ich die Treppe hinunterhoppelte und mich mit beiden Händen am Handlauf festklammerte.

Dieses peinliche Erlebnis überzeugte mich, meinen alten Freund und früheren Kommilitonen, Dr. Jay Goldstein, einen Sportmediziner in Portland, aufzusuchen. Jay und ich hatten während des Studiums gemeinsam Filmaufnahmen von Läufern erstellt.

Einer der Gründe, warum wir Ärzte so schlechte Patienten sind, liegt darin, daß wir glauben, alles zu wissen und den Behandler mit unseren Kenntnissen beglücken. Ich versuchte, Jay bei der Untersuchung zu »helfen«, doch er wollte nichts davon wissen. »Du kannst mir bei der Krankengeschichte helfen«, sagte er. »Aber danach bin ich der Arzt und du der Patient.«

Nachdem er sich meine Leidensgeschichte angehört und von der Wichtigkeit des bevorstehenden Marathons erfahren hatte (»Ich klinge genau wie meine Patienten!«), machte er eine gründliche Anamnese. Dann untersuchte er mein Knie.

Er fragte, ob ich in die Hocke gehen könne. Nie im Leben. Mein Knie knirschte so laut, daß wir es beide hörten.
Dann führte er den wichtigsten Test durch. Ich mußte mich mit ausgestreckten Beinen hinsetzen und die Kniescheibe festhalten, während ich die Quadricepsmuskeln anspannte. Dies verursachte weiteres Knirschen und beträchtliche Schmerzen.
Ein weiterer untrüglicher Hinweis auf Chondropathia patellae ist eine Schwäche der Hüftbeuger. Beim Auftreten von Chondropathia patellae werden die Muskeln, die die Hüften beugen, in der Regel schwächer, damit weniger Belastung und Druck auf der Kniescheibe liegt. Man bemerkt diese Schwächung nur bei bestimmten Tests. Ich mußte mich auf den Rand des Untersuchungstisches setzen und versuchen, die Beine nach oben zu ziehen, während er mit der Hand den Gegendruck ausübte. Ich war so schwach, ich konnte mit dem Bein nicht einmal einen Widerstand von etwa 10 Pfund überwinden.
Ferner untersuchte er die Flexibilität verschiedener Muskelgruppen. Um die Dehnbarkeit meiner Kniesehnen zu prüfen, mußte ich mich auf den Rücken legen und ein ausgestrecktes Bein so weit wie möglich nach oben heben. Ich hätte ungefähr einen 90-Grad-Winkel zwischen dem Tisch und meinem Bein erreichen müssen, schaffte aber nur 70 Grad.
Die Kniesehnen sind für die Kniefunktion von großer Bedeutung. Eine Verkürzung dieser Muskelgruppe kann die Fähigkeit des Knies, die normalen Bewegungen auszuführen, einschränken. Auch meine Wadenmuskulatur, sowie Quadriceps, Iliotibialband und Hüftbeuger waren ziemlich verkürzt. Aufgrund der mangelnden Dehnbarkeit von Quadricepsmuskeln und Hüftbeugern konnte mein Knie unmöglich normal arbeiten.
Mittlerweile schmerzte mein Knie ziemlich heftig. Ich fragte Jay: »Bist du bald mit deinen Untersuchungen fertig?«
Ich hatte vergessen, wie gründlich er war. Trotz meiner Proteste führte er noch eine Ganganalyse durch. Ich mußte zugeben, daß ich meinen Gang noch nie von einem anderen Fußheilkundler hatte untersuchen lassen. Er prüfte meinen Gang beim Laufen und Gehen.
Obwohl ich Schuhe trug, die die Beweglichkeit einschränkten, wies ich immer noch eine Überpronation auf. Jay bezeichnete meine Überpronation als hochgradig, und meinte, daß dies allein schon zu Chondropathia patellae führen könne. Die Kniescheibe soll sanft in einer Kerbe des Oberschenkelknochens gleiten, wobei der Druck bei der Auf- und Abwärtsbewegung auf beiden Seiten ausgeglichen sein sollte. Doch übermäßige Pronation führt zu einer abnormalen Drehung des Knies. Diese Kräfte verursachen eine mediale (Innen-) Drehung der Patella. So wird ungleichmäßig Druck auf die Kniescheibe ausgeübt, und es kommt zur Abnützung des Knorpelgewebes.

Hinzu kommt noch abnormaler Druck von der Quadricepsmuskulatur. Um die Kniescheibe in der normalen Stellung zu bewegen, zieht der laterale Teil des Quadriceps stärker, während die mediale Muskelgruppe den Zug auf die Patella verringert. So wird die Kniescheibe aus der Kerbe gezogen, und es entsteht zusätzlicher Schaden.

Jay vermutete, daß diese jahrelange biomechanische Fehlstellung zu meinen gegenwärtigen Beschwerden geführt hatte. Er konnte die Richtigkeit seiner Annahme prüfen, indem er den Winkel zwischen Quadricepsmuskeln und Patella maß.

Dies ist der sogenannte Q-Winkel, den ich in Kapitel 1 erwähnte. Der normale Q-Winkel des Mannes liegt bei 10 Grad oder weniger; meiner lag bei 21 Grad. Bei meinem enormen Q-Winkel und der übermäßigen Pronation war es ein Wunder, daß ich mir nie das Knie verrenkt hatte.

Auf dem Wege der Besserung

Nun schlug Jay seinen Behandlungsplan vor. Da die Reise meine Schmerzen noch verschlimmert hatte, verschrieb er mir Motrin, ein entzündungshemmendes Mittel, das ich sofort nach (damit die Tabletten die verletzungsbedingten Schmerzen nicht überlagerten) dem Laufen einnehmen sollte. Außerdem sollte ich mein Knie vereisen. Dann paßte er mir Einlagen an.

Ferner sollte ich meine Laufstrecke auf die Hälfte verkürzen; dies bedeutete, daß ich meine wöchentliche Distanz auf fünfzig Kilometer und meine Tagesstrecke auf etwa 8 km beschränken mußte.

Das war eine bittere Pille angesichts der Tatsache, daß der Boston Marathon nur noch zwei Monate entfernt war. Aber ich wußte, daß ich meinem Knie schon zuviel Schaden zugefügt hatte. Es hatte keinen Sinn, ein Risiko einzugehen und es für den Rest meines Lebens zu zerstören.

Das Knie läßt sich leicht vereisen. Man füllt nur eine Plastiktüte mit Eis und befestigt sie mit Hilfe einer elastischen Binde am Knie. Während der nächsten zwei Monate vereiste ich das Knie drei- bis viermal täglich 20 Minuten lang.

Auf dem Rückflug betrachteten mich die anderen Passagiere mitleidsvoll, als ich mein Knie vereiste. Sie fragten, ob ich einen Unfall gehabt hätte. Als ich ihnen etwas betreten erzählte, daß es sich um keine traumatische Verletzung handle, verflüchtigte sich ihr Mitleid.

Nach meiner Rückkehr wandte ich mich umgehend dem letzten Teil von Jays Verordnungen zu. Ich begab mich in die Behandlung einer sport-orientierten Physiotherapeutin. Auch sie bat mich sofort, mich wie ein Patient und nicht wie ein Arzt zu benehmen.

Die Krankengymnastin war überrascht, daß ich mein Trainingsprogramm so lange durchgehalten hatte. Sie begann umgehend mit einem Programm zur Stärkung des medialen Teils meiner Quadricepsmuskulatur, die praktisch funktionslos war. Außerdem entwickelte sie Übungen zur Stärkung der Hüftmuskeln.

Mein Rehabilitationsprogramm enthielt auch Übungen zur Kräftigung der Quadricepsmuskeln, die die Patella leiten und einen gleichmäßigen Zug ausüben sollen. Dazu gehörten Viertelhocke und Absteigübungen. (Siehe folgende Seite.)

Schließlich versuchte die Krankengymnastin auch meine Flexibilität zu verbessern, vor allem im Bereich der Quadricepsmuskeln, Hüftbeuger und Kniesehnen. Seither sind diese Übungen Teil meines Laufprogrammes.

Zwei Monate nach der Verletzung lief ich wieder etwa fünfzig Wochenkilometer, wie ich es vor dem Training auf den Marathon getan hatte. Ich lief mein erstes 12-km-Rennen etwa zur gleichen Zeit, als der Startschuß zum Boston Marathon fiel. Aber zu diesem Zeitpunkt war ich froh, überhaupt laufen zu können.

Im folgenden Jahr konnte ich dann am Boston Marathon teilnehmen. Ich bin sicher, daß meine erhöhte Kraft, Flexibilität und Koordination dazu beitrugen, daß ich den Lauf ohne Verletzung in einer zufriedenstellenden Zeit abschloß.

Die Gefahren, wenn man Schmerzen einfach ignoriert

Viele Leute mit Chondropathia patellae laufen mit Stützstrümpfen aus Neopren oder Schienen. Sie denken, daß sie die Kniestellung damit verbessern. Außerdem behaupten diese Läufer, auf diese Weise schmerzfrei laufen zu können.

Während ich die psychologische Wirkung dieser Hilfsmittel nicht bezweifle, weiß ich, daß sie die Funktion in keiner Weise verbessern. Sie sind ein schlechter Ersatz für biomechanische Korrekturen sowie Kräftigungs- und Dehnübungen.

Wenn man an einer Laufverletzung leidet, sollte man nach Heilung streben und sich nicht mit einer Krücke bescheiden. Früher oder später versagen die Krücken, und man befindet sich in einer schlimmeren Lage als zu Anfang.

Jim ist ein gutes Beispiel für einen Läufer, der eine Verletzung unzureichend behandelte. Während der Vorbereitung auf den New York City Marathon entwickelte er Chondropathia patellae. Er lief pro Woche zwischen 70 und 80 km. Etwa einen Monat vor dem Marathon verspürte er die gleichen knirschenden Schmerzen im Knie, die mich daran hinderten, am Boston Marathon teilzunehmen.

Aber anstatt einen Sportmediziner aufzusuchen, ging Jim in ein Sportschuhgeschäft und erwarb eine Tube mit wärmender Salbe sowie einen Stützstrumpf aus Neopren. Dann hinkte er durch sein Trainingsprogramm, das jedes Mal mit schlimmen Schmerzen endete. Er konnte sich keine Pause gönnen, da er an diesem Wettbewerb einfach teilnehmen mußte. Sein einziger Kompromiß bestand darin, die Läufe zu verkürzen, da sie zu schmerzhaft für ihn geworden waren.

Viertelhocke

Stehen Sie aufrecht mit geradem Rücken. Beugen Sie die Knie dann langsam, bis Sie eine Viertelhocke erreichen. (Siehe Abbildung.) Bei einer vollständigen Hocke stünden die Oberschenkel parallel zum Boden. Wiederholen Sie diese Übung zehnmal und stellen Sie sicher, daß die Knie direkt über den Zehen stehen und nicht zur Seite schauen.

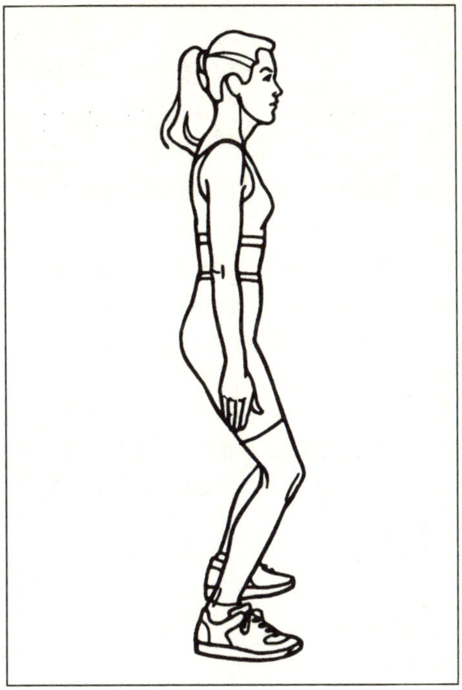

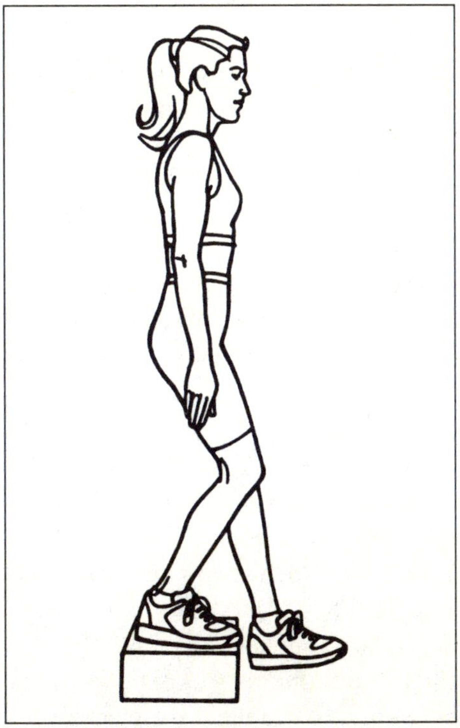

Absteigübung

Stellen Sie sich auf eine 10 cm hohe Kiste und spannen Sie die Quadricepsmuskeln an, wobei Sie dem Vastus medialis, einem Muskel, der an der Innenseite des Oberschenkels verläuft, besondere Aufmerksamkeit schenken müssen. Halten Sie diesen Muskel in einem Bein angespannt und führen Sie das andere Bein langsam von der Kiste auf den Boden und wieder zurück. Lockern Sie die Muskeln und wiederholen Sie die Übung 40 Mal. Dann führen Sie die Übung mit dem anderen Bein aus.

Symptome und Behandlungsmöglichkeiten

Chondropathia patellae

Sie haben dieses Problem möglicherweise, wenn Sie an folgenden Beschwerden leiden:
Schmerzen unter der Kniescheibe
Schmerzen um die Kniescheibe

Ihr Arzt verschreibt unter Umständen:
Orale Gabe von Entzündungshemmern
Eis
Knieschiene
Einlagen
Dehnübungen
Kräftigungsübungen
Physikalische Therapie
Schuhwechsel
Änderungen im Trainingsprogramm

Wie man diese Beschwerden vermeiden kann:
Verwendung geeigneter Schuhe
Kräftigungsübungen für die Quadricepsmuskeln (Viertelhocke und Absteigübungen), siehe Seite 169
Dehnübungen für die Quadricepsmuskeln, siehe Seite 217
Dehnübungen für die Kniesehnen, siehe Seiten 215 und 216
Keine Läufe auf abschüssigem Gelände

Das deutlichste Zeichen, daß Jim für den Marathon nicht bereit war, erwartete ihn bei seiner Ankunft in New York City. Nach dem achtstündigen Flug konnte er fast nicht mehr aufstehen. Die Flugbegleiter mußten ihn in einem Rollstuhl ins Flughafengebäude bringen. Er hatte nicht die Nerven, ihnen zu erzählen, daß er beabsichtigte, einen Marathon zu laufen.
Nachdem Jim sich zwei Tage lang im Hotel ausgeruht hatte, schaffte er es bis zum Start. Er lief 12 km, bevor die Schmerzen unerträglich wurden. Er konnte nur noch beiseite humpeln und sich setzen. Nachdem es regnete, und

er nur Shorts und ein Hemd trug, dauerte es nicht lange, bis er unterkühlt war.

Glücklicherweise half ihm ein freundlicher Zuschauer in ein Taxi. Da fuhr er nun frierend und mit Schmerzen in einem Taxi ohne Geld durch eine fremde Stadt. So hatte er sich die Teilnahme am New York City Marathon nicht vorgestellt.

Irgendwie gelangte er zum Ziel, fand seine Freundin und wurde medizinisch versorgt. Doch der Heimflug am folgenden Tag dauerte eine Ewigkeit.

Der Arzt stellte fest, daß Jim an einem ernsten Fall von Chondropathia patellae litt. Er verschrieb entzündungshemmende Medikamente und Physiotherapie. Sechs Wochen lang unterzog er sich einer krankengymnastischen Behandlung und Rehabilitation, um die Kniemuskulatur zu stärken. Obwohl sich seine Beschwerden stark verbesserten, gab Jim den Laufsport schließlich auf. Das Knorpelgewebe war so geschädigt, daß sein Knie der Laufbelastung nicht mehr gewachsen war.

Angesichts des intensiven Trainingsprogramms und des bevorstehenden Marathons hätte Jim beim Auftreten der Beschwerden natürlich sofort einen Sportmediziner aufsuchen müssen. Wenngleich es schwer gewesen wäre, den Traum vom New York Marathon aufzugeben, hätte diese Entscheidung vielleicht seine Laufkarriere gerettet.

Jim ist seit dem abgebrochenen Marathon nie mehr nach New York geflogen. Die Erinnerung schmerzt noch zu sehr.

Doch seine Startnummer hat er sich eingerahmt. Sie hängt neben dem ausgemusterten Stützstrumpf in seiner Bude und soll ihn daran erinnern, in Zukunft mit mehr Bedacht zu trainieren.

Kapitel 18

Das Iliotibialbandsyndrom: Ein schwieriges Knieproblem

Das Iliotibialband kann ein heikles Problem darstellen. Es besteht aus Muskeln und Faszie (Fasergewebe, das die Muskeln umgibt) und verläuft vom Becken entlang der Außenseite des Oberschenkels. Es setzt zusammen mit anderen Faszien und Muskeln an Knochenvorsprüngen des seitlichen Schienbeinkopfes an.

Drei verschiedene Faktoren können zu Entzündung und Schmerz am Iliotibialband (ITB) führen: Überpronation, Unterpronation und mangelnde Flexibilität.

Ungeachtet der Ursache sind die Symptome mehr oder weniger identisch: Schmerzen an der Außenseite des Knies. Die genaue Bestimmung der Ursache kann Patienten und Arzt manchmal wahnsinnig machen.

Die Läuferin, die sich nicht dehnen wollte

Dina, eine 38jährige Läuferin, trainierte recht vernünftig; nur leider machte sie keine Dehn- und Streckübungen.

Wenn Dina sich mit ihren Lauffreunden traf, kam sie absichtlich zu spät, so daß sie sich nicht mit ihnen aufwärmen mußte. Sie erklärte mir: »Ich finde Dehn- und Streckübungen einfach so langweilig, daß ich mich nicht dazu durchringen kann.«

Dina lief seit acht Jahren und hatte abgesehen von kleineren Wehwehchen niemals eine Verletzung erlitten. Dann lief sie ein 7-km-Rennen am Strand. Solche Wettbewerbe sind recht selten – und das aus gutem Grund. Beim Laufen auf einem weichen Untergrund bleiben einem die Stöße der Landung erspart. Doch erhält der Körper auch nicht die geringste Energie zurück, d.h. die Oberfläche schluckt die gesamte Energie, die bei der Laufbewegung entsteht. Ein gewisses Maß an Schockabsorption ist gut (aus diesem Grund sollte man ja auch gepolsterte Schuhe tragen). Doch man benötigt auch etwas Schnellkraft. Da der Strand diese nicht bietet, muß der Körper noch härter arbeiten, um die Bewegung zu ermöglichen.

Außerdem neigt sich der Strand zum Wasser. Dies bedeutet, daß man auf einer abschüssigen Fläche läuft. Ein Bein muß diese Neigung kompensieren, indem es sich verhält, als ob es länger sei als das andere. Das Bein, das näher am Meer läuft, proniert aufgrund der Krümmung weniger als gewöhnlich, während das obere Bein stärker proniert. Der Strandlauf war Dinas Verderben. Aufgrund der erzwungenen Überpronation machte das obere Bein Probleme. (Das Rennen fand nur in eine Richtung statt.) Sie sagte, daß der Schmerz von der Oberseite des Fibulaköpfchens ausging und sich bis zu einem Punkt an der Außenseite des Knies erstreckte. Wenngleich sie dachte, daß ihr Knie selbst schmerzte, war es doch die Stelle, an der das ITB an Muskel und Faszie ansetzte – etwas unterhalb und an der Außenseite des Knies.

Dina dachte, sie leide an einer Knochenprellung, und es stimmt, daß das ITB an einem Knochenvorsprung ansetzt. Ich machte sie jedoch darauf aufmerksam, daß Knochen im Gegensatz zum Bindegewebe des ITB und den Stützmuskeln keine Nervenenden haben. »Es sind die Nerven, die den Schmerz registrieren und Ihnen mitteilen, daß etwas im argen liegt«, erklärte ich ihr.

Da die Verletzung auftrat, während Dina auf einem weichen Untergrund lief, konnte ich ziemlich sicher sein, daß ihr Problem nicht durch Erschütterungen verursacht wurde. Ein mechanischer Grund war da schon wahrscheinlicher. Mit Hilfe der Videokamera überprüfte ich Dinas Gang. Ihre Überpronation war beachtlich: mindestens 12 Grad im Hinterfuß, also etwa doppelt soviel wie normal. Wenn ich Dinas Fuß in die Stellung der maximalen Überpronation brachte, konnte ich die Verspannung am Ansatz des Iliotibialbandes und darüber spüren.

Durch diese Bewegung konnte ich auch den Schmerz auslösen, den sie verspürt hatte. So war ich ziemlich zuversichtlich, daß wir den Hauptgrund für ihr ITB-Syndrom gefunden hatten. Doch mußte ich auch ihre Flexibilität überprüfen, obwohl ich glaubte, das Ergebnis zu kennen, da sie ja in der Regel nie Dehn- und Streckübungen machte.

Aber da erwartete mich eine Überraschung. Dinas Wadenmuskeln und Kniesehnen waren zwar etwas verkürzt, doch nicht so stark, daß sie die ITB-Beschwerden auslösen konnten. Dann führte ich den speziellen Test zur Bestimmung der ITB-Flexibilität durch, den ich in Kapitel 1 beschrieben habe. Man bezeichnet ihn als »Ober-Test«.

Dina lag mit gebeugter Hüfte und Knie auf der linken Seite, während ich ihr rechtes Bein (das schmerzende) oberhalb und etwas hinter dem linken Bein hielt. Dann ließ ich das rechte Bein los, und es fiel – wie es sich gehörte – ohne Widerstand auf die Höhe des unteren Beines.

Wenn das Iliotibialband verkürzt ist, schwebt das geprüfte Bein aufgrund des strammen Zuges des ITB auch nach dem Loslassen über dem anderen Bein. So hatte Dina trotz der mangelnden Dehn- und Streckübungen kein verkürztes ITB.

Dina war etwas selbstzufrieden, nachdem sie alle Flexibilitätsprüfungen be-

Was schiefgehen kann

Das Iliotibialbandsyndrom

Das Iliotibialband (ITB) verläuft an der Außenseite des Beines von der Hüfte bis etwas unter das Knie. Ein Ansatzpunkt (zusammen mit einem Muskel namens biceps femoris) ist das Wadenbeinköpfchen, also der obere Teil des kleineren Unterschenkelknochens. Bei Bandverletzungen kommt es an dieser Stelle häufig zu Schmerzen.

Eine Hauptursache für eine ITB-Verletzung ist Überpronation in Fuß und Knöchel. Dies geschieht, da der Ansatzpunkt des ITB an Vorder- und Außenseite des Schienbeines dem Knie laterale Stabilität zu verleihen sucht und eine Innendrehung des Unterschenkels verhindern will. Die Schmerzen, die aufgrund der Bemühungen des ITB entstehen, übermäßige Mobilität zu verhindern, treten immer an der Stelle auf, wo das Band am biceps femoris zieht, also am Wadenbeinköpfchen.

Das ITB reagiert auch empfindlich auf Unterpronation, also wenn der Fuß beim Aufsetzen auf dem Boden nicht genug Beweglichkeit zeigt und Stöße kaum abfängt. Das ITB trägt nicht nur zur Stabilisierung des Knies bei, sondern hilft auch bei der Schockabsorption. Wenn der Fuß unterproniert, ist das ITB übermäßiger Erschütterung ausgesetzt. Dadurch kommt es zu Entzündung und Reizung am Wadenbeinköpfchen.

Der dritte Hauptgrund für ITB Probleme liegt in mangelnder Flexibilität des Bandes, was auf eine Schwäche der Hüftmuskulatur zurückzuführen sein kann. Wenngleich die Faszie sehr straff ist, können sich die an ihr befestigten Muskeln – einschließlich des großen Gesäßmuskels glutäus maximus – sehr wohl dehnen. Doch da die Übungen, die das ITB dehnen (Beschreibung auf Seite 220) etwas eigentümlich sind, nehmen sie nur wenige Leute in ihr Flexibilitätsprogramm auf.

standen hatte. Ich wußte jetzt, daß das Problem allein durch die Überpronation verursacht worden war.

Unser Behandlungsplan war recht einfach. Erstens verbot ich ihr weitere Strandläufe. Das allein verringerte ihre Überpronation und die Belastung des ITB.

Dann wandten wir uns ihren Laufschuhen zu. Dina lief in sehr weichen Schuhe, was in ihrem Fall genau falsch war. Nachdem sie übermäßig pronierte,

Kniegelenk mit Iliotibialband

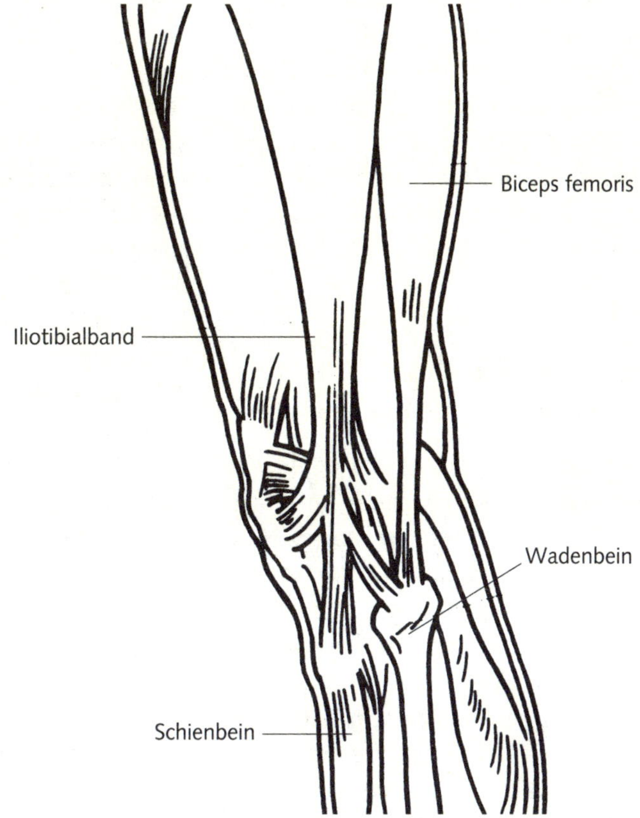

brauchte sie Schuhe mit Bewegungskontrolle anstatt mit Polsterung.

Um die Sache noch zu verschlimmern, waren die Schuhe mindestens ein Jahr alt und hatten mit Sicherheit bessere Tage gesehen. Ich sagte zu Dina: »Diese Schuhe haben ihre Schuldigkeit getan. Ziehen Sie sie aus dem Verkehr, und kaufen Sie sich neue Schuhe, die ihrem Fußtyp entsprechen.«

Dina erstand neue Schuhe – dieses Mal mit fester Zwischensohle, mit einem im

Preßleistenverfahren hergestellten Hinterfuß und Vorrichtungen zur Bewegungskontrolle in der Zwischensohle. Sie kam am folgenden Tag wieder, und ich ließ sie nochmals auf der Tretmühle laufen. Dieses Mal war ihr Gang wesentlich ausgewogener – die neuen Schuhe erfüllten ihren Zweck.

Nach zwei Wochen war Dinas ITB-Problem verschwunden. Es gelang mir nie, sie von der Notwendigkeit von Dehn- und Streckübungen zu überzeugen; und bisher ist sie auch ohne ausgekommen. Sie läuft wie früher und läßt im Jahr nur ein Rennen aus: das Strandrennen.

Faktoren, die die Verletzungsneigung fördern

Girard suchte mich auf, da er an der Außenseite des Beines etwas unterhalb des Knies Schmerzen verspürte. Normalerweise lief Girard 60 km in der Woche; doch vor kurzem hatte er sein Pensum auf 75 km erhöht, da er auf einen Marathon trainierte.

Im Gegensatz zu Dina war sein Problem nicht plötzlich nach einem Rennen aufgetreten, sondern hatte sich langsam im Laufe von vier Wochen entwickelt. Zum ersten Mal hatten sich die Beschwerden bei der Hälfte eines 12-km-Übungslaufes eingestellt.

Dies überraschte ihn. »Ich habe meine Strecke recht vernünftig gesteigert«, sagte er. »Ich habe während meiner vierjährigen Laufzeit gelegentlich leichte Schmerzen in dieser Gegend verspürt, aber neue Schuhe schafften da meist schnelle Abhilfe.«

Er kaufte sich alle zwei Monate neue Laufschuhe, auch wenn die alten noch in Ordnung zu sein schienen. Er wollte nicht riskieren, daß sie kaputtgingen und Probleme verursachten.

Im Laufe der Jahre hatte Girard verschiedene Marken und Modelle probiert und fast jede Mode mitgemacht. Doch sein ungeschriebenes Gesetz, nach dem die Schuhe alle zwei Monate gewechselt wurden, schien bei allen Fabrikaten zu funktionieren.

Als die Schmerzen dieses Mal einsetzten, versuchte Girard es wieder mit einem Schuhwechsel. Leider blieb der Erfolg dieses Mal aus. Die Beschwerden wurden sogar noch schlimmer.

Angesichts der Region, in der die Beschwerden auftraten, war mir klar, daß Girards Schmerzen vom Iliotibialband herrührten. Im Gegensatz zu Dinas Überpronation zeigte Girards Ganganalyse mangelnde Beweglichkeit.

Biomechanische Messungen erwiesen, daß sein Knöchelgelenk sich nur um zwei Grad beugte, wenn die Ferse auf dem Boden auftrat. Doch für ausreichende Schockabsorption sind vier bis sechs Grad nötig. Girard hatte auch ein hohes Gewölbe und einen starren Fuß. Es fehlte Girard etwas an Flexibilität in der Waden- und Kniemuskulatur, wenngleich die Muskeln nicht verkürzt waren. Beim Ober-Test versagte er jedoch völlig. Sein Iliotibialband war äußerst stramm.

Wir ergänzten Girards Flexibilitätsprogramm durch Dehnübungen nach dem

Symptome und Behandlungsmöglichkeiten

Iliotibialbandsyndrom

Sie haben dieses Problem möglicherweise, wenn Sie an folgenden Beschwerden leiden:
Schmerzen an der Außenseite des Knies

Ihr Arzt verschreibt unter Umständen:
Eis
Schuhwechsel
Wechsel der Oberfläche beim Laufen
Gepolsterte Einlegesohlen
Einlagen
Dehn- und Streckübungen
Kräftigungsübungen
Physikalische Therapie

Wie man diese Beschwerden vermeiden kann:
Verwendung geeigneter Schuhe
Keine Läufe auf geneigten Flächen, wie Stränden
Dehnübungen für das Iliotibialband, siehe Seite 220
Kräftigungsübungen für die Wadenmuskeln, siehe Seiten 222 und 223
Dehnübungen für die Kniesehnen, siehe Seiten 215 und 216

Laufen. Er sollte sich nach dem Laufen seitlich gegen eine Wand stellen und die Hüfte mit gekreuzten Beinen in Richtung Wand schieben. Diese Position sollte er 30 Sekunden lang halten und mit jedem Bein fünfmal wiederholen. (Siehe Diagramm Seite 220).

Nur wenige Läufer machen diese Übung. Wenn Sie noch kein Problem mit dem ITB hatten, haben Sie vermutlich nie von der Übung gehört. Aber wenn man zu dieser Verletzung neigt, ist die Übung äußerst hilfreich.

Um die Zeit, die er mit Dehnübungen verbrachte, optimal zu nutzen, empfahl ich Girard, sich nach dem Lauf und nicht vor dem Lauf zu dehnen, um den Erfolg auf diese Weise zu maximieren. Die Kombination von Unterpronation und strammem ITB erklärte Girards Unfähigkeit, Erschütterungen abzufangen. Dies war auch der Grund, warum er die Schuhe alle zwei Monate wechseln mußte. Da die Schuhe und nicht die Beine den Großteil der Stöße ausgleichen mußten, waren sie nach ein paar Monaten kaputt. Wenn die Schuhe die Erschütterungen nicht mehr kompensierten, litt Girard unter Knieschmerzen.

Um die Sache noch zu verschlimmern, suchte sich Girard immer die falschen Schuhe aus. Während Dina Schuhe gewählt hatte, die für sie zu weich waren, hatte sich Girard immer für feste Schuhe mit Bewegungskontrolle entschieden anstatt das weiche Modell zu wählen, das sein Fuß brauchte.

Warum? Weil seine Lauffreunde solche Schuhe empfahlen.

Wenngleich das Modell für einen Freund mit Plattfüßen ideal sein mochte, bekamen Girards Füße mit dem hohen Gewölbe nicht was sie brauchten. Die zusätzlichen 15 km in der Woche hatten zusammen mit dem falschen Schuhwerk das ITB-Problem ausgelöst. Girards Trainingsaufzeichnungen entnahm ich auch, daß er kurz vor der Verletzung umgezogen war. Früher war er hauptsächlich auf Asphalt und unbefestigten Straßen gelaufen. Jetzt bewegte er sich vorwiegend auf Bürgersteigen aus hartem Beton.

Alles schien sich also gegen Girard verschworen zu haben: die erhöhte Distanz, die festen Schuhe und der härtere Untergrund.

Es war leicht, Girard auf die richtigen, weichen Schlüpfleistenschuhe ohne Bewegungskontrolle umzustellen. Zur Freude der Verkäufer im Schuhgeschäft kauft er sich immer noch alle zwei Monate neue Schuhe. Um die Schockabsorption noch weiter zu verbessern, verschrieb ich ihm eine gepolsterte Innensohle. Girard änderte auch seine Route, so daß er zumindest die Hälfte der Zeit auf einem weicheren Untergrund läuft.

Probleme aufgrund von Schockabsorption sind meist langwieriger als Beschwerden, die durch Überbeweglichkeit verursacht werden. Unerwünschte Beweglichkeit kann man recht einfach einschränken oder minimieren. Doch bei einem übermäßig festen Fuß kann man die Stoßbelastung nur in kleinen Dosen verringern.

Girard unterzog sich auch einer dreiwöchigen krankengymnastischen Behandlung. Der Therapeut förderte die Durchblutung im verletzten Bereich durch Ultraschall und Reibungsmassage. Auf diese Weise konnte auch eventuell entstandenes Narbengewebe neu ausgerichtet werden. Außerdem hatte Girard Gelegenheit, Flexibilität, Kraft und Koordination zu verbessern.

Girards Verletzung war nach etwa einem Monat ausgeheilt, und er konnte bald wieder laufen. Sogar an dem geplanten Marathon konnte er teilnehmen – und er sagte später zu mir: »Das war das aufregendste Erlebnis in meinem ganzen Leben.«

Kapitel 19

Verletzungen an Plica und Meniskus: Weitere Knieleiden

Als das größte Gelenk im Körper ist das Knie auch das Gelenk, bei dem die meisten Laufverletzungen auftreten. Tatsächlich ist das Knie sogar das Gelenk, bei dem die meisten Sportverletzungen auftreten.

Dies liegt weniger an der Größe des Gelenks als vielmehr an den Aufgaben, die das Knie zu erfüllen hat. Es trägt das Körpergewicht und ist für die Fortbewegung von größter Bedeutung.

Das Knie ist auch der wichtigste Stoßdämpfer. Laufen besteht im Grunde aus einer Reihe von Bruchlandungen; bei jedem Schritt muß das Knie Stöße von einer Kraft abfangen, die einem Vielfachen des Körpergewichts entsprechen.

Alle Knieverletzungen, ob sie nun das Kniegelenk selbst, die stützende Muskulatur, Sehnen, Bänder oder Knorpel betreffen, müssen sehr ernst genommen werden. Wenn man auch manche Schmerzen nicht beachtet, bedürfen doch Kniebeschwerden sofortiger Aufmerksamkeit. Andernfalls kann an diesem wichtigen Gelenk dauerhafter und irreparabler Schaden entstehen.

Laufen Sie nicht einfach weiter

Stephanie unternahm während der Collegezeit Bahn- und Querfeldeinläufe. Zusammen mit ihrer Mannschaft beteiligte sie sich an 5-km-Läufen. Sie mochte diese Aktivitäten nicht besonders, da ihr Trainer immer darauf bestand, daß die Mannschaft gemeinsam laufe. Er war der Meinung: »Ein Team, das gemeinsam läuft, gewinnt auch gemeinsam.«

Stephanie gehörte nicht zu den schnellsten Läufern in der Mannschaft. Sie hatte immer Mühe mitzuhalten. Aber da sie nicht das ganze Team aufhalten wollte, lief sie bei einem bestimmten Rennen so schnell sie konnte – und vermutlich schneller als es gut für sie war.

Am Abend nach dem Rennen ging sie ins Kino und schaute sich einen Film mit Überlänge an. Als der Film zu Ende war, konnte sie nicht mehr aufstehen. Ihr linkes Knie war so steif geworden, daß ihre Freunde ihr aufhelfen mußten.

Eine Freundin meinte: »Du hast es beim Rennen heute einfach übertrie-

Was schiefgehen kann

Verletzungen an Plica und Meniskus

In allen Gelenken liegen zwischen den Knochen Knorpelgewebe und Flüssigkeit, um zu verhindern, daß die Knochen aneinanderreiben. Sie erfüllen den gleichen Zweck wie das Öl im Motor. Ohne diese Elemente käme es zu allerlei Kratzen und Knirschen, und das ganze Gelenk würde sich schnell abnützen.
Die Synovia in der Gelenkkapsel des Knies arbeitet wie ein selbstschmierendes Kugellager. Sie sondert Gelenkflüssigkeit ab, die die Gelenkoberfläche schmiert und ein reibungsloses Gleiten der Knochen ermöglicht. Zusätzlich liegen um das Kniegelenk noch mehrere Schleimbeutel, die Gelenkschmiere enthalten. Wenn alles in Ordnung ist, schafft dieses System eine glatte, geschmeidige Oberfläche, die eine Abnützung oder Reizung des Gelenks verhindert.
Doch manchmal ergeben sich im Kniegelenk Probleme, die sehr schmerzhaft sind und einem die Freude am Laufen verderben. Zwei Knieverletzungen, die Läufer oft plagen, sind das Plicasyndrom und Beschwerden an einem Knorpelgewebe, namens Meniskus.

Plicasyndrom: Die Plica besteht aus Bindegewebsfalten, die im Knie auf beiden Seiten der Kniescheibe liegen. Wenn die Plica aufgrund von Verletzung oder biomechanischer Probleme gereizt wird oder sich entzündet, treten heftige Schmerzen auf.

Meniskusbeschwerden: Auch der Meniskus ist ein empfindliches Gewebe innerhalb des Knies. Seine Aufgabe besteht darin, Stöße im Knie abzufan-

ben und solltest ein paar Tage aussetzen.« Leider war ihr Trainer anderer Meinung. Er sagte, sie sei nur steif und solle einfach weiterlaufen, was offensichtlich falsch war.
Am nächsten Tag lief Stephanie zusammen mit ihrem Team das normale Pensum. Sie glaubte schon, daß ihr Trainer recht habe, da die Kniebeschwerden nach dem Training wesentlich besser waren. Aber nach der halbstündigen Heimfahrt konnte sie nicht ohne Schmerzen aus dem Auto steigen.

gen, eine reibungslose Kniefunktion sicherzustellen, das Gewicht optimal zu verteilen und die Außenränder des Kniegelenks zu schützen. Meist verletzen Läufer eher den medialen als den lateralen Meniskus. Oft werden die Beschwerden durch eine Drehbewegung oder einen seitlichen Schlag auf das Knie ausgelöst.
Lassen Sie nicht zu, daß eine Knieverletzung ihrer Laufkarriere ein Ende setzt: Diese Verletzungen müssen von einem Fachmann behandelt werden.

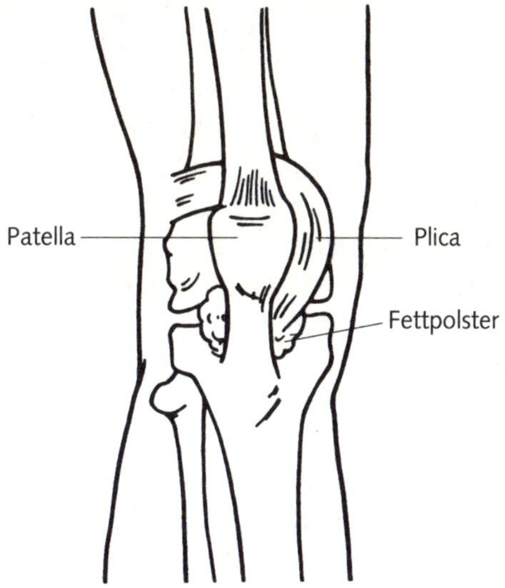

Eine Falte, die Ärger machen kann

Die Plica ist eine Bindegewebsfalte, die seitlich an der Kniescheibe liegt. Wenn man auf das Knie fällt oder es verdreht, kann es zu einer schmerzhaften Entzündung der Plica kommen.

Sie ertrug diese Beschwerden zwei Wochen lang und setzte das Mannschaftstraining fort. Immer wenn sie eine Weile gesessen war, versagte ihr Knie den Dienst. Freunde, die sie herumhumpeln sahen, konnten nicht glauben, daß sie immer noch lief.

Der Sporttrainer an der Schule stellte fest, daß ihre Kniesehnen ziemlich verspannt waren, konnte sonst aber keinen Knieschaden feststellen. Er schickte sie zum Orthopäden der Sportmannschaft, der sie gründlich untersuchte.

Nach der Untersuchung teilte der Orthopäde Stephanie mit, daß sie an einem Plicasyndrom leide. Wenn eine Krankheit auf »Syndrom« endet, heißt dies gewöhnlich, daß verschiedene Faktoren für die Beschwerden verantwortlich sind. Das gilt besonders für ein Plicasyndrom. Diese Region kann aus vielerlei Gründen gereizt, vernarbt oder entzündet sein. Die Symptome sind dann identisch mit Stephanies Beschwerden.

Nachdem der Orthopäde das Knie untersuchte hatte, überwies er sie wegen einer biomechanischen Auswertung an mich und verschrieb ihr krankengymnastische Behandlung. Das verwirrte Stephanie.

»Das verstehe ich nicht«, sagte sie zu mir. »Ich habe ein Knieproblem, und jetzt sitze ich beim Fußheilkundler. Ich habe auch ein Rezept für Physiotherapie. Das kann ich ja noch verstehen, aber mit Ihrer Fachrichtung bringe ich meine Beschwerden nicht in Beziehung.«

Ich versprach ihr, diese Fragen nach der Untersuchung zu beantworten. Zuerst führte ich den Flexibilitätstest durch. Abgesehen von Stephanies Kniesehnen waren auch die Waden- und Hüftmuskeln verkürzt. Stephanie sagte, daß sie »ab und zu« Dehnübungen mache, und zwar wenn sie mit der Mannschaft zusammen welche machen müsse, oder wenn sie daran denke, was nicht sehr häufig vorkam.

Nach der Ganganalyse verstand ich, warum der Orthopäde sie zu mir überwiesen hatte: Stephanie wies übermäßige Pronation auf. Die Auswirkungen waren sogar an ihren Schuhen zu erkennen. Es waren die besten Schuhe, die sie hatte kaufen können – Schuhe mit ausgezeichneten Eigenschaften zur Bewegungskontrolle. Doch an ihrem linken Schuh war die gesamte Fersenverstärkung nach innen abgetreten.

Die biomechanische Auswertung zeigte, daß sie um fast 10 Grad überpronierte. Zusammen mit der Lauferschütterung kann solch übermäßige Beweglichkeit nicht ohne Folgen für die Knie bleiben.

Stephanies Beschwerden wurden noch durch die Tatsache verschlimmert, daß der mediale Teil ihres Quadricepsmuskels – der Vastus medialis – so schwach war, daß sie ihn nicht einmal anspannen konnte.

Um Stephanie die Ursache ihrer Beschwerden zu erklären, zeigte ich ihr, was beim Laufen mit ihrem Knie passierte, und warum sie Schmerzen hatte. »Aufgrund der verspannten hinteren Muskelgruppe und der übermäßigen Pronation gleitet die Kniescheibe nur unzureichend und führt die normalen Bewegungen nur eingeschränkt durch. Deshalb wurde die Falte in der Kniekapsel – unsere Freundin, die Plica – gereizt und hat sich entzündet. Dies ist die Ursache Ihrer Schmerzen.«

»Beim Plicasyndrom treten häufig heftige Schmerzen auf, und das Knie versteift, nachdem es eine Weile gebeugt worden ist. Dies passiert gerne – wie bei Ihnen – im Kino oder nach einer langen Autofahrt. Morgens verspüren Sie gewöhnlich keine Schmerzen, weil

die Beine in der Nacht ausgestreckt sind.«
Stephanie vereiste ihr Knie bereits und schluckte Entzündungshemmer, die ihr der Orthopäde verschrieben hatte, um die Entzündung an der Plica einzudämmen. Ich paßte ihr Einlagen an, um die übermäßige Beweglichkeit einzuschränken und so das Knie zu entlasten.
Die Physiotherapie hatte zum Ziel, die Entzündung an der Plica mit Hilfe von Ultraschall, Tiefenmassage und weiterer Eisbehandlung zu lindern. Die Therapeutin bemühte sich auch, Stephanies Vastus medialis zu kräftigen und ihre Beweglichkeit zu verbessern – das Plicasyndrom geht immer Hand in Hand mit verkürzten Kniesehnen.
Nach einigen Wochen ließen Stephanies Schmerzen nach, und sie versäumte nur ein paar unbedeutende Querfeldeinrennen. Auch ihr Trainer hat jetzt erkannt, daß man nicht bei jeder Verletzung einfach weiterlaufen kann. Zumindest nicht beim Plicasyndrom.

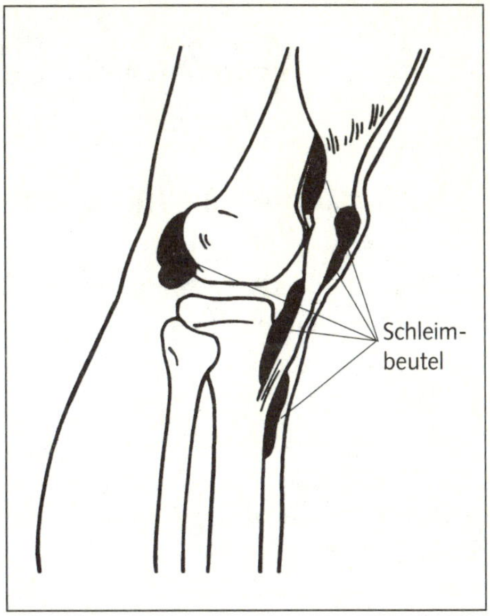

Ein Gelenk, das sich selbst schmiert
Wenn alles funktioniert, läßt die Synovia, die das Kniegelenk auskleidet, die Knochen reibungslos gleiten, und die Schleimbeutel sorgen für zusätzliche Polsterung.

Was passiert, wenn man Schmerzen nicht beachtet

Bei vielen Läufern treten die Beschwerden jedoch langsam auf, und sie ertragen die Schmerzen viel zu lang. Wenn das Leiden ignoriert wird, verursacht die chronische Entzündung eine Verdickung und Vernarbung der Plica. Wenn das geschieht, hat eine konservative Behandlung mit Entzündungshemmern und physikalischer Therapie wenig Aussicht auf Erfolg.
Symptomatisch sind stechende Schmerzen (nicht ein dumpfer Schmerz, wie in Stephanies Fall). Manchmal will der Sportler nach dem Laufen von der Bordsteinkante treten, und sein Knie gibt nach.
Lester hatte seine Beschwerden mehr als vier Jahre lang unbehandelt gelassen. Sein Knie gab nicht nur gelegentlich nach, sondern »verhakte« sich und blockierte sogar. Bei seinen häufigen Geschäftsreisen mußte Lester erster Klasse fliegen, damit er genug Platz hatte, um sein Bein auszustrecken.
Sein Zustand verschlechterte sich so sehr, daß die entzündungshemmenden

Symptome und Behandlungsmöglichkeiten

Verletzungen an Plica und Meniskus

Sie haben dieses Problem möglicherweise, wenn Sie an folgenden Beschwerden leiden:
Knieschmerzen
Steife Knie nach dem Sitzen
Ein Knie, das sich »verhakt«

Warnung: Wenn sich ihr Knie »verhakt« oder nachgibt, müssen Sie sofort einen Arzt aufsuchen.

Ihr Arzt verschreibt unter Umständen:
Eis
Orale Gabe von Entzündungshemmern
Einlagen
Dehn- und Streckübungen
Chirurgischen Eingriff
Physikalische Therapie

Wie man diese Beschwerden vermeiden kann:
Kräftigungsübungen für die Quadricepsmuskeln, siehe Seite 169
Berichten Sie Knieschmerzen Ihrem Arzt

Medikamente und die Krankengymnastik, die sein Orthopäde verschrieben hatte, nicht mehr anschlugen. Die verdickte und entzündete Plica mußte chirurgisch entfernt werden. (Man kann ganz gut ohne die Plica auskommen.) Nach der Operation brauchte Lester eine sechswöchige Physiotherapie für die Rehabilitation des Knies und die Wiederherstellung der Muskelkraft.

Nun läuft er wieder und hat aus seiner Erfahrung gelernt. Lester wird Ihnen gerne bestätigen, daß Sie einen Arzt aufsuchen sollten, wenn die Beschwerden länger als einige Wochen anhalten. »Vier Jahre ist mit Sicherheit zu lange«, gibt er zu.

Jetzt besteht Lesters einziges Problem darin, daß er wieder zusammen mit seinen Kollegen in der Touristenklasse fliegen muß.

Der verflixte Meniskus

Der Teenager Cheryl war eine begeisterte Fußballspielerin. Als sie eines Tages während eines Spiels nach dem Ball treten wollte, blieben die Stollen ihrer Schuhe im Boden stecken. Als sie den Ball trat, verdrehte sich ihr Bein und verursachte einen Riß im medialen Meniskus, einem Knorpelgewebe im Knie.

Wenngleich Cheryl eine Operation erspart blieb, war dies doch das Ende ihrer Fußballkarriere. Um fit zu bleiben, nahm sie das Laufen auf. Sie lief in der Regel weniger als 25 km die Woche, wobei sie für einen Kilometer etwa sechs Minuten brauchte. Doch war sie sich ihres »Problemknies« immer bewußt.

Wenn Cheryl sich plötzlich drehte, kam es vor, daß ihr Knie nachgab. Sie hatte oft das Gefühl, daß sich etwas in ihrem Kniegelenk verfangen hatte, und dann war sie nicht in der Lage, das Knie ganz auszustrecken.

Es zeigte sich, daß genau das passierte. Ein abgerissenes Knorpelteil verfing sich zwischen den Gelenkoberflächen und hinderte sie daran, das Knie zu strecken. Nach einer Weile rutschte der Knorpel wieder heraus, und die normale Funktion kehrte zurück.

Eines Tages gab ihr Knie wieder nach, und sie verspürte solch heftige Schmerzen, daß ihre Lauffreunde sie nach Hause tragen mußten. Der Orthopäde diagnostizierte einen Riß im medialen Meniskus. Innerhalb von drei Tagen wurde der Meniskus durch einen arthroskopischen Eingriff repariert. Nach der Operation gab der Arzt Cheryl eine Videoaufnahme des Eingriffs, so daß sie den schlimmen Riß im medialen Meniskus sehen konnte.

Durch das Wunder der Arthroskopie konnte sie bereits nach wenigen Tagen wieder gehen – wenngleich sie noch deutlich hinkte. Doch schon nach einigen Wochen Krankengymnastik nahm sie das Laufen wieder auf.

Sie behandelt ihr Knie immer noch wie ein rohes Ei, doch hat sie keine Angst mehr, daß es seinen Dienst versagen könnte. Ihre Freunde ziehen sie nicht mehr mit ihrem »Problemknie« auf. Und sie überlegt sich, ob sie zum Fußball zurückkehren soll.

Kapitel 20

Schmerzen in Hüfte und Leiste

Schmerzen in Hüfte und Leiste treten in der Regel nicht plötzlich mit großer Heftigkeit auf. Sie setzen als leichtes Ziehen ein, das sich zu einem richtigen Schmerz auswachsen kann. In vielen Fällen bleibt es aber bei geringfügigen Beschwerden. Läufer schenken diesen »Wehwehchen« häufig keine Beachtung – was ein Fehler ist.

Wenn Läufer mich mit Schmerzen im »Hüftgelenk« aufsuchen, handelt es sich meist um eine Verletzung auf der Außenseite der Hüfte. Das Hüftgelenk selbst liegt tief in der Leiste, und wenn man nicht an einer Belastungsfraktur oder Hüftarthritis leidet, manifestiert sich der Schmerz normalerweise auf der Außenseite des Beckenknochens.

Häufig fühlt sich die Verletzung wie eine Knochenprellung an. Sie ist auf ein Problem der Beinlänge zurückzuführen, wobei ein Bein beträchtlich länger ist als das andere. Das längere Bein ist einer größeren Belastung ausgesetzt, und es kommt zu einer Reizung an der Außenseite des Beckens. Wenn starke Kräfte einwirken, kann sich auch eine schmerzhafte Schleimbeutelentzündung entwickeln. Häufig reagiert die laterale Hüftseite empfindlich auf Berührungen. Beim Laufen wärmt sich die Verletzung gewöhnlich auf und wird einige Stunden später stark verspannt.

Beschwerden in Hüfte und Leiste können von Arthritis über Streßfrakturen und Schleimbeutelentzündungen zu Sehnenscheidenentzündungen reichen. Eine bestehende Hüftverletzung – die vielleicht auf einen Sturz zurückgeht – wird durch weiteres Laufen noch verschlimmert. Im schlimmsten Fall wird die Hüfte nicht mehr durchblutet und der Knochen stirbt ab. Dann ist eine Operation oder sogar ein Hüftgelenksersatz unausweichlich.

Aus diesem Grunde sollte man eine Hüftverletzung auf jeden Fall ärztlich untersuchen lassen.

Manchmal muß man einfach aussetzen

Ich begegnete Ann Marie zum ersten Mal bei einem 10-km-Lauf in San Diego. Nachdem sich das Feld nach den ersten Kilometern ausgedünnt hatte, stellten wir fest, daß wir das gleiche Tempo hatten und liefen den Rest des Rennens zusammen.

Ann Marie, eine Angestellte in einem örtlichen Lebensmittelgeschäft, lief seit mehr als fünf Jahren. Sie hatte festgestellt, daß sie während der Trainingsläufe den Streß mit den Kunden abbauen konnte. Am liebsten waren ihr aber die Rennen. Sie nahm an möglichst vielen 10-km-Wettbewerben teil und lief manchmal vier Rennen im Monat.

Der Grund, warum sie während dieses Rennens plauderte anstatt ihr Letztes zu geben, lag darin, daß sie an hartnäckigen Schmerzen in der Leiste litt.

Die Schmerzen hatten nach einem Rennen vor zwei Monaten eingesetzt. Sie stellte fest, daß sie noch trainieren konnte, obwohl ihre Leiste nach dem Laufen ziemlich schmerzte. Schließlich verursachte ihr das Stehen bei der Arbeit so starke Beschwerden, daß sie Urlaub nahm, um sich auszuruhen.

Doch Ann Marie konnte die Rennen nicht aufgeben. Obgleich sie nach dem Wettbewerb nur noch humpeln konnte, war sie immer noch ziemlich schnell unterwegs.

Ich empfahl ihr, so schnell wie möglich einen Arzt aufzusuchen, und sie befolgte meinen Rat – vielleicht weil ich auch ein Läufer war. Die Röntgenaufnahme zeigte, daß sie sich am Oberschenkelhals eine Belastungsfraktur zugezogen hatte. Ihr Laufen verhinderte den Heilungsprozeß.

Schließlich mußte Ann Marie fast vier Monate mit dem Laufen aussetzen. Nach dieser Zeit hatte sich genug Kallus gebildet, daß sie jeden zweiten Tag wieder vorsichtig laufen konnte. Mit Rennen mußte sie noch weitere sechs Monate warten, und sie konnte erst nach einem Jahr wieder schmerzfrei laufen und arbeiten.

Erst vor kurzem traf ich Ann Marie bei einem 10-km Lauf wieder, wo sie mehr als fünf Minuten vor mir durchs Ziel ging.

»Ich bin Ihnen für Ihren Rat wirklich dankbar«, sagte sie. »Jetzt bin ich schmerzfrei und überglücklich, daß ich bei Rennen nicht mehr mit euch lahmen Jungs laufen muß.«

Das Zusammenfügen der einzelnen Hinweise

Kelly suchte mich mit Hüftschmerzen auf. Sie war vier oder fünf Jahre verletzungsfrei gelaufen und hatte sich keine der üblichen Läuferwehwehchen zugezogen.

Kelly lief fünfmal die Woche einen 5 km langen Rundkurs in der Nähe ihrer Wohnung. Da sie ziemlich langsam lief (etwa 1 km in sechs Minuten), glaubte sie, sich nicht aufwärmen zu müssen. Nach dem Laufen machte sie etwa zehn Minuten lang Dehnübungen.

Als Reiseverkehrskauffrau machte Kelly aufregende Urlaube, wie etwa einen zweiwöchigen Segelturn, bei dem sie nicht laufen konnte. Nach ihrer Rückkehr nahm sie ihre 5-km-Läufe wieder auf. Bald verspürte sie leichte Schmerzen in der Hüfte. Die Beschwerden waren nicht heftig, und so nahm sie an, daß sie nach dem Urlaub nur ein bißchen steif sei.

Was schiefgehen kann

Schmerzen in Hüfte und Leiste

Statistisch gesehen sind Hüft- und Leistenverletzungen bei Läufern ziemlich selten und machen nur drei Prozent der Gesamtverletzungen aus. Bei Frauen ist die Gefahr dieser Beschwerden dreimal größer als bei Männern.
Diese Diskrepanz ist auf anatomische Unterschiede zwischen den Geschlechtern zurückzuführen. Frauen haben im allgemeinen breitere Hüften als Männer. Diese genetische Eigenheit, die den Gebärvorgang erleichtern soll, kann zu Verletzungen im Hüftbereich und zu Leistenzerrungen im umgebenden Bindegewebe führen. Die breitere Hüftstellung vergrößert den Winkel, in dem der Fuß auf dem Boden auftrifft. Nach dem Aufsetzen muß der Fuß nach innen rollen (pronieren), damit die Sohle flach auf dem Boden zum Liegen kommt. Dadurch werden die beim Laufen wirksamen Kräfte noch weiter verstärkt, und auch eine geringfügige Abnormalität kann eine Verletzung auslösen.
Diese Art von Schmerz kann geringfügig sein und lediglich auf eine unterschiedliche Beinlänge hindeuten. Doch kann der Schmerz auch auf eine Belastungsfraktur oder andere ernsthafte Verletzungen hinweisen. Ärzte nehmen meist an, daß Läufer an Muskel- oder Skelettbeschwerden leiden und übersehen häufig andere Möglichkeiten, wie Blinddarmentzündung oder Hernie.

Kelly befolgte den Rat ihrer Lauffreunde und lief einfach weiter. Doch als die Schmerzen schlimmer wurden, entschloß sie sich doch, mich aufzusuchen. Obwohl sie mehrere Tage nicht gelaufen war, litt sie bei der ersten Konsultation unter Schmerzen. Als sie mir die schmerzende Stelle zeigte, stellte ich fest, daß die Beschwerden nicht in der Gegend des Hüftgelenks waren, das ziemlich tief in der Leiste liegt.

Kellys Schmerzen traten vielmehr auf der Außenseite des Oberschenkelknochens auf, dem sogenannten Trochanter, der unterhalb des Beckens sitzt. Als ich diese Gegend untersuchte, ging sie an die Decke. Doch Hüften und Becken waren vollkommen schmerzfrei.
Kellys Ganganalyse zeigte einen ungewöhnlichen Bewegungsablauf: Sie überpronierte mit dem schmerzenden rechten Fuß und unterpronierte mit

Unterschiede zwischen den Geschlechtern

Da Frauen ein breiteres Becken haben als Männer, nehmen ihre Beinknochen bereits am Ansatz einen anderen Winkel ein. Auch der Winkel des Beines beim Aufsetzen auf dem Boden ist breiter, so daß der Fuß weiter nach innen rollen muß. Diese zusätzliche Belastung führt zu einer erhöhten Zahl von Hüft- und Leistenverletzungen bei Frauen.

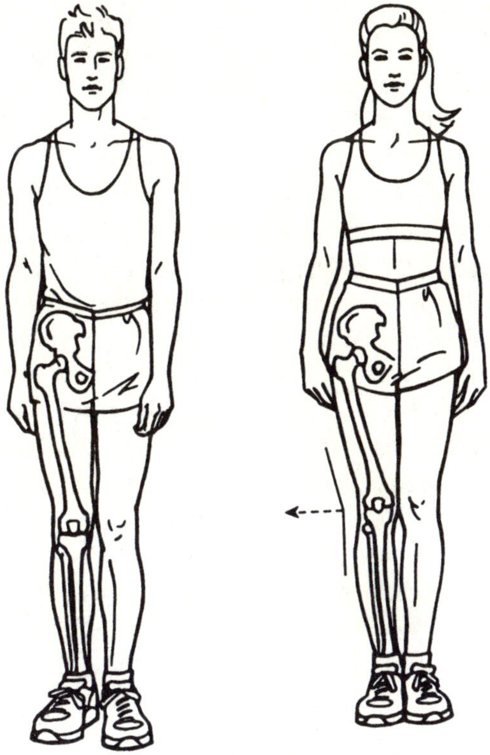

dem linken. Die Laufschuhe sprachen Bände. Der rechte Schuh sah relativ normal aus, und die Abnutzung betraf vorwiegend die Außenseite der Außensohle. Doch die Außensohle des linken Schuhs war doppelt so stark abgetragen wie die des rechten; zur Außenseite hin verstärkte sich die extreme Abnützung sogar noch weiter.

Diese Hinweise ließen vermuten, daß Kellys rechtes Bein kürzer war als das linke. Sie überpronierte mit dem rechten Fuß – Überpronation verkürzt das Bein, da sich der Fuß während der Pronation nach oben biegt. Der linke Fuß unterpronierte, wodurch das Bein durch die Abwärtsbeugung des Fußes wiederum verlängert wird.

Also gehört der Schuh mit der stark abgenutzten Außensohle zum längeren Bein. In drei Viertel der Fälle, bei denen die Beschwerden auf unterschiedliche Beinlänge zurückzuführen sind, treten die Schmerzen im kürzeren Bein auf.

Abschließend studierte ich Kellys Haltung. Ihr Becken schien schief zu stehen, und das rechte Bein wirkte kürzer als das linke. Die Schultern machten genau den umgekehrten Eindruck – die rechte Schulter schien höher zu stehen als die linke. Auch das ist typisch für eine unterschiedliche Länge der Gliedmaßen.

Der Oberkörper versucht, funktionelle oder anatomische Unterschiede im Unterkörper auszugleichen. Wenn das rechte Bein kürzer ist als das linke, lehnt sich die rechte Schulter auf diese Seite, um den Körper möglichst im Gleichgewicht zu halten. Dadurch fällt es den Muskeln leichter, den Körper gerade zu halten.

Eine unterschiedliche Beinlänge ist nicht ungewöhnlich. Probleme ergeben sich in der Regel nur dann, wenn der Unterschied mehr als 0,6 cm ausmacht. Eine Behandlung ist nur bei Beschwerden angesagt, da jeder Eingriff das System, das den Unterschied ausgleicht, aus der Bahn werfen kann.

Kellys schmerzendes Bein war 0,9 cm kürzer als das andere. Ich stattete ihren rechten Schuh mit einer Fersenerhöhung aus einer Kork-Gummi-Mischung aus. Die Höhe entsprach genau dem halben (0,45 cm) Unterschied in der Beinlänge. Mein Ziel war, die Schmerzen mit Hilfe einer möglichst kleinen Erhöhung zu lindern und nicht die gesamte Längendifferenz auszugleichen.

Wenn man eine zu große Erhöhung benutzt, um den Unterschied auszugleichen, werden die Schmerzen häufig noch stärker. Bei vielen Läufern gleicht der Körper eine unterschiedliche Beinlänge, etwa durch Biegung des Rückgrates, aus. Der Körper reagiert dann oft auf eine Korrektur im Schuh so, als ob das Ungleichgewicht nun auf der anderen Seite sei, und die Schmerzen werden noch schlimmer.

Ich wußte, daß Kellys Körper vermutlich schon seine eigenen »Korrekturen« vorgenommen hatte, um den Unterschied auszugleichen. So wollte ich nur das Risiko anderer Beschwerden minimieren.

Ihre Reaktion auf die Fersenerhöhung war erstaunlich. Nach einer Stunde waren die Schmerzen verschwunden, und Kelly lief schon am nächsten Tag die gewohnte Runde. Wenn Kelly neue Schuhe kauft, werden diese mit einer Erhöhung ausgestattet, und das Problem tritt nicht wieder auf.

Laufschmerzen können auf schwerwiegendere Probleme hinweisen

Maureen, eine Flugbegleiterin, litt bei der Arbeit und beim Laufen unter Schmerzen am Fußgewölbe. Ich behandelte sie auf Plantarfasziitis und paßte ihr Einlagen an.

Trotz meiner Anweisung, sich langsam an die Einlagen zu gewöhnen und erst mit ihnen zu laufen, wenn sie eine Woche lang beschwerdefrei mit ihnen gegangen sei, lief Maureen am folgenden Tag einen Halb-Marathon mit Einlagen.

Anatomie der Hüfte

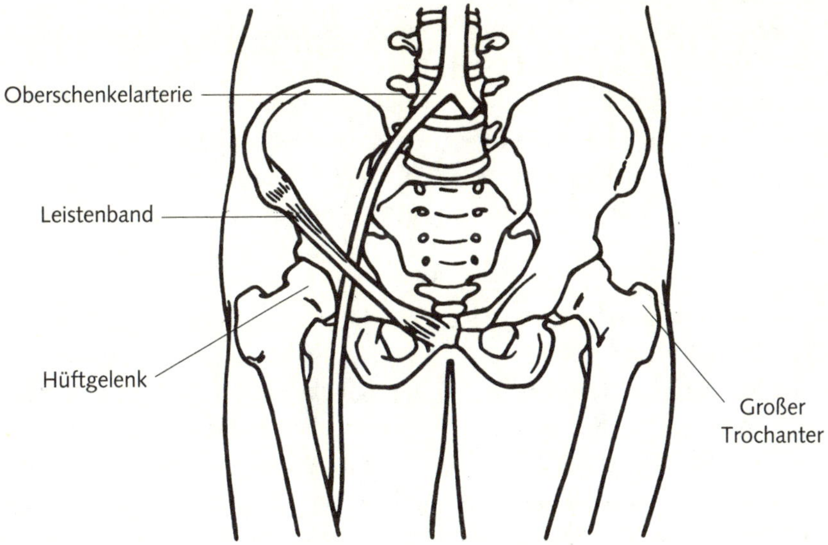

Das war am Samstag. Am Montag suchte mich Maureen wegen schlimmer Hüftschmerzen auf. Sie gab zu: »Es war dumm von mir, die Einlagen bei einem Rennen zu tragen. Aber sie fühlten sich so gut an, daß ich glaubte, es würde schon gehen.«

Ihre Hüftschmerzen sagten ihr nun, daß sie einen großen Fehler begangen hatte. Ihre Geschichte erinnerte mich an die drei Rehabilitationsregeln des bekannten Physiotherapeuten Gary Gray:

1. Schaffen Sie die Voraussetzungen für einen optimalen Heilungsprozeß.
2. Richten Sie vor allem keinen Schaden an.
3. Seien Sie so aggressiv wie möglich, ohne gegen Regel Nr. 2 zu verstoßen.

Maureen hatte es geschafft, gegen alle drei Regeln zu verstoßen. Ich nahm an, daß es sich bei ihrer Verletzung um eine Muskelzerrung handelte und verordnete Eisbehandlung, Ruhe und Entzündungshemmer. Als die Beschwerden nach zwei Wochen immer noch anhielten, schickte ich sie zu einem Radiologen, um Hüfte und Becken zu röntgen. Die Röntgenaufnahmen zeigten keinen Bruch, doch die Schmerzen hielten an. So führten wir ein Knochenszintigramm durch.

Das Ergebnis war verwirrend und ziemlich beunruhigend. Der Radiologe, der das Szintigramm auswertete, meinte: »Sie leidet entweder an einer Oberschenkelhalsfraktur ... oder an einem Tumor.«

Gewöhnlich tritt ein Bruch in dieser Gegend am Oberschenkelhals auf. Doch ihr Schmerz lag wesentlich näher am Hüftgelenk, als ich bei solch einer Fraktur vermutet hätte. Die Röntgenaufnahmen zeigten eindeutig keinen Bruch. So überwies ich Maureen an einen Internisten, der eine kleine Bindegewebswucherung in der schmerzenden Region entdeckte.

Die Einlagen hatten die Stellung des Beckens offenbar gerade so stark verändert, daß Knochen und Muskeln an der Geschwulst rieben. Diese bestand schon seit mehreren Monaten, doch erst der veränderte Gang hatte zusammen mit der Belastung des halben Marathons die Symptome ausgelöst.

Maureen ließ die Geschwulst, die glücklicherweise gutartig war, operativ entfernen. Sie konnte das Laufen bald wieder aufnehmen. Doch diese Erfahrung hatte sie klüger und vorsichtiger gemacht.

Nicht alle Fälle finden so ein glückliches Ende. Bei Hüftverletzungen stellt sich das Problem, daß man diese Region nur schwer ruhigstellen kann. Fuß oder Knie kann man leicht schienen, um die Heilung der verletzten Teile zu ermöglichen. Um Hüftverletzungen auszuheilen, bedarf es jedoch der Bettruhe oder eines Ganzkörpergipses. Beide Maßnahmen werden jedoch nur bei Brüchen oder nach großen Operationen verwandt.

Aus diesem Grund heilen Hüft- und Leistenverletzungen langsamer als andere Verletzungen. Viele Läufer versuchen den Heilungsprozeß zu beschleunigen, was schreckliche Folgen haben kann.

Der schlimmste Fall

Darlene, eine 38jährige Werbefachfrau, war ein ungeduldiger Mensch. Sie stand in Beruf und Privatleben ständig unter Strom, und Laufen war für sie eine wichtige Ausgleichsbeschäftigung.

Wie bei allen anderen Aktivitäten ging sie auch beim Laufen bis an ihre Grenzen. Doch war sie eine unregelmäßige Läuferin. Manchmal lief sie in einer Woche siebzig Kilometer, und dann setzte sie aufgrund beruflicher Belastungen wieder zwei Wochen ganz aus.

Sie nahm an allen möglichen Wettbewerben, von 5-km-Läufen bis zu Marathons teil und kam in ihrer Altersgruppe meistens unter die ersten drei. Sie machte nie Aufwärmübungen, und führte höchstens zwei- bis dreimal in der Woche Dehnübungen durch.

Nach einem besonders anstrengenden 12-km-Lauf verspürte Darlene Schmerzen in der Leiste. Sie wollte am folgenden Wochenende einen Halb-Marathon laufen und betrachtete die Beschwerden als ungelegenes Ärgernis.

Unwillig lockerte Darlene ihr Training ein paar Tage lang und beteiligte sich dann an einem 20-km-Lauf über hügeliges Gelände. Unterwegs schienen die Beschwerden nachzulassen, doch beim letzten Hügel verspürte sie einen stechenden Schmerz in der Leiste.

Symptome und Behandlungsmöglichkeiten

Schmerzen an Hüfte und Leiste

Wenn Sie an Schmerzen an Hüfte oder Leiste leiden, verschreibt ihr Arzt unter Umständen:
Erhöhung des Schuhes
Eis
Ruhe
Dehnübungen
Kräftigungsübungen
Physikalische Therapie
Injektion von Entzündungshemmern
Chirurgischen Eingriff

Wie man diese Beschwerden vermeiden kann:
Laufen Sie nicht weiter, wenn Sie diese Beschwerden verspüren
Konsultieren Sie bei solchen Schmerzen einen Arzt

Darlene beendete das Rennen, humpelte zu ihrem Auto und fuhr heim. Sie schob das Problem auf die Schuhe und warf ein zwei Wochen altes Paar Laufschuhe in den Müll. Sie kaufte sich neue, weichere Schuhe und lief sofort 8 km mit ihnen. Obwohl die Hüfte noch schmerzte, waren die Schmerzen nicht so schlimm wie vorher. So schenkte sie den Beschwerden keine Beachtung und trainierte unvermindert weiter.

Das hielt sie mehr als zwei Monate lang durch. Als sie schließlich feststellte, daß sich ihr Zustand verschlechterte und ihre Arbeitsleistung beeinträchtigte, ging sie zu ihrem Hausarzt. Er meinte, Darlene habe vermutlich einen Muskel oder eine Sehne gezerrt und verschrieb Ruhe – so ungefähr das Schlimmste, was man einer rastlosen Persönlichkeit wie Darlene antun kann. Sie beschloß, sich von einer lächerlichen Zerrung nicht vom Laufen abhalten zu lassen und setzte das Training fort. Die Schmerzen wurden immer schlimmer. So suchte sie einen Orthopäden auf. Nach Röntgenaufnahmen und einem Knochenszintigramm teilte der Arzt ihr die schlechte Nachricht mit: Sie litt an einer Belastungsfraktur am Oberschenkelhals in der Nähe des Hüftgelenks. Sie sollte drei Monate lang nicht laufen.

Doch Darlene hatte gehört, daß Frakturen schneller heilen und dachte, der Arzt sei übervorsichtig. Nach sechs Wochen versuchte sie ein paar Kilometer zu laufen, doch die Schmerzen stellten sich sofort wieder ein. Jede Woche testete sie die Verletzung aufs neue und kehrte immer hinkend zurück.

Als sie ihren Arzt drei Monate später aufsuchte, war ihre Verletzung um keinen Deut besser. Nun litt sie auch noch unter Muskelkrämpfen, die über den Oberschenkel ins Knie ausstrahlten.

Der Orthopäde führte erneut ein Knochenszintigramm durch, um festzustellen, warum die Hüfte immer noch schmerzte. Nun hatte er noch schlimmere Nachrichten: Darlene hatte sich am Oberschenkelhals eine avaskuläre Nekrose zugezogen. Dies bedeutet, daß die Durchblutung der Hüfte unterbrochen und der Knochen nicht mehr ausreichend versorgt war. Der Knochen war natürlich noch nicht geheilt.

Manchmal kann man den Grund für solch ein Krankheitsbild nicht genau bestimmen. Ein fester Schlag kann den Zustand auslösen, was vermutlich bei Bo Jackson, einem berühmten Football- und Baseballspieler der Fall war, der an den gleichen Beschwerden litt. Doch bei Darlene war das Problem auf wiederholtes Trauma und Verschlimmerung der ursprünglichen Verletzung zurückzuführen.

In diesem Fall ist die Prognose schlecht. Der Oberschenkelhals stirbt langsam ab, verursacht schlimme Schmerzen und schränkt die Bewegungsfähigkeit des Hüftgelenks ein. Fast immer ist ein chirurgischer Eingriff nötig, und manchmal ist sogar ein künstliches Hüftgelenk unvermeidbar.

Darlene war nicht zu beneiden: Ihr standen lebenslange Hüftbeschwerden und Operationen bevor. Wenn sie von Anfang an auf ihren Körper gehört hätte, würde sie vermutlich immer noch laufen anstatt auf Krücken durchs Leben zu gehen. Aus diesem Grund sollten Sie Ihrem Körper immer genug Zeit für die Heilung gewähren. Schenken Sie seinen Hilferufen Beachtung, vor allem wenn diese aus der Hüft- oder Leistengegend kommen.

Kapitel 21

Ischias: Kreuzschmerzen

Verschiedene biomechanische Fehler, wie etwa Laufstil oder Über- bzw. Unterpronation, können bei Läufern Rückenschmerzen auslösen. Wie andere Leute auch sind Läufer bestimmten Einflüssen ausgesetzt, die dieses Leiden begünstigen – sitzende Tätigkeit, die zu einer Schwächung der Rückenmuskulatur führt, Hebe- und Beugegewohnheiten, die die Bandscheiben belasten.

Unsere westliche Schulmedizin steht bei der Behandlung von Kreuzschmerzen in einem schlechten Ruf. Die meisten Laufprobleme können recht einfach diagnostiziert und behandelt werden. Doch viele Fachleute wissen bei Rückenverletzungen keinen Rat.

Verschiedene Ärzte empfehlen unterschiedliche Behandlung: Von Wärme bis Eis, von Medikamenten und Ruhe bis zu Ausgleichssport. Bei Rückenbeschwerden sind sich die Ärzte einfach nicht einig, und die Behandlung bleibt allzuoft ohne Erfolg.

Dieses Versagen hat zur Folge, daß viele Läufer sich alternativen Behandlungsmethoden zuwenden und Chiropraktiker und Akupunkturspezialisten aufsuchen. Jede größere Stadt hat mittlerweile ihre Rückenklinik, zu deren Mitarbeitern häufig auch Psychologen oder Psychiater gehören. Ihre Aufgabe ist es, den Menschen bei der Bewältigung des Alltagsstresses zu helfen, der häufig auch zu Rückenschmerzen beiträgt, und sie zu unterstützen (durch geeignete Programme), mit dem Gedanken, mit lebenslangen Rückenschmerzen leben zu müssen, fertigzuwerden.

Es gibt keine Allheilmittel für Rückenschmerzen, doch die richtige Behandlung kann einen großen Unterschied machen, wie folgende Beispiele belegen:

Nancys Lehre: Niemals aufgeben

Nancy läuft in der Woche an die dreißig Kilometer und treibt auch andere Sportarten, vor allem Tennis. Während eines 6-km-Laufes blieb sie stehen, um sich den Schnürsenkel zu binden. Beim Bücken verspürte sie einen heftigen Stich im Kreuz, der bis ins Bein ausstrahlte.

Einen Moment lang konnte sie sich nicht mehr rühren, und das Aufrichten

Was schiefgehen kann

Ischias

Das häufigste Rückenproblem, das beim Laufen auftritt, betrifft den Ischiasnerv, der im Gesäß ein Geflecht bildet. Wenn dieser Nerv gereizt wird, ist ihnen ein unvergeßlicher Zustand, nämlich Ischias, beschert.

Für Ischias gibt es eine Vielzahl von Ursachen, die von mechanischen Abnormalitäten bis zu komprimierten oder vorgefallenen Bandscheiben im Kreuz reichen können. Laufen kann die Beschwerden verschlimmern oder auslösen. Man kann den Nerv oder seine Verletzung zwar nicht deutlich sehen, doch sind die im Körper ausgelösten Empfindungen eindeutig. Die Schmerzen ziehen sich vom Rücken durch das Gesäß in den hinteren Teil des Oberschenkels und um die Außenseite des Knies. Die Beschwerden können sogar durch die Waden in die Außenseite des Fußes ausstrahlen.

Ursache des Ischias

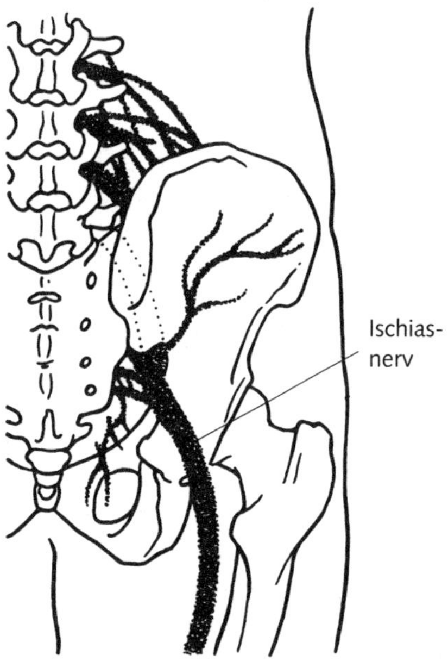

bereitete ihr große Mühe. Als sie endlich wieder aufrecht stand, vergingen die Kreuzschmerzen sofort. Der Beinschmerz legte sich nach etwa 15 Minuten.

Später erinnerte sie sich: »Als ich zuhause ankam, brannte mein Rücken wie Feuer. Ich ging ins Haus und legte mich auf den Boden. Nur wenn ich auf dem Rücken lag, ging es mir etwas besser.«

Sie rief eine Freundin an, die ihr empfahl, sofort einen Arzt aufzusuchen. Neben anderen Tests mußte sie auch auf dem Rücken liegen und versuchen, das Bein gestreckt nach oben zu bewegen. Zu ihrem großen Entsetzen löste diese Bewegung den ursprünglichen

Das Problem hat seinen Ursprung in den aus Faserknorpel bestehenden Bandscheiben, die die Wirbelkörper der Wirbelsäule voneinander trennen. Die Bandscheiben verhindern ein Aneinanderreiben der Knochen und ermöglichen die Beugung des Rückgrats. Dies ist vor allem im Kreuz, wo die meisten Beugekräfte wirksam werden, von großer Bedeutung. »Beugen Sie die Knie, nicht das Kreuz.« Der Grund für diese Regel ist, daß bei der Biegung des Kreuzes Kräfte von bis zu 200 kg auf jede einzelne Bandscheibe wirken, und das bevor Sie auch nur ein Gramm an Gewicht gehoben haben. Bei Läufern entstehen die meisten Kreuzverletzungen aufgrund von ungleichmäßiger Druckverteilung auf diesen Bandscheiben, was durch übermäßige Vorlage oder biomechanische Probleme, wie unterschiedliche Beinlänge, verursacht werden kann. Solche Faktoren üben starken Druck auf das Kreuz aus – bis zum dreifachen Körpergewicht – und verletzen die Bandscheiben. Eine Bandscheibe kann auch aufgrund jahrelanger Stoßbelastung zusammengedrückt werden.

Außerdem üben viele Läufer eine sitzende Tätigkeit aus. Beim Sitzen werden die Rückengelenke steif, was ihre Dehnfähigkeit stark einschränkt. Wenn man dann läuft, sollen diese steifen Gelenke sich plötzlich dehnen. Gleichzeitig sind die Bandscheiben einer hohen Belastung ausgesetzt. Der auf den Bandscheiben lastende Druck kann sie zum Vorfallen bringen, was wiederum die Nerven auf beiden Seiten der Wirbelsäule irritiert. Das Ergebnis sind chronische, frustrierende Schmerzen.

Schmerz aus. Wenngleich Nancy diese Pein nur ungern nochmals erlebte, erleichterte es dem Arzt die Diagnose: Reizung des Ischiasnervs.

Der Ischiasnerv verläuft vom Kreuz über das Gesäß, entlang der Außenseite der Schenkel und der Rück- und Außenseite der Waden über den Fußrand in die Zehen. Nancys Schmerz erstreckte sich über zwei Drittel dieses Nervenstranges im rechten Bein.

Der Arzt verordnete ihr absolute Bettruhe, eine Behandlung, die eigentlich nur noch bei akuten Fällen Anwendung findet. Er verschrieb ihr außerdem Wärmebehandlung, Medikamente zur Muskelrelaxierung sowie Schmerzmittel. Nancy sagte, daß sie in

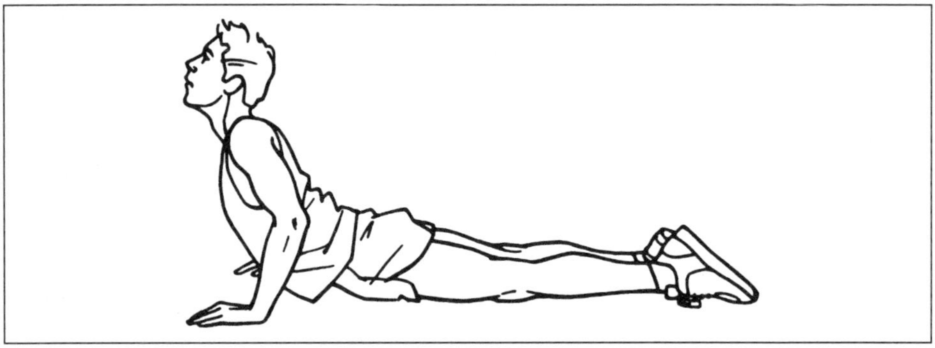

Liegestützen

Legen Sie sich auf den Bauch und halten Sie die Hände nahe bei den Schultern am Boden. Schauen Sie in Richtung Decke, während Sie Brust und Bauch nach oben drücken. Halten Sie das Becken flach, und lassen Sie beim Strecken das Kreuz durchhängen. Drücken Sie sich nur mit den Armen ab, und entspannen Sie die Rückenmuskulatur. Halten Sie diese Stellung und lassen Sie dann locker. Wiederholen Sie diese Übung zehnmal.

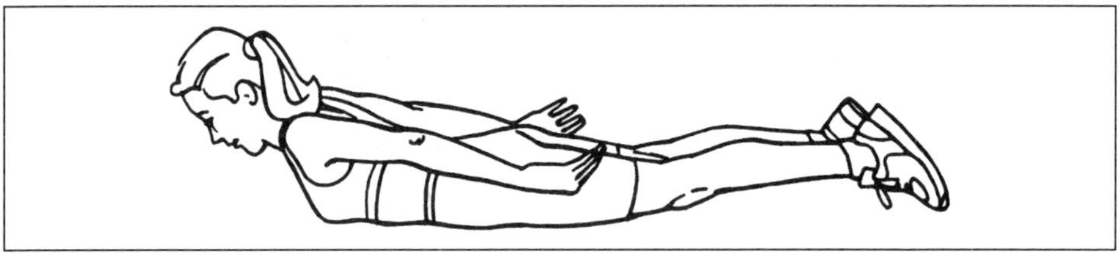

Umgekehrte Klappmesser

Legen Sie sich auf den Bauch, wobei die Arme mit nach oben gerichteten Handflächen auf dem Boden liegen. Heben Sie Kopf und Schultern vom Boden. Halten Sie diese Stellung 10 Sekunden lang, und legen Sie das Kinn dann langsam wieder auf dem Boden ab. Wiederholen Sie diese Übung zehnmal.

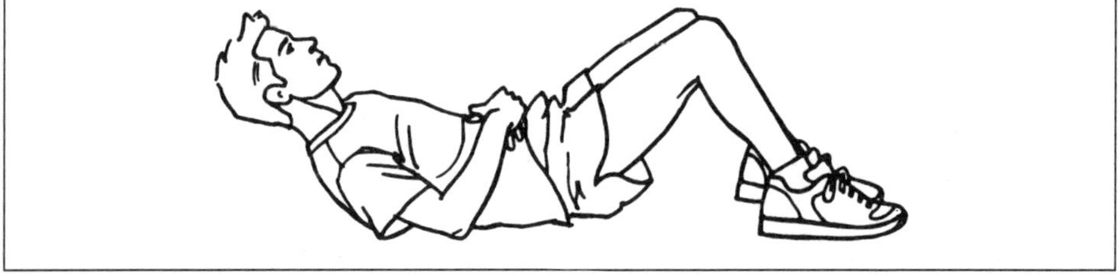

Abgewandelte Klappmesser

Legen Sie sich mit gebeugten Knien auf den Rücken. Kreuzen Sie die Hände über dem Bauch. Lassen Sie das Kreuz auf dem Boden, und heben Sie langsam Kopf und Schultern, wobei das Gesicht der Decke zugewandt ist. Legen Sie Kopf und Schultern dann langsam wieder ab. Sie sollten bei dieser Übung die Bauch- und nicht die Rückenmuskulatur spüren.

diesem Augenblick überhaupt nicht mehr ans Laufen dachte. »Ich wollte nur ohne Schmerzen stehen und gehen können.«

Nach einer Woche im Bett – halb betäubt von den Schmerzmitteln – suchte sie den Arzt erneut auf. Die Symptome hatten zwar etwas nachgelassen, doch von Heilung konnte noch keine Rede sein. Der Arzt sagte Nancy, daß sie weiterhin ruhen und die Medikamente nehmen solle.

Allmählich begann Nancy, die zwei Wochen nicht hatte arbeiten können, sich Sorgen zu machen. Eine andere Freundin empfahl ihr einen Chiropraktiker, den Nancy noch am gleichen Tag aufsuchte.

Der Chiropraktiker bestätigte die Diagnose Ischias und versuchte Nancys Kreuz wieder einzurenken. Diese manuelle Manipulation zielt auf eine optimale Ausrichtung der Rückenknochen, um auf diese Weise die Gelenkfunktion zu verbessern und die Nerven zu entlasten.

Diese Behandlung linderte Nancys Beschwerden, und sie hörte auf, die Tabletten einzunehmen. Doch nach einigen Tagen kamen die Schmerzen wieder. Sie suchte den Chiropraktiker erneut auf und ließ sich wieder mit Erfolg behandeln. Aber nach einigen Tagen traten die Schmerzen wieder auf.

Nancy wurde ein häufiger Gast beim Chiropraktiker. Sie zog seine Manipulation den Tabletten vor. Doch als sie nach mehreren Monaten immer noch nicht laufen konnte, strebte sie nach einer dauerhafteren Lösung.

Der Chiropraktiker verwies sie an einen Physiotherapeuten. Der Krankengymnast stellte bei Nancy starke Verspannungen im Kreuz und schwache Haltungsmuskeln am Rücken fest. Diese Muskeln sollen den Oberkörper stützen und eine aufrechte Haltung ermöglichen. Die Tatsache, daß sie bei Nancy ihre Aufgabe nicht erfüllten, verstärkte den Druck auf die verletzte Bandscheibe. Wenngleich diese Muskelschwäche nicht unbedingt der Hauptgrund für ihr Ischias war, so trug sie doch sicherlich zu den Schmerzen bei.

Der Physiotherapeut behandelte Nancy drei Wochen lang. Die Schlüsselübung für Nancy waren Liegestützen. (Siehe Abbildung vorherige Seite.) Das Kräftigungsprogramm und die entzündungshemmenden Medikamente haben Nancys Zustand erheblich verbessert.

Den Chiropraktiker muß sie nur noch einmal im Monat aufsuchen. Sie führt weiterhin Kräftigungs- und Haltungsübungen durch. Der Therapeut brachte ihr die richtige Methode des Bückens und Hebens bei und verbesserte ihren Laufstil. Nancy läuft jetzt auch in hügeligem Gelände aufrechter und gleichmäßiger.

Erleichtert sagt sie: »Ich kann wieder laufen und habe nur gelegentlich leichte Kreuzbeschwerden. Bevor mir das passierte, konnte ich mir nie vorstellen, wie schrecklich Kreuzschmerzen sind.«

Symptome und Behandlungsmöglichkeiten

Ischias

Sie haben dieses Problem möglicherweise, wenn Sie an folgenden Beschwerden leiden:
Kreuzschmerzen
Schmerzen im Gesäß
Schmerz, der über den Oberschenkel ins Knie oder sogar den Fuß ausstrahlt

Warnung: Wenn die Schmerzen weiter als ins Gesäß ausstrahlen, sollten Sie sofort einen Arzt aufsuchen.

Ihr Arzt verschreibt unter Umständen:
Eis
Ausgleichssport
Einlagen
Physikalische Therapie
Kräftigungsübungen
Orale Gabe oder Injektion von Entzündungshemmern

Wie man diese Beschwerden vermeiden kann:
Dehnübungen für die Kniesehnen, siehe Seiten 215 und 216
Liegestützen zur Verbesserung der Flexibilität, siehe Seite 198
Abgewandelte Klappmesser zur Stärkung der Bauchmuskeln, siehe Seite 198
Umgekehrte Klappmesser zur Kräftigung der Rückenmuskulatur, siehe Seite 198
Vermeiden Sie eine Belastung des Kreuzes bei alltäglichen Verrichtungen

Schmerzen können Sie beim Sitzen ereilen

Ischiasschmerzen treten auch häufig im Gesäß auf. In diesem Bereich liegt der Nerv nahe an der Oberfläche und kann durch Trauma oder Druck gegen den Musculus piriformis gereizt werden.
Diese Art von Schmerz veranlaßte einen Läufer namens Mike, mich aufzusuchen. Sein Chiropraktiker hatte ihn an mich verwiesen, nachdem die manuelle Manipulation kaum Erleichte-

rung gebracht hatte. Er hatte gemeint, daß Einlagen Abhilfe schaffen könnten. Beim Laufen beugen und dehnen sich Gelenke, Knochen rotieren und Muskeln kontrahieren sich. Bei all diesen Vorgängen kann ein Nerv zwischen Muskel und Knochen eingeklemmt werden. Das war Mikes Problem.

Das Ergebnis meiner biomechanischen Auswertung war verblüffend. Mike wies, vor allem auf der schmerzenden rechten Seite, eine enorme Überpronation auf. Die normale Pronation liegt bei 4–6 Grad; bei Mike zeigte der rechte Fuß 22 Grad und der linke 15 Grad Überpronation. Seine Schuhe waren auf der Innenseite fast völlig abgelaufen – er lief praktisch auf den Knöcheln.

Aufgrund der Überpronation drehte sich das ganze Bein nach innen, wobei die Innenrotation beim rechten Bein größer war als beim linken. Seine Beine rotierten so stark, daß die Kniescheiben sich fast gegenüberstanden. Diese enorme Drehung drückte einen Teil des Beckens gegen den Ischiasnerv und löste die Schmerzen aus.

Wenngleich die chiropraktische Behandlung Mikes Mobilität verbesserte, reizte er den Nerv durch die biomechanischen Probleme immer mehr. Das Einrenken brachte etwas Linderung, doch die enormen Kräfte, die beim Laufen entstehen, führten zu einer ständigen Irritation des Ischiasnerves in der Gesäßgegend. Solange er lief, konnte der Nerv sich nicht erholen.

Wir paßten Mike Einlagen an, um die Bewegung zu kontrollieren. Er bekam zwei verschiedene Einlagen – ein Paar zum Laufen und ein weiteres Paar für das Alltagsleben.

Wir konnten die Beweglichkeit zwar nicht vollständig einschränken – die Fehlstellung war einfach zu groß –, doch gelang uns eine Korrektur, die ausreichte, um die Schmerzen im Gesäß verschwinden zu lassen.

Manchmal vergißt Mike seine Einlagen oder will sie bei einem Rennen oder Trainingslauf nicht benutzen. Dann kehren die Schmerzen sofort zurück und erinnern ihn daran, daß Laufen manchmal ganz schön schmerzhaft sein kann.

Kapitel 22

Training während der Ausheilphase

Nach jeder Verletzung muß man ganz langsam wieder mit dem Laufen anfangen. Wie langsam? Viel langsamer als Sie glauben.

Sie haben vor der Verletzung jeden Viertelkilometer einen einminütigen Spurt eingelegt. Welche Geschwindigkeit und Strecke sollten Sie dann während der ersten Wochen nach einer Verletzung laufen?

Das ist eine Fangfrage! Nach einer Verletzung dürfen Sie an Sprints überhaupt nicht denken.

Wie fangen Sie also wieder mit dem Laufen an? Gar nicht – zumindest nicht sofort. Zuerst gehen Sie nur. Dann wechseln Sie zwischen Gehen und gemächlichem Joggen. Schließlich kann das Joggen in Laufen übergehen. Und erst dann können Sie auch wieder an Sprints denken.

Nach einer Pause oder Verletzung sind Füße und Beine, Knochen und Gelenke Erschütterungen noch nicht gewachsen. Sie sind etwas faul und empfindlich geworden. Muskeln und Knochen werden schwächer, wenn man sie nicht beansprucht. Es hat vor der Verletzung einige Zeit gedauert, Muskeln und Knochen aufzubauen. Nach dem Heilungsprozeß brauchen sie wieder Zeit, sich zu regenerieren. Nur so können sie die beim Laufen entstehenden Kräfte ohne Zerrungen und Verletzungen überstehen.

Außerdem ist es gut möglich, daß die ursprüngliche Verletzung noch nicht ausgeheilt ist. Selbst wenn Sie keine Symptome mehr spüren, ist die Region der Verletzung fast immer schwächer und verletzungsanfälliger als zuvor. Bei vorschneller Belastung können die gleichen Probleme schnell wieder auftreten.

Zu weit, zu schnell, zu bald

Viele Läufer glauben, daß es ausreicht, das Tempo, das man vor der Verletzung gelaufen ist, ein wenig einzuschränken. Jim war so ein Fall. Er hatte sich das Knie während eines 5-km-Laufes gezerrt. Nach fünf Wochen war das Knie so weit in Ordnung, daß er das Training wieder aufnehmen konnte.

Da Jim normalerweise einen Kilometer in etwa fünf Minuten lief, hielt er es für vernünftig, sein Tempo auf einen Kilometer in sechs Minuten zu drosseln. Jim suchte mich zwei Wochen später mit – ja richtig – einem geschwollenen Knie auf.

Donna hatte aufgrund einer Achillessehnenverletzung acht Wochen lang mit dem Laufen ausgesetzt. Sobald ich ihr erlaubte, langsam wieder zu laufen, stürzte sie sich ins Training, um sich auf einen Halb-Marathon vorzubereiten. Bald darauf verspürte sie Schmerzen in der Hüfte. Doch da die Achillessehne beschwerdefrei war, nahm Donna an, daß sie nur ein wenig Muskelkater habe. So verlängerte sie die Strecke weiter, bis ihre Hüftschmerzen so schlimm wurden, daß sie ärztliche Hilfe benötigte.

Die Diagnose: Belastungsfraktur der Hüfte und weitere drei Monate ohne Laufen. Die Ursache: Aufgrund der Achillessehnenverletzung schonte Donna den linken Fuß. Sie verlagerte den Großteil des Gewichts auf das rechte Bein und damit die rechte Hüfte. Das erklärte die Schmerzen, die sie seit einigen Wochen in der Hüfte verspürte. Dies war ein wichtiges Warnsignal, dem sie einfach keine Beachtung schenkte.

Ich kenne auch viele Läufer, die ihre ursprüngliche Verletzung »testen«. Nachdem sie vor der Verletzung an die 80 km gelaufen sind, denken sie, daß ein 12-km-Lauf nicht schaden könne. Das Ergebnis: Die Behandlung beginnt von vorne. Beschwerden, die innerhalb einiger Wochen hätten auskuriert werden können, ziehen sich nun über mehrere Monate hin.

Zuerst gehen dann laufen

Viele Läufer würden lieber tot umfallen als ein Gehtraining aufzunehmen. Sie glauben, daß Gehen lediglich eine Durchgangsphase auf dem Weg zum trainierten Läufer ist.

Amy Tardio, die Herausgeberin einer Fitness-Zeitschrift, entspricht meiner Vorstellung von einer begeisterten Sportlerin. Durch Laufen, Wandern und Tennis hat sie sich ein hohes Maß an Kondition erworben.

Nach der Geburt ihres ersten Kindes begann sie an einigen Tagen in der Woche mit ein paar Freunden zu gehen, während sie an den anderen Tagen lief. Sie stellte fest, daß ihr das Gehen Spaß machte. Sie hatte Bewegung und konnte sich gleichzeitig mit ihren Freunden unterhalten. Amys Geschichte zeigt eine deutliche Tendenz in Richtung weniger anstrengende, aber länger anhaltende körperliche Betätigung. Sogar überzeugte Läufer fangen allmählich an, einige Gehphasen in ihr Laufprogramm einzubauen.

Gehen ist für den Körper weniger traumatisch als Laufen. Beim Gehen hat ein Fuß immer Bodenkontakt, während der Körper beim Laufen den Boden verläßt und dann mit großer Wucht wieder landet.

Gehen erfordert mehr Zeit, um den gewünschten Erfolg zu erzielen. Man verbraucht zwar 100 Kalorien auf 1,5 km, ganz gleich ob man geht oder läuft. Doch bewältigt man diese Distanz beim Laufen doppelt so schnell wie beim Gehen.

Sie mögen glauben, daß Gehen nicht anstrengend genug ist, um ausreichende Ausdauer aufzubauen. Doch brauchen Sie sich um Ihre Kondition nach einer verletzungsbedingten Pause keine Sorgen zu machen. Wie schon erwähnt, verlieren Sie während einer dreimonatigen Trainingspause nur 10 Prozent ihrer Ausdauer.

Gehen ist nach einer Verletzung besonders hilfreich, da das Bindegewebe, das die verletzte Region umgibt, während der Erholungsphase versucht hat, den Schaden zu begrenzen, indem es andere Funktionen übernommen hat. Die Muskeln in der verletzten Region unternehmen große Anstrengungen, um eine übermäßige Bewegung an der verletzten Stelle zu verhindern. Aus diesem Grund übernehmen andere Muskeln ihre Aufgaben und helfen dadurch den verletzten Kameraden. Wenn ein Muskel verletzt wurde, dann will das Gehirn diesen Muskel auch nicht bewegen und verpflichtet andere Muskeln, seine Arbeit zu übernehmen. Es dauert eine Weile, bis sich das Gewebe wieder auf seine normalen Lauffunktionen umgestellt hat. Gehen hilft bei dieser Umstellung, da es praktisch die gleichen Muskeln beansprucht wie das Laufen, ohne dabei die extremen Kräfte der Laufbewegung freizusetzen.

Suchen Sie sich einen Ausgleichssport

Wenn Ihnen Gehen nicht anstrengend genug ist, sollten Sie sich nach einem anderen Ausgleichssport umsehen. Läufer hatten und haben vielfach eine »Alles-oder-Nichts«-Einstellung. Wenn sie gesund sind, laufen sie. Und wenn eine Verletzung sie niederstreckt, machen sie gar nichts.

Der kluge Läufer findet andere Möglichkeiten, um sein Lauftraining im gesunden Zustand abzurunden, und um während Verletzungsphasen einen Ersatz zu haben. Läufer, die keinen Ausgleichssport ausüben, sind heutzutage selten (und dumm).

Symptome von Überanstrengung und Verletzungen, die durch übermäßige Erschütterungen ausgelöst werden, wie etwa Muskelschmerz, Tendinitis, Brüche und Schienbeinbeschwerden, können durch Schwimmen oder Radfahren entlastet werden. Auch Geräte, die Treppensteigen, Rudern oder Langlaufen simulieren, beanspruchen die verletzte Region nicht und bieten doch ein hervorragendes Training für das Herz-Kreislaufsystem.

Ausgleichssport bietet Füßen und Beinen eine ausgezeichnete Ruhepause von den Erschütterungen des Laufens und schützt vor weiteren Verletzungen, indem mehr Muskelgruppen trainiert werden als dies beim Laufen der Fall ist.

Ausgleichssportarten sollten Sie in gesundem Zustand aufnehmen, damit Sie sich nicht mit einer neuen Sportart vertraut machen müssen, wenn Sie verletzt sind. Integrieren Sie den neuen Sport in ihr gewöhnliches Trainingsprogramm. Dann können Sie die Vorteile nützen, falls Sie sich aufgrund einer

Verletzung ausschließlich diesem Sport widmen müssen.
Ersetzen Sie einen leichten Lauf durch den Ausgleichssport oder üben Sie den Ausgleichssport aus, wenn Sie sich eigentlich ausruhen wollten. Oft braucht der Körper keine vollständige Ruhepause, sondern lediglich eine Unterbrechung von der einseitigen Laufbelastung.
Je mehr Muskeln sie in ihr Trainingsprogramm einbeziehen können, desto geringer ist die Wahrscheinlichkeit, daß Sie sich eine Verletzung aufgrund von Überbeanspruchung zuziehen. Außerdem verbessert eine Auslastung mehrerer Muskelgruppen ihre allgemeine Fitness.
Lassen Sie uns einen Blick auf einige Alternativen werfen. Hier finden Sie die üblichsten, wirkungsvollsten und beliebtesten Ausgleichssportarten. (Wenn Sie wegen einer Verletzung in Behandlung sind, sollten Sie diese Aktivitäten mit Ihrem Arzt absprechen. Als Faustregel gilt: Was nicht schmerzt, ist in Ordnung.)

Radfahren: Dieser Sport stellt ein hervorragendes Training für das Herz-Kreislaufsystem dar, ohne Füße und Beine durch Erschütterungen zu belasten. Verletzten Läufern empfehle ich oft, mit dem Rad zu fahren, bevor sie das Laufen wieder aufnehmen.
Viele Patienten mit Belastungsfrakturen dürfen bereits drei Wochen nach der Verletzung Radfahren, während sie mit dem Laufen mindestens sechs Wochen warten müssen. Patienten, die von einer Knieoperation oder traumatischen Knöchelverletzungen genesen, können auch schnell wieder Radfahren, während andere Aktivitäten noch lange nicht möglich sind. (Wenn Sie keine Schmerzen verspüren und Ihr Arzt nichts dagegen hat, dann los.)
Es ist am besten, in einem leichten Gang einhundert oder mehr Umdrehungen zu treten. Dies minimiert die Belastung für Füße und Beine und maximiert die positive Wirkung auf Herz und Kreislauf.
Um die größten Vorteile aus dem Radfahren zu ziehen und den meisten Spaß zu haben, sollten Sie gewisse Erfahrungen haben. Sie wissen zwar sicherlich, wie man ein Rad fährt, doch fehlt Ihnen womöglich die richtige Technik. Als Scott Tinley den Ironman Triathlon schließlich gewann, nachdem er im Vorjahr unter großen Strapazen zweiter geworden war, antwortete er auf die Frage, was den Ausschlag gegeben habe: »Ich habe Radfahren gelernt.«
Bei einem Radclub oder einem Fachgeschäft für den Fahrradsport können Sie sich nützliche Tips holen. Kaufen Sie sich einen Helm und tragen Sie ihn auch: Er kann bei einem Zusammenstoß den Unterschied zwischen Leben und Tod bedeuten.

Schwimmen. Es gibt kein besseres Ausdauertraining für den ganzen Körper. Ohne jede Erschütterung werden Beine und Oberkörper gleichmäßig beansprucht.

Wenn Laufen zu einer gefährlichen Sucht wird

Laufen kann süchtig machen. Da Laufen als gesund für Körper und Geist gilt, wird diese Besessenheit im Gegensatz zur Abhängigheit von Zigaretten, Alkohol oder Drogen, als »positive Sucht« betrachtet.
Doch ich kenne genügend Läufer, die die Grenze von positiv zu negativ überschritten haben. Dann verschleißen sie ihren Körper anstatt ihn gesünder zu machen.
Ein solcher Läufer war der Präsident eines ziemlich großen Unternehmens. Regelmäßig kehrte er nach einem zwölfstündigen Arbeitstag nach Hause zurück und begann mindestens eine Stunde zu laufen. Er war vom Laufen besessen und brüstete sich, in fünf Jahren keinen einzigen Tag ausgesetzt zu haben. Schließlich kam es, wie es kommen mußte: Er zog sich eine typische Verletzung aufgrund von Überbeanspruchung zu – Achillessehnenentzündung.
Nachdem mehrere Selbstbehandlungsversuche gescheitert waren, suchte er mich auf. Als ich ihm sagte, daß er eine Fraktur hatte, die ihm das Laufen einige Wochen lang unmöglich machen würde, reagierte er ziemlich heftig.
»Ohne Laufen werde ich mit meinem täglichen Streß nicht fertig. Verschreiben Sie mir Valium«, meinte er entschieden. (Zu seiner Ehre muß ich sagen, daß dieser Läufer sich an meinen Rat hielt und Ausgleichssportarten, nämlich Schwimmen und Gewichtheben, aufnahm. Beruhigungsmittel brauchte er nie.)
Ein anderer Läufer litt an einer ernsthaften Knöchelverletzung. Später gab er zu: »Während dieser Zwangspause saß ich zu der Zeit im Wohnzimmer, zu

Schwimmen verschlimmert Verletzungen, wie Brüche und Zerrungen in den Beinen, nur in seltenen Fällen. (Fragen Sie Ihren Arzt.) Läufer mit ernsthaften Fuß- oder Beinverletzungen können eine Boje zwischen die Beine klemmen und somit die Bewegung verhindern. Dann müssen die Arme die ganze Arbeit verrichten.
In den meisten Gemeinden gibt es Schwimmkurse. Diese sind sehr zu empfehlen, da sie hier Technik lernen anstatt auf eigene Faust herumzuplantschen. Da Läufer meistens weniger Körperfett haben als der Durchschnitt, kann richtiges Schwimmen schwierig sein. Eine gute Technik sichert Ihnen auch hier Spaß an der Bewegung.

Wasserlaufen. Viele Läufer wollen lieber ihre normale Aktivität im Wasser der ich sonst immer Laufen ging. Ich schaute durchs Fenster und heulte, immer wenn ein Läufer vorbeikam.«

Das Laufen fehlte ihm so sehr, obwohl er weniger als einen Monat aussetzen mußte.

Wie andere Suchtkrankheiten kann auch das Laufen zu Lügen und Betrügereien führen. Wenn diese Patienten das Training vorzeitig wieder aufnehmen, belügen sie sich selbst, was ihren körperlichen Zustand anbetrifft und betrügen sich um eine schnelle Genesung.

Was ich sagen will ist, daß der psychische Schmerz einer Verletzung schlimmer sein kann als der physische. Die Aussicht, zu Untätigkeit verdammt zu sein – und sei es nur für einige Tage oder Wochen – kann schrecklich sein. Oft gewinnt dann die Unvernunft die Oberhand und veranlaßt Sportler, sich trotz der Verletzung durch ein Trainingsprogramm zu schleppen und dabei die Genesung zu gefährden.

Eine Verletzung, die das Laufen einschränkt oder unmöglich macht, kann den Sportler in ein unleidliches Ekel verwandeln. Doch wenn Sie sich vor Augen führen, daß es sich nur um einen vorübergehenden Zustand handelt, und Sie ihre gewöhnlichen Aktivitäten bald wieder aufnehmen können, werden Sie mit der Verletzung schon fertig. Ein Ausgleichssport kann dabei physisch wie psychisch sehr hilfreich sein.

Doch wenn Sie die Verletzung ignorieren und weiterhin wie besessen laufen, fordern Sie das Schicksal heraus. Ihre schlimmste Befürchtung könnte Wahrheit werden: Das Laufen könnte Ihnen für eine beträchtliche Zeit versagt sein.

nachahmen als schwimmen. Sie tragen eine Schwimmweste, die sie im tiefen Wasser aufrecht hält, während sie Laufbewegungen durchführen. Dabei werden die gleichen Muskeln und Bewegungen benutzt wie bei einem langsamen Dauerlauf, doch da das Wasser nachgibt, entfällt die Stoßbelastung auf die Beine.

Manche Läufer verzichten auf die Schwimmweste und laufen im tiefen Wasser, wobei sie sich durch heftige Arm- und Beinbewegungen über Wasser halten. Die olympische Marathonläuferin Julie Brown tat dies, nachdem sie sich eine Belastungsfraktur zugezogen hatte. Sie war im Wasser phänomenal und konnte sich ohne Schwimmweste bis zu einer Stunde über Wasser halten.

Man kann auch das flache Ende des Schwimmbeckens benutzen – die Füße berühren den Boden, so daß die gleichen Muskeln wie beim gewöhnlichen Laufen beansprucht werden. (Im tiefen Bereich benutzt man Arme und Beine, um nicht unterzugehen.)

Inline Skaten. Als die Inline Skates der Marke Rollerblade auf den Markt kamen, waren die herkömmlichen Rollschuhe bald verschwunden. Anstelle von zwei parallelen Rollen sind bei Rollerblades alle vier Räder hintereinander angeordnet. Sie laufen schneller als gewöhnliche Rollschuhe, und bei der Bewegung werden mehr oder weniger die gleichen Muskelgruppen beansprucht wie beim Langlaufen und Laufen.

Als ich Marty Liquori, einem Weltklasseläufer, der jetzt Fernsehkommentator ist, in die Arme lief, sagte er zu mir: »Ihnen verdanke ich das Inline Skaten.« Einige Jahre zuvor hatte er sich mit dem Gedanken getragen, sich einer ziemlich radikalen Operation an Achillessehne und Ferse zu unterziehen. Die Verletzung schmerzte nur bei Sprints, und er hatte nicht mehr die Absicht, Rennen zu laufen. Ich riet ihm, die Operation zu vermeiden, da er ja nicht mehr so schnell laufen mußte, und sich eine andere Sportart zu suchen.

Anstatt sich der Operation zu unterziehen, nahm Marty das Rollschuhfahren auf und stellte fest, daß dies eine hervorragende sportliche Ersatzbetätigung ist. Er kann nun so schnell laufen wie er mag, ohne daß Achillessehne oder Ferse schmerzen.

Vorteile des Rollschuhfahrens bzw. Inline Skatens: Dieser Sport kann, wie das Laufen, im Freien ausgeübt werden. Auch kann man viele der üblichen Laufrouten verwenden. Wenngleich die Bewegungen dem Laufen ähneln, kommt man doch schneller und ohne Erschütterungen vorwärts.

Nachteile: Wenn man noch nie Schlittschuh gelaufen ist, kann es schwierig sein, auf den vier Rollen das Gleichgewicht zu halten. Bei Verkehr kann Rollschuhfahren aufgrund der höheren Geschwindigkeit und des längeren Bremsweges gefährlich sein.

Trainingsgeräte. Sie gibt es in Hülle und Fülle: Da gibt es Geräte, die Treppensteigen, Rudern oder Langlauf simulieren. Sie sind alle leicht zu betätigen, fördern die Kraft und stärken das Herz-Kreislaufsystem. Lassen Sie sich die sichere und wirkungsvolle Bedienung des Gerätes vor Gebrauch von einem Trainer zeigen.

Trainingsgeräte sind nicht belastend für Füße und Beine, da es weder zu Stößen noch zu Erschütterungen kommt. So können Verletzungen ausheilen, während man den Trainingszustand des Körpers bewahrt und die Kraft sogar noch stärkt. Bei Läufern verwenden wir einige dieser Geräte nach Knieoperationen sogar dazu, die Ausdauer zu steigern und eine baldige Rückkehr zum Laufsport zu ermöglichen.

Zu Beginn sollte man mit diesen Geräten vorsichtig sein. Ich kenne Läufer, die eine oder zwei Stunden auf einem

Treppensimulator verbracht haben und dann solchen Muskelkater hatten, daß sie eine Woche lang nicht mehr trainieren konnten. Beginnen Sie bei solchen Hometrainern mit einem 15- bis 20-minütigen Fitnessprogramm.

Versuchen Sie nicht das ganze Training, das Sie versäumt zu haben glauben, an einem einzigen Tag nachzuholen. Wie schon beim Laufen gilt es auch hier langsam und geduldig vorzugehen.

Achten Sie auf Ihre Ernährung

Die häufigste Klage, die ich von verletzten Patienten höre, lautet: »Seit ich nicht mehr laufe, habe ich 10 Pfund zugenommen.« Meist ist das übertrieben. Läufer neigen zu Phobien, was ihr Körpergewicht angeht.

Sie dürfen nicht vergessen, daß Gewichtszu- oder -abnahme nichts mit Fitnessgewinn oder -verlust zu tun hat. Eine Diät zur Gewichtsreduzierung ist vor allem nach Verletzungen eine schlimme Sache für den Körper.

Durch Essen nimmt der Körper die Nährstoffe auf, die er zum Leben braucht. Wenn man das Training wieder aufnimmt, braucht man noch mehr Nährstoffe als sonst, damit der Körper die verletzte Region heilen kann und über genügend Brennstoff für das Training verfügt.

Wenn man die Nahrungszufuhr drosselt, beschneidet man den Körper in der Fähigkeit, sich selbst zu heilen und die Fitness zu verbessern. Wenn die Badezimmerwaage einen Gewichtsverlust anzeigt, kann es sein, daß man dem Körper wichtige Nährstoffe vorenthält. Dies kann leicht zu weiteren Schäden – in der verletzten Region oder anderswo – führen. Man sollte sich immer vernünftig ernähren, und dies gilt besonders während einer Genesungsphase.

Denken Sie nach einer Verletzung nicht einmal an eine Diät. Und lassen Sie sich wegen ein paar Pfunden keine grauen Haare wachsen. Wenn Sie das normale Training wieder aufnehmen, verschwinden sie ganz von selbst. (Das heißt natürlich nicht, daß Sie jeden Abend naschen, oder gar ein Kilogramm Eis essen sollten.)

Und da wir gerade beim Thema Ernährung sind: Auch wenn Sie voll im Training stehen, sollten Sie nicht glauben, daß Sie alles essen können, nur weil Sie ein magerer Läufer sind. Sie sehen vielleicht dünn aus, doch kann Cholesterin ihre Arterien verstopfen. Ich denke da an Jim Fixx, einen bekannten Schriftsteller und Läufer. Er war zwar leicht von Gewicht, doch er ernährte sich viel zu fett, und sein Cholesterinspiegel lag weit über den gesunden Werten. Als Fixx im Alter von 54 Jahren während des Laufens einem Herzschlag erlag, waren seine Arterien hochgradig verstopft.

Es heißt oft, daß eine Diät allein keine Gewichtsreduktion herbeiführt, sondern daß erst zusätzliche körperliche Betätigung den gewünschten Erfolg erzielt. Auch das Gegenteil ist der Fall: Ohne eine gesunde Ernährung beschert einem der Sport kein langes, gesundes Leben.

Beginnen Sie wie ein Anfänger

Wenn Ihnen der Arzt das Laufen wieder erlaubt, sollten Sie wie ein Anfänger beginnen. Ergänzen Sie das Gehtraining durch kurze langsame Laufphasen. Erhöhen Sie langsam die Länge der Laufphasen und verringern Sie die Gehphasen.

Schon bald laufen Sie wieder recht gleichmäßig und sind versucht, Distanz und Tempo zu schnell zu erhöhen. Hören Sie auf Ihren Körper. Wenn das Laufen schmerzt, wenn die Beschwerden beim Laufen zunehmen, oder wenn Sie humpeln, richtet die sportliche Betätigung Schaden an. Dann heißt es aufhören oder kürzer treten.

Vergessen Sie nicht, daß ein Teil Ihres Körpers eine Weile nicht richtig funktioniert hat. Die Verletzung, die sich über Wochen oder Monate entwickelt hat, braucht ebenso lang um auszuheilen. Wenn Sie Abkürzer nehmen oder den Zeitplan Ihres Körpers beschleunigen wollen, fordern Sie das Schicksal heraus. Es gibt keine Zauberpillen, die eine wundersame schnelle Genesung herbeiführen.

Es gilt die Faustregel, daß man das wöchentliche Pensum nur um 10 Prozent steigern soll. Diese Grenze bezieht sich auf das Training in gesundem Zustand und sollte nach einer Verletzung genauestens beachtet werden. Der Körper hat vermutlich Narbengewebe aufgebaut, um die Verletzung auszuheilen. Narbengewebe ist verletzungsanfälliger. Es ist weniger elastisch und neigt stärker zu Entzündungen als gesundes Gewebe. Außerdem ist es extrem langlebig. Bei einem geschwächten Körper kann übermäßige Beanspruchung nur Schaden anrichten.

Während der ersten vierzehn Tage sollte man nur vier Tage pro Woche laufen oder gehen/laufen. Die übrige Zeit ist für die Erholung von den körperlichen Anstrengungen und die Genesung von der Verletzung notwendig. Wenn man jeden Tag läuft, kann sich der Körper nicht mehr regenerieren.

Nehmen Sie in naher Zukunft keinesfalls an einem Rennen teil. Ich empfehle nach einer Verletzung eine dreimonatige Wartezeit, bevor man ein 10-km-Rennen plant. Vor einem Halb-Marathon sollten mindestens sechs Monate vergehen.

Führen Sie sich durch die Lektüre von Wettbewerbsergebnissen oder -ankündigungen gar nicht erst in Versuchung. Der einzige Wettkampf, der jetzt zählt, wird gegen die Krankheitssymptome geführt. Konzentrieren Sie sich auf das Rennen um ihre Gesundheit.

Kapitel 23

Ein 7-Stufen-Plan für verletzungsfreies Laufen

Stan ist der lebende Beweis dafür, daß man zwangsläufig in Schwierigkeiten gerät, wenn man nicht aus alten Fehlern lernt. Er zieht sich etwa einmal im Jahr die gleiche Grundverletzung zu – eine Zerrung der Plantarfaszie am Gewölbe eines Fußes oder beider Füße. Dies geschieht meist Mitte Januar, kurz nachdem er begonnen hat, seine guten Vorsätze für das neue Jahr in die Tat umzusetzen.

Zumindest gibt Stan seine Trainingsfehler zu: »Vor dem Laufen wärme ich mich fast nie auf, ich mache kaum Dehnübungen und überanstrenge mich. Je härter das Training, um so mehr Spaß habe ich.«

Im Gegensatz zu vielen anderen Läufern, die mich aufsuchen, scheint die Ursache für Stans Verletzungen schnell gefunden. Er kümmert sich nicht besonders um seinen Körper und macht sich über mögliche Schäden kaum Gedanken. Er geht davon aus, daß ich entstehende Probleme schon wieder einrenke. Schließlich hat das in der Vergangenheit ja auch immer funktioniert.

Früher habe ich Stans schlechte Laufgewohnheiten mit ihm diskutiert. Dann sah er mich immer betreten an und meinte: »Ja, ich habe da wohl ein paar Fehler gemacht.«

Und dann kamen die Ausreden: »Ich mußte einfach auf dieses Rennen trainieren« – und er mußte das Pensum von sechs Monaten in zwei Monate packen. Oder: »Meine Trainingspartner wären schrecklich enttäuscht gewesen, wenn ich keinen langen Lauf mit ihnen gemacht hätte« – und er konnte sich nicht aufwärmen, da die anderen schon warteten.

Jetzt spart er sich die Ausreden. Er sagt nur: »Halten Sie mir keinen Vortrag, Doktor. Ich weiß, ich habe wieder Mist gebaut. Bringen Sie die Sache doch einfach in Ordnung.«

Freilich kann ich viele Schäden, die sich Läufer zufügen, wieder reparieren. Aber es frustriert mich, wenn die gleichen Läufer immer wieder mit den selben Problemen kommen.

Diese Läufer lernen nicht aus ihren Fehlern, und nehmen sich die Ratschläge zur Vermeidung von Verletzungen, die andere Läufer und Sportmediziner befolgen, einfach nicht zu Herzen. Dies hat zur Folge, daß sie mit einer Vielzahl unnötiger Schmerzen,

Kosten und Ausfallzeiten konfrontiert sind. Im folgenden finden Sie einen 7-Stufen-Plan, den ich im Laufe der Jahre entwickelt habe, um Laufverletzungen zu minimieren.

1. Suchen Sie sich einen geeigneten Belag

Die besten Oberflächen für das Laufen sind fest (nicht matschig oder rutschig), relativ eben (ohne Wölbung, Rillen oder Löcher) und bieten ein gewisses Maß an Stoßdämpfung. Ein gewölbter, steiler und harter Untergrund erhöht die Verletzungsgefahr erheblich.

Grasflächen, wie Golfplätze, sind für das Laufen wenig geeignet. Dies mag überraschend klingen, da einige Leute Gras wählen, weil es weich ist. Doch Grasflächen weisen Unebenheiten auf. Viele Menschen – und zwar mehr als die Hälfte der Bevölkerung – leiden unter biomechanischen Abnormalitäten. Beim Laufen auf Gras müssen Muskeln und Sehnen härter arbeiten, was die Verletzungsneigung erheblich erhöht.

Die meisten Knöchelverstauchungen treten auf Grasböden auf, da Löcher, Rillen und Unebenheiten dem unvorbereiteten Läufer eine Falle stellen. Kieswege sind wesentlich geeigneter als Gras, da man Löcher und Risse sehen und damit vermeiden kann, und weil sie angemessene Polsterung bieten.

Teerstraßen sind nicht nur wegen der Verkehrsgefahren eine denkbar ungünstige Oberfläche, sondern auch weil sie geneigt sind, um das Wasser ablaufen zu lassen. Dadurch muß der obere Fuß stärker pronieren und der untere Fuß mehr supinieren.

So verstärkt dieser Untergrund jede biomechanische Abnormalität in einem der beiden Füße. Hier empfiehlt es sich, die gleiche Strecke hin- und zurückzulaufen, anstatt einen Rundkurs zu wählen, da die ungleiche Belastung von Beinen und Füßen dann umgekehrt und somit ausgeglichen wird.

Vorausgesetzt, daß man stoßdämpfendes Schuhwerk trägt, eignen sich ebene Bürgersteige besser für das Lauftraining als Straßen. Das Problem ist freilich, daß Zement wesentlich härter ist als Asphalt oder andere künstliche Beläge.

400-m-Bahnen sind fast immer geeigneter als Hallenbahnen, da sie länger und ungeneigt sind. Hallenbahnen haben meist stark gewölbte Kurven und erfordern mehr Runden pro Kilometer. Die starke Neigung ist Gift für die Knie. Bei allen Bahnen sollte man die Richtung häufig ändern, um mechanische Probleme zu minimieren.

Der Strand bietet zwar einen weichen Untergrund, hat aber einen Nachteil mit der Straße gemein: Auch Strandflächen sind geneigt, und so treten die gleichen biomechanischen Probleme auf wie bei Fahrstraßen.

Auch birgt der Strand Gefahren, wie mir vor einigen Jahren bei dem jährlichen Weihnachtslauf im kalifornischen Cardiff klar wurde. Die Flut war gekommen, und wir mußten über kleine, lockere und glatte Felsen laufen. Einen schlimmeren Untergrund kann ich mir nicht vorstellen. Mein Knöchel ent-

wickelte eine solch heftige Entzündung und Schwellung, daß ich eine Woche lang auf Krücken unterwegs war.
Im folgenden finden Sie eine Liste der Oberflächen, die von »gut geeignet« bis »ungeeignet« geordnet ist.

1. Weiche, ebene, ungeneigte 400-m-Bahen
2. Ungeneigte Bahnen mit künstlichem Belag
3. Weiche, ebene Kieswege
4. Ebenes, weiches Gras
5. Asphaltstraße oder -weg
6. Harte Kiesstraße oder -weg
7. Bürgersteig oder Straße mit Betonbelag
8. Geneigte Oberfläche
9. Strand mit festem Sand
10. Unebener Pfad oder Grasfläche mit Löchern

2. Wärmen Sie sich auf und kühlen Sie sich ab

Vor einem Wettkampf kann man sehen, wie die Spitzenathleten vor dem Feld hin- und herlaufen, um die verschiedenen Muskelgruppen aufzuwärmen. Die Leute am Ende des Feldes stehen zusammengekauert da und warten auf den Startschuß.
Eliteläufer wissen, daß kalte Muskeln die Verletzungsgefahr beträchtlich erhöhen. Dafür gibt es einen einfachen physiologischen Grund.
Wenn man morgens aufsteht, sind Muskeln und Bindegewebe ungedehnt. Die Muskeln sind dann im allgemeinen um 10 Prozent kürzer als im normalen Ruhezustand.
Wenn man sich dann bewegt, dehnen sich die Muskeln auf den normalen Ruhezustand. Bei körperlicher Betätigung strecken sie sich dann um weitere 10 Prozent über den normalen Ruhezustand. Dies bedeutet, daß sich die Muskeln vom Aufstehen bis zum Abschluß der Aufwärmphase um bis zu 20 Prozent ausdehnen.
Ein langer Muskel ist weniger verletzungsgefährdet als ein kurzer, verspannter. Außerdem haben Muskeln die Aufgabe, Knochen auf beiden Seiten des Gelenks zu bewegen. Aufgrund einfacher physikalischer Gesetze ist ein längerer Muskel effektiver und weniger verletzungsanfällig, da er mehr Kraft mit weniger Anstrengung ausüben kann.
Aufwärmen hilft auch Sehnenentzündungen zu vermeiden. Muskeln sind an Sehnen befestigt. Wenn man den Muskel auf eine Aktivität vorbereitet, schützt man auf diese Weise auch die Sehne.
Haben Sie Angst, sich beim Aufwärmen zu verausgaben? Die geringe Energiemenge, die man beim Aufwärmen vor einem Lauf oder Wettkampf verbraucht, wird durch die verbesserte Effizienz und Sicherheit mehr als aufgewogen. Ähnlich verheerend sind die Folgen, wenn man nach dem Lauf die körperliche Betätigung einfach abwürgt.
Viele Läufer beenden ihren Lauf mit einem Sprint. Dann bleiben sie stehen und versuchen, wieder zu Atem zu kommen. Das fordert eine Verletzung geradezu heraus. Zu diesem Zeitpunkt

treten auch Herzanfälle am häufigsten auf. Fast alle belastungsbedingten Herzbeschwerden treten unmittelbar nach Ende und nicht während der Beanspruchung auf. Der Grund dafür ist, daß der Körper sich auf die Hilfe der Muskeln verläßt, um das Blut von den Beinen in das Herz und Gehirn zu pumpen. Wenn man plötzlich stoppt, findet die Muskelbewegung ein Ende, und Herz und Gehirn bekommen plötzlich weniger Blut und Sauerstoff. (Aus diesem Grund ist eine Abkühlphase, die aus langsamem Joggen oder Gehen besteht, von größter Bedeutung.)

Spitzenläufer laufen nach Erreichen der Ziellinie noch langsam weiter, um solche gesundheitlichen Probleme zu vermeiden. Während der Abkühlphase wird der Blutstrom in die Muskulatur aufrechterhalten, und der Körper kann langsam von höchster Anstrengung in den Ruhezustand übergehen. Nach jedem Lauf sollte man zumindest einige Minuten lang gehen, um dem Körper Zeit für diese Umstellung zu geben.

3. Dehnen Sie sich fest, doch sanft

Die Muskeln an der Vorderseite der Beine (Quadriceps und Schienbeinmuskulatur) sind die Arbeitstiere, während die Muskeln auf der Beinhinterseite zum Verlangsamen und Anhalten benötigt werden. Letztere verkürzen sich beim Laufen und sollten nicht vergessen werden: Sie brauchen diese Muskeln, um beweglich zu bleiben.

Mangelnde Beweglichkeit ist der Hauptgrund für Entzündungen der Achillessehne und trägt außerdem zu Plantarfasziitis und Schienbeinbeschwerden bei. Unbewegliche Beine sind stark verletzungsgefährdet. Bei mangelnder Flexibilität können die Muskeln ihre normalen Bewegungen nicht in vollem Umfang ausführen.

Die beste Zeit für Dehnübungen ist nach einem Aufwärmlauf, wenn die Muskeln bereits warm und gedehnt sind. Bei Dehnübungen werden die Muskeln immer langsam und allmählich gestreckt.

Dehnbewegungen sollten nicht abrupt, steif und ruckartig sein. Man sollte den Muskel 30 Sekunden lang langsam strecken, und ihm dabei genug Zeit zum Dehnen geben. Dies sollte täglich drei- bis viermal pro Gegend geschehen.

Dehnen Sie den Muskel nie bis an die Schmerzgrenze. Wenn Sie beim Dehnen Schmerzen verspüren, bedeutet dies, daß Sie sich übermäßig strecken oder an einer Verletzung leiden.

Wenn man einen Muskel übermäßig dehnt oder streckt, löst dies einen Reflex aus, bei dem der Muskel sich zurückzieht, verkürzt und verspannt. Das ist nicht, was Sie wollen. So entsteht ein stärkerer Muskel, aber keiner, der lockerer, länger und weniger verletzungsanfällig ist.

Hier finden Sie einige Dehnübungen für bestimmte Körperteile. (Der Selbsttest in Kapitel 1 gibt Ihnen eine Vorstellung, welche Regionen besondere Aufmerksamkeit erfordern.)

Dehnübung I für Kniesehnen

Legen Sie sich mit gestreckten Beinen auf den Boden. Ziehen Sie ein Knie so weit zur Brust, daß ein 90 Grad Winkel entsteht. Verschränken Sie beide Hände hinter dem Knie, um den Oberschenkel stabil zu halten und strecken Sie das Knie so weit Sie können. Der Knöchel bleibt in Richtung Knie gebeugt. Lassen Sie das andere Bein gestreckt, es sei denn, Sie verspüren Schmerzen. Halten Sie diese Stellung. Sie spüren den Zug in der Wade, hinter dem Knie und im unteren Bereich des Oberschenkels. Wiederholen Sie die Übung mit dem anderen Bein.

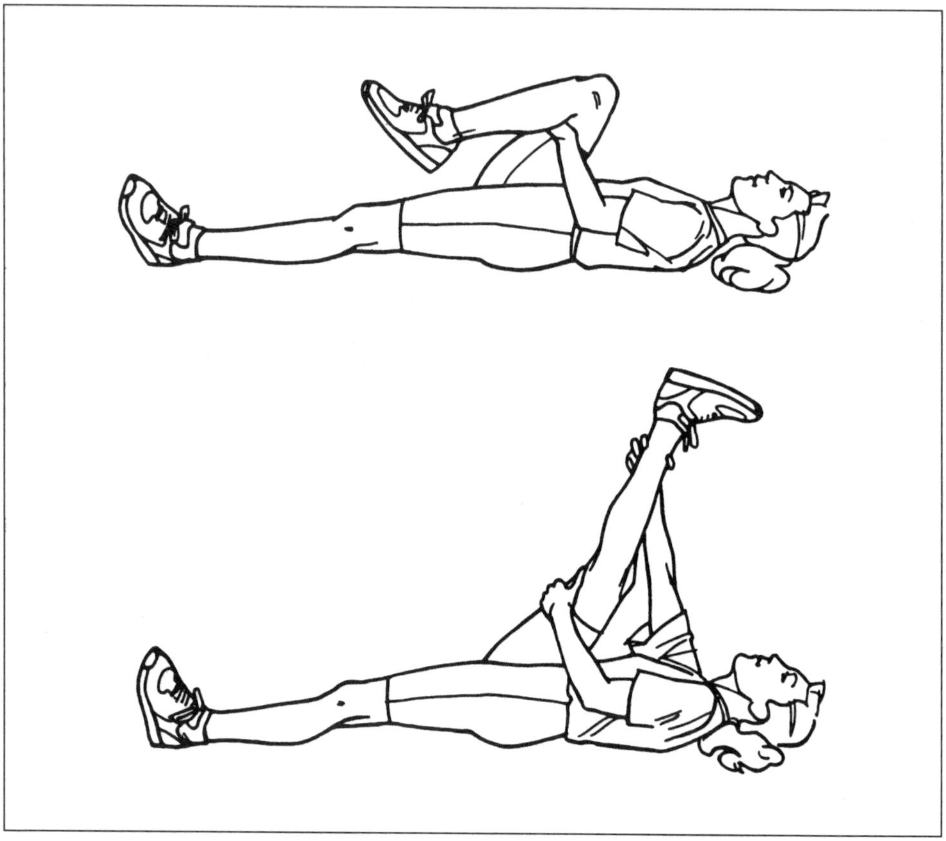

Dehnübung II für Kniesehnen

Gehen Sie wie bei Übung I vor, aber ziehen Sie das Knie bis zur Brust. Verschränken Sie beide Hände hinter dem Knie, um den Oberschenkel stabil zu halten. Packen Sie das Bein hinter dem Knöchel (siehe Abbildung), und strecken Sie das Knie so weit wie möglich. Halten Sie diese Stellung. Sie spüren den Zug im oberen Bereich des Schenkels sowie in der Wade. Wiederholen Sie die Übung mit dem anderen Bein.

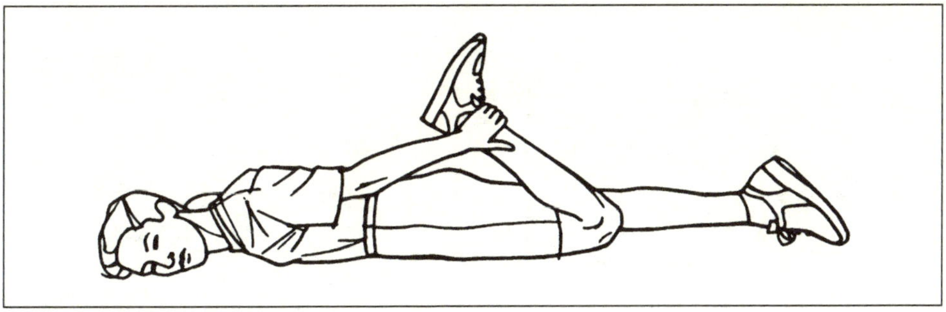

Dehnübung I für die Quadricepsmuskulatur

Legen Sie sich auf den Bauch und packen Sie den Knöchel mit der Hand. Sie können auch ein Handtuch um den Knöchel legen; bei wenig flexiblen Menschen ist das Handtuch sehr hilfreich. Halten Sie die Beine zusammen und den Körper gerade. Spannen Sie das Gesäß und drücken Sie die Hüften auf den Boden. Ziehen Sie den Knöchel sanft in Richtung Gesäß. Halten Sie diese Stellung. Sie spüren den Zug an der Vorderseite des Schenkels. Wiederholen Sie die Übung mit dem anderen Bein.

Dehnübung II für die Quadricepsmuskulatur

Stehen Sie mit geschlossenen Beinen gerade und stützen Sie sich an einem stabilen Tisch, Stuhl oder Mauer ab. Beugen Sie ein Knie und greifen Sie den Knöchel mit der entgegengesetzten Hand. Auch hier kann anstatt der Hand wieder ein Handtuch verwendet werden. Halten Sie die Beine zusammen und den Körper gerade. Ziehen Sie den Knöchel sanft in Richtung Gesäß. Halten Sie diese Stellung. Sie spüren den Zug an der Vorderseite des Schenkels. Wiederholen Sie die Übung mit dem anderen Bein.

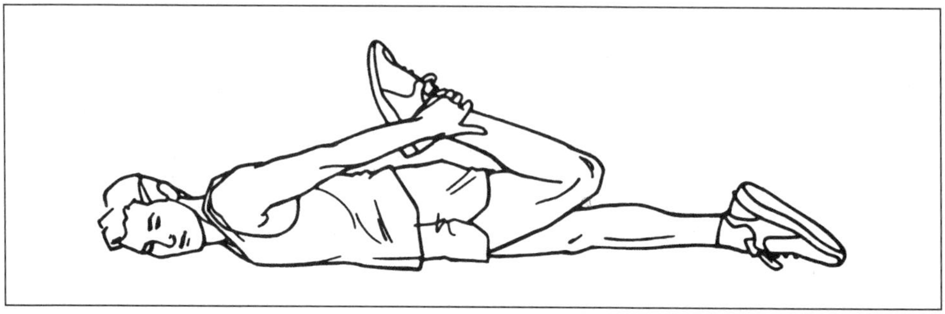

Dehnübung I für Hüftbeuger

Legen Sie sich auf den Bauch, beugen Sie ein Knie und packen Sie den Knöchel mit der Hand oder legen Sie ein Handtuch um den Knöchel. Halten Sie den Körper gerade, spannen Sie das Gesäß und drücken Sie die Hüften auf den Boden. Ziehen Sie den Knöchel sanft in Richtung Gesäß, wobei das Knie vom Boden abhebt. Halten Sie diese Stellung. Sie spüren den Zug an der Vorderseite des Schenkels und der Hüfte. Wiederholen Sie die Übung mit dem anderen Bein.

Dehnübung II für Hüftbeuger

Stehen Sie mit geschlossenen Beinen gerade und stützen Sie sich an einem stabilen Tisch, Stuhl oder Mauer ab. Beugen Sie ein Knie und greifen Sie den Knöchel mit der Hand oder legen Sie ein Handtuch um den Knöchel. Spannen Sie das Gesäß an und drücken Sie die Hüften nach vorne, ohne sich dabei nach vorne zu beugen. (Lassen Sie den Bauch nicht nach vorne sacken.) Ziehen Sie den Knöchel sanft in Richtung Gesäß, wobei das Knie nach hinten gezogen wird. Halten Sie diese Stellung. Sie spüren den Zug an der Vorderseite des Schenkels und der Hüfte. Wiederholen Sie die Übung mit dem anderen Bein.

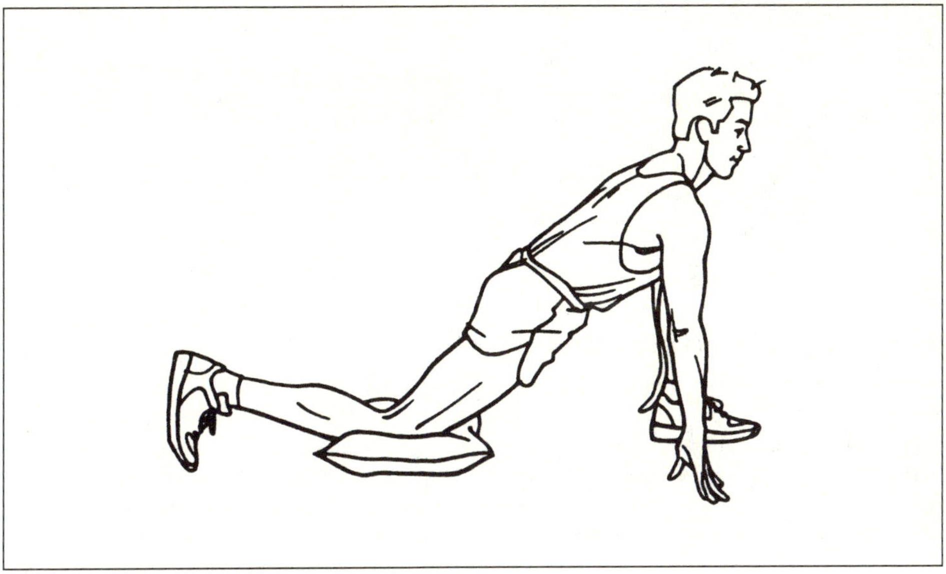

Dehnübung III für Hüftbeuger

Knien Sie sich auf ein Polster und stützen Sie sich mit beiden Händen ab. Stellen Sie einen Fuß flach auf dem Boden vor sich ab. Halten Sie Rücken und Hüften gerade. (Verdrehen Sie die Hüften nicht.) Drücken Sie die Hüften nach vorne. Halten Sie diese Stellung. Sie spüren den Zug an der Vorderseite der hinter Ihnen liegenden Hüfte. Wiederholen Sie die Übung mit dem anderen Bein.

Dehnübung für das Gesäß

Legen Sie sich mit ausgestreckten Beinen auf den Rücken. Beugen Sie ein Knie und ziehen Sie es zur entgegengesetzten Schulter, wobei Brust, Schulter und Kopf auf dem Boden bleiben. Verschränken Sie die Hände um das Knie, und drücken Sie es sanft zur entgegengesetzten Schulter. Halten Sie diese Stellung. Sie spüren den Zug im Gesäß und an der Außenseite der Hüfte. Wiederholen Sie die Übung mit dem anderen Bein.

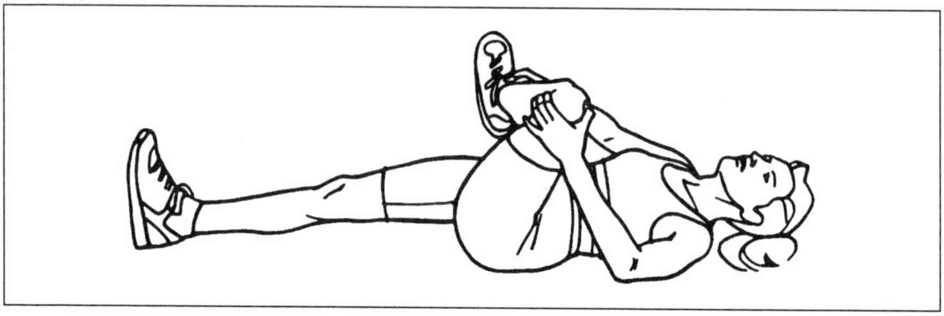

Dehnübung für den lateralen Hüftbereich

Legen Sie sich mit ausgestreckten Beinen auf den Rücken. Heben Sie ein Bein an, und beugen Sie das Knie, so daß Hüfte und Knie einen 90 Grad Winkel bilden. Legen Sie eine Hand auf das Knie und die andere Hand auf den Unterschenkel. Ziehen Sie Fuß und Knie vorsichtig in Richtung Schulter, wobei sich die Hüfte, wie abgebildet, dreht. Halten Sie diese Stellung. Sie spüren den Zug an der Außenseite der Hüfte. Wiederholen Sie die Übung mit dem anderen Bein.

Dehnübung für das Iliotibialband

Stellen Sie sich so an eine Wand, daß die rechte Körperseite in Richtung Wand schaut, und stützen Sie sich, wie abgebildet, gegen die Wand. Kreuzen Sie das rechte Bein hinter das linke. Lehnen Sie die rechte Hüfte gegen die Wand; das linke Knie wird dabei gebeugt, während das rechte Knie gestreckt bleibt. Halten Sie diese Stellung. Sie spüren den Zug an der Außenseite der rechten Hüfte und im rechten Oberschenkel. Wiederholen Sie die Übung auf der linken Seite. Sie können diese Übung auch abwandeln, indem Sie das rechte Bein vor das linke kreuzen und die Übung dann wiederholen.

Dehnübung I für die Leiste

Setzen Sie sich mit geradem Rücken, beugen Sie die Knie und legen Sie die Sohlen der Füße aneinander. Legen Sie Ellbogen oder Hände auf die Knieinnenseite und drücken Sie die Knie sanft auseinander. Halten Sie diese Stellung. Sie spüren den Zug an der Innenseite der Oberschenkel.

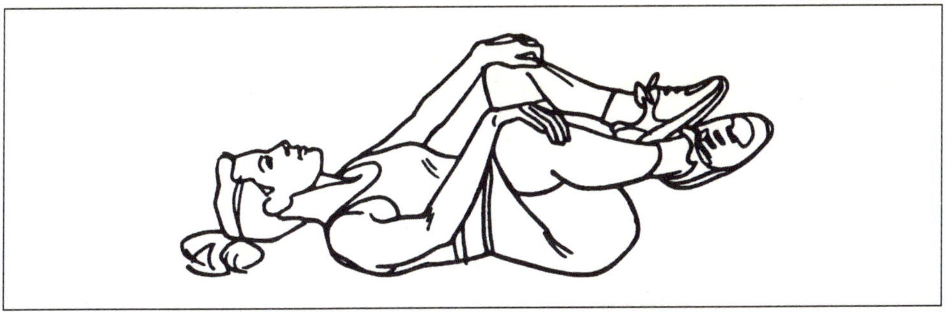

Dehnübung II für die Leiste

Legen Sie sich mit gebeugten Knien auf den Boden. Halten Sie die Füße eng zusammen und vom Boden weg. Legen Sie die Hände auf die Innenseite der Knie und drücken Sie die Knie, wie abgebildet, auseinander. Lassen Sie den Rücken durchgedrückt. Halten Sie diese Stellung. Sie spüren den Zug an der Innenseite der Oberschenkel.

Dehnübung für die Wade (mit Wand)

Lehnen Sie sich stehend mit beiden Händen gegen eine Wand. Stellen Sie, wie abgebildet, einen Fuß vor den anderen. Der hintere Fuß soll gerade nach vorne zeigen, die Ferse ist auf dem Boden und das Knie gerade. Verlagern Sie das Gewicht nach vorne, indem Sie das vordere Knie beugen. Halten Sie diese Stellung. Sie spüren den Zug hinter dem Knie und auf der Rückseite der hinteren Wade. Wiederholen Sie die Übung, indem Sie dieses Mal auch das hintere Knie beugen und die Ferse auf dem Boden lassen. Halten Sie diese Stellung. Sie spüren den Zug weiter unten an der Rückseite der hinteren Wade. Wechseln Sie und wiederholen Sie die Übung mit dem anderen Bein.

Dehnübung für die Wade (mit Keil)

Stellen Sie einen Fuß auf einen Keil, wobei die Ferse auf dem Boden bleibt. Halten Sie die Zehen gerade und stützen Sie sich mit beiden Händen an einer Wand ab. Halten Sie die Zehen gerade und drücken Sie den ganzen Körper nach vorne. Halten Sie diese Stellung. Sie spüren den Zug hinter dem Knie und auf der Rückseite der hinteren Wade. Wiederholen Sie die Übung, wie abgebildet, mit gebeugtem Knie. Sie spüren den Zug weiter unten an der Rückseite der hinteren Wade in der Nähe der Ferse. Wechseln Sie und wiederholen Sie die Übung mit dem anderen Bein.

Dehnübungen für den vorderen Wadenbereich

Lehnen Sie sich stehend mit beiden Händen gegen die Wand. Beugen Sie das vordere Bein. Die Zehen des hinteren Beines zeigen nach unten. Das hintere Knie zeigt nach vorne, und die Zehen bilden mit dem Unterschenkel eine Gerade. Drücken Sie dann die Vorderseite des hinteren Fußes und Knöchels in Richtung Boden. Halten Sie diese Stellung. Sie spüren den Zug an der Vorderseite von Wade und Knöchel. Wiederholen Sie die Übung zuerst mit dem hinteren Knie nach außen, und dann nach innen. Wechseln Sie und wiederholen Sie die Übung mit dem anderen Bein.

Dehnübung für den Knöchel

Setzen Sie sich und halten Sie die Füße flach auf dem Boden. Fersen und Knie bilden eine vertikale Linie, und Knie und Hüften stehen horizontal. Heben Sie das Gewölbe an, wobei der Außenrand des Fußes und die Zehen auf dem Boden bleiben. Drücken Sie die Fußaußenseiten auf den Boden. Sie spüren den Zug an der Außenseite der Füße und Unterschenkel. Wiederholen Sie die Übung dann, indem Sie die Außenseite der Füße und Zehen anheben und die Innenseite auf dem Boden halten.

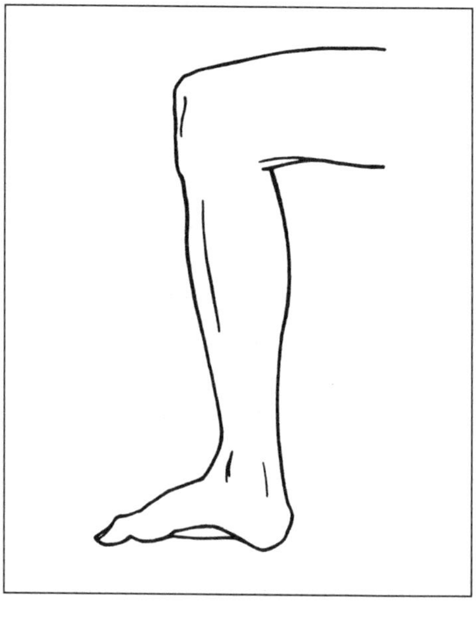

4. Halten Sie Ihr Trainingsprogramm flexibel

Die beste Art, sich Verletzungen vom Leib zu halten, ist hartes Training zu vermeiden, wenn man schon beim Aufstehen Schmerzen verspürt. Wenngleich dieser Rat einfach und logisch wirkt, wird er von vielen Leuten mißachtet.

Nehmen wir einmal an, Sie bereiten sich auf ein bestimmtes Rennen vor, und Sie wollen ihre Strecke diese Woche um zehn Prozent steigern. Doch plötzlich verspüren Sie ein Ziehen in der Kniesehne.

Machen Sie mit Ihrem Pensum weiter? Oder hören Sie auf Ihren Körper und ändern Sie den Trainingsplan ab?

Sie kennen die richtige Antwort. Viele Läufer halten an ihrem Trainingsplan wie an einem Evangelium fest. Sie weichen keinen Fingerbreit von dem Gedruckten ab, da sie glauben, daß jede Änderung die Chancen, ein gutes Rennen zu laufen, beeinträchtigen könnte. Tatsächlich ist das Gegenteil der Fall. Es ist viel wahrscheinlicher, daß sie den Wettkampf versäumen, wenn sie sklavisch an ihrem Plan festhalten und die Bedürfnisse ihres Körpers ignorieren.

Alle guten Trainingspläne gehen davon aus, daß man vor, während oder nach dem Lauf keine ungewöhnlichen Schmerzen verspürt. Falls jedoch Beschwerden auftreten, müssen Sie den Plan auf jeden Fall abändern.

Bei geringfügigen Schmerzen muß man das Laufen nicht unbedingt einstellen. Meist reicht eine gewisse Einschränkung. Man sollte die Strecke um etwa 30 Prozent kürzen. Auf diese Weise kann man das Training weiterführen und die Belastung gleichzeitig verringern.

Bei einem Läufer, der pro Woche 38 km zurücklegt, sind das lediglich 11 km weniger in der Woche. Doch diese Verringerung kann ausreichen, um Gesundheit und Vitalität wiederherzustellen. Es ist besser, jetzt ein paar Kilometer zu verlieren als das ganze Rennen aufgrund einer Verletzung zu versäumen.

5. Wechseln Sie zwischen »hartem« und »leichtem« Training

Wenn man Höchstleistungen erzielen will, sind ein paar Schmerzen unausweichlich. Diese können einige Stunden nach einem harten Training oder Wettkampf – oder ein bis zwei Tage später – auftreten.

Das bedeutet, daß Sie nur ein bißchen Zeit zur Erholung brauchen und bald wieder auf dem Damm sind.

Die meisten Fachleute empfehlen, niemals an zwei aufeinanderfolgenden Tagen hart zu trainieren. Zwischen zwei anstrengenden Trainingsläufen sollte man sich mindestens einen Tag mit leichtem Laufen oder Ruhe gönnen. Dies ist als die »Hart-Leicht-Methode« bekannt. Wenn man an einem Tag schnell läuft, sollte man am nächsten Tag die Geschwindigkeit drosseln.

Wenn man an einem Tag weit läuft, sollte man am folgenden die Distanz verringern.

Man sollte nie an zwei aufeinanderfolgenden Tagen weit oder schnell laufen, oder an einem Tag schnell und am nächsten weit laufen. Auf diese Weise zerstört man nur den Erfolg eines weiten oder langen Trainings, da der Körper verzweifelt versucht, sich zu regenerieren. Man belastet geschwächtes Gewebe, das der Körper zu heilen sucht.

Manche Leute brauchen längere Erholungsphasen als andere, wie einige Leute auch mehr Schlaf benötigen. Ihr Körper erreicht vielleicht dann Bestform, wenn Sie an einem Tag hart trainieren, und die nächsten zwei oder drei Tage dann leichter angehen. Experimentieren Sie mit unterschiedlichen Kombinationen der »Hart-Leicht-Methode« und vergleichen Sie Vorteile von Laufen kombiniert mit Ruhe sowie Laufen und Ausgleichssport.

6. Lassen Sie Vernunft walten, wenn es um die Entfernung und zeitliche Planung von Rennen geht

Man kann und muß manchmal bis an die Grenzen gehen, um Fortschritte zu erzielen. Doch sollte dies weder zu oft noch zu viel geschehen.

Man muß sich seine Kraft einteilen. Dies gilt nicht nur bei Einzelläufen, sondern auch bei dem Training über Wochen, Monate und Jahre.

Besonders bei Wettkämpfen darf man diese Grundregel nicht vergessen. Beim Rennen besteht die Gefahr, daß man sich, angespornt von der begeisterten Menge, zu einem übermäßig schnellen Start hinreißen läßt.

Ich denke dabei daran, als ich vor einigen Jahren am Start des Boston Marathons stand. Beim Training benötigte ich für einen Kilometer etwa 4,5 Minuten. Damit hätte ich für den Lauf etwa drei Stunden gebraucht.

Sie können sich meinen Schreck vorstellen, als ich den ersten Kilometer nach 3,6 Minuten hinter mich gelegt hatte. Ich dachte, daß entweder Zeitanzeige oder Kilometerangabe nicht stimmen konnten.

Als ich den zweiten Kilometerstein nach genau 8 Minuten erreicht hatte, wußte ich, daß ich in Schwierigkeiten steckte. Später im Rennen kam mir mein »Schnellstart« teuer zu stehen, und ich erfuhr, warum ein relativ kleiner Hügel auf der Strecke »Herzensbrecher« heißt.

Das Einteilen der Kraft hat auch noch andere Aspekte. Rennen sind eine anstrengende und möglicherweise schädliche Angelegenheit. Wenn man zu häufig an Wettkämpfen teilnimmt, riskiert man seine zukünftige Laufkarriere. Aus diesem Grund sollte zwischen den einzelnen Rennen genug Abstand liegen. Nach einem Wettkampf braucht der Körper genügend Zeit zur Erholung.

Als Faustregel gilt: Pro 1,5 gelaufene Rennkilometer sollte man sich einen leichten Tag oder Ruhetag gönnen.

Vor Ablauf dieses Zeitraums sollte man auf keinen Fall an einem Wettkampf teilnehmen. Auf einen 10-km-Lauf sollte zum Beispiel eine Woche leichten Trainings folgen. Nach einem Marathon sollte man sich einen Monat Erholung gestatten. Weltklassemarathonläufer gehen davon aus, daß sie pro Jahr nur zwei oder drei gute Marathons laufen können; dieser anstrengende Lauf hinterläßt seine Spuren.

Dennoch liest man manchmal von Läufern, die ein Jahr lang jede Woche einen Marathon laufen. Ich weiß nicht, wie sie es schaffen, Verletzungen zu vermeiden, doch es gibt immer einige Ausnahmen von der Regel. Man kann freilich auch davon ausgehen, daß Läufer, die häufig an Marathons teilnehmen, nicht bei jedem Rennen ihr Bestes geben.

Einige Leute können am Tag drei Schachteln Zigaretten rauchen und werden trotzdem einhundert Jahre alt. Doch das bedeutet nicht, daß auch Sie ungestraft davonkommen, wenn Sie gegen die Regeln verstoßen.

7. Führen Sie Buch über Ihre Läufe

Läufer stehen schon lange in dem Ruf, zwanghaft zu sein. Schließlich führen Tennis- und Basketballspieler normalerweise nicht Buch über Spieldauer, Court, Gewicht, Puls, Gefühle und Verletzungen.

Doch bei Läufern ist diese Buchführung sinnvoll. Eine Aufstellung von Entfernung, Geschwindigkeit, Route, Wetterverhältnissen, Schuhwahl und anderen Schlüsselfaktoren gibt Ihnen die Perspektive, die Sie brauchen. Mit einem Trainingsbuch kann man den Fortschritt dokumentieren und Fehler entdecken.

Ich kannte einen Läufer, der sich nicht erklären konnte, warum er immer wieder an Plantarfasziitis und Gewölbeverletzungen litt. Monatelang versuchte er einfach weiterzulaufen, doch ohne Erfolg. Er probierte es mit einem Wechsel von Schuh, Terrain, Untergrund sowie mit geänderter Geschwindigkeit und Entfernung – doch nichts half.

Schließlich suchte er mich auf und brachte sein Buch mit. Und da hatten wir die Geschichte seiner Verletzung schwarz auf weiß.

Immer wenn er morgens sprintete, schmerzte zwei Tage später seine Plantarfaszie. Wenn er die gleichen Sprints mittags oder abends machte, traten keine Schmerzen auf. Auch konnte er seine langsamen Entfernungsläufe morgens beschwerdefrei durchführen. Der Schlüssel war der Schmerz nach morgendlichen Sprints – also zu einer Zeit, wenn Läufer verspannter, langsamer und verletzungsanfälliger sind.

Der Läufer mußte nur seine Aufwärmzeit bei den morgendlichen Sprints ausweiten, und schon war alles in Ordnung. Die Beschwerden traten nie wieder auf.

Nun zur Frage, warum die Plantarfaszie zwei Tage später und nicht am nächsten Tag schmerzte. Der Körper reagiert oft mit Verzögerung. Auch

Muskelkater – aufgrund von Verletzung oder Überanstrengung – ist am zweiten und nicht am ersten Tag nach der körperlichen Betätigung am schlimmsten.

Die Aufzeichnungen können Ihnen auch sagen, ob Sie zu wenig oder zu viel trainieren. Unterziehen Sie das Buch einmal in der Woche einer objektiven Prüfung. Stellen Sie sich vor, Sie prüften das Trainingsprogramm eines anderen auf Effizienz und Sicherheit.

Schließlich ist Ihr Trainingstagebuch das wichtigste »Buch«, das es für Sie gibt. Es sagt Ihnen, wie Sie sich verletzten, wie Sie die Verletzung ausheilten und was Sie tun können, daß es nicht noch einmal zu einer Verletzung kommt.

Über die Autoren

Joe Ellis, ein Facharzt für Fußheilkunde, hat sich auf die Behandlung von Sportverletzungen spezialisiert. Er interessiert sich schon lange für dieses Thema und hatte schon mehrere Abhandlungen über biomechanische Untersuchungsmethoden verfaßt, bevor er an der medizinischen Fakultät für Fußheilkunde in San Francisco den Doktortitel in dieser Fachrichtung erwarb.

Dr. Ellis läuft selbst schon seit vielen Jahren und war einer der ersten Fachleute, die bei der jährlichen Schuhbeurteilung von *Runner's World* mitwirkten. Zur Zeit gehört er zum wissenschaftlichen Beraterstab dieser Zeitschrift. Er hat mehrere hundert Artikel über Laufverletzungen geschrieben, hält Vorträge weltweit und dient als Berater des Schuhherstellers Asics/Tiger.

Dr. Ellis ist der medizinische Leiter seiner Klinik für Sportmedizin im kalifornischen La Jolla. Er lebt mit seiner Frau Deborah und ihren Kindern, Tiffany und Nicholas, im nahegelegenen Cardiff-by-the-Sea.

Joe Henderson läuft seit seiner Jugend in den 50er Jahren. Ebensolange schreibt er bereits über Sport. Er hat an mehr als 700 Rennen teilgenommen und mindestens die gleiche Anzahl an Artikeln sowie zahlreiche Bücher verfaßt. Zu seinen jüngsten Werken gehört *Think Fast: Mental Toughness Training for Runners* (Plume, 1991). Zusammen mit Bill Rodgers und Priscilla Welch verfaßte er den Titel *Masters Running and Racing* (Rodale Press, 1991).

Henderson war der erste Redakteur von *Runner's World*. Seit 1968 erscheint seine Kolumne in dieser Zeitschrift. Er lebt mit seiner Frau, der Schriftstellerin Barbara Shaw, in Eugene, Oregon.

Stichwortverzeichnis